Alexander Rahr
Russland gibt Gas

Alexander Rahr

Russland gibt Gas

Die Rückkehr einer Weltmacht

HANSER

Bibliografische Information der Deutschen Nationalbibliothek
Die Deutsche Nationalbibliothek verzeichnet diese Publikation in der
Deutschen Nationalbibliografie; detaillierte bibliografische Daten sind
im Internet über http://dnb.d-nb.de abrufbar.

1 2 3 4 5   11 10 09 08

© 2008 Carl Hanser Verlag München
Internet: http://www.hanser.de
Lektorat: Martin Janik
Herstellung: Ursula Barche
Umschlaggestaltung: Büro plan.it, München,
unter Verwendung einer Illustration von © Frank Schmolke
Satz: Kösel, Krugzell
Druck und Bindung: Friedrich Pustet, Regensburg
Printed in Germany

ISBN 978-3-446-41395-5

Im Gedenken an meinen Vater Gleb Rahr

Für meine Frau Anna und meinen Sohn Michail

Inhalt

TEIL I

Russland als Gegner

1 Reiche Russen auf Shoppingtour

Wladimir Putin geht als Präsident. Putin bleibt aber an der Macht. Ob als Premierminister, Parteichef, Parlamentsvorsitzender, Präsident einer neuen Gas-OPEC – man wird sehen. Von einem Erbe Putins zu sprechen wäre verfrüht. Vielleicht kommt Putin sogar vorzeitig als Präsident zurück. Putin wird weiter an der Konstruktion eines starken Russlands bauen. Ist dieses Russland unser Feind, Konkurrent, Partner, Verbündeter, Freund? „Fürchtet Putins Russland in den Fängen der Geheimdienste!", schreien die einen. „Erobert den russischen Markt und werdet reich!", rufen die anderen. Kommt es zu einem neuen Kalten Krieg oder werden sich die EU und Russland im 21. Jahrhundert doch noch zu einem Groß-Europa vereinigen?

In den Zeiten des Kalten Kriegs bedrohte die Sowjetunion den Westen mit ihren Atomwaffen. Aber an der Seite des Westens stand die andere Supermacht der Welt, die Vereinigten Staaten von Amerika. Nach dem Kalten Krieg folgte ein Jahrzehnt des Chaos. Ein mitleiderregendes Russland bettelte um Kredite und tanzte nach der Pfeife des Westens. Das Bedrohungspotenzial bestand in der drohenden Kriminalisierung Russlands. Der Albtraum wäre ein instabiler Mafiastaat mit vagabundierenden Atomwaffen gewesen. Russland konnte den Westen höchstens mit seiner Schwäche erpressen: Würde der Westen ihm nicht finanziell beistehen, würde es zerfallen und eine riesige Migrationsflut auslösen.

Das 21. Jahrhundert begann mit einem Paukenschlag: dem Terroranschlag von Nine Eleven. Der Energiepreis auf dem Weltmarkt schoss in die Höhe und machte das Erdöl- und Erdgasexportland Russland über Nacht zu einer Energiegroßmacht.

Der 11. September 2001 zwang den Westen zu einer strategischen Partnerschaft mit Russland gegen die neuen globalen
Herausforderungen. Erstmals verspürte der Westen eine wirkliche Abhängigkeit von Russland: Woher sollte er in Zukunft
seine Energieträger denn sonst beziehen, falls die Lieferungen
aus dem arabischen Raum unterbrochen werden sollten? Im
Westen rieben sich die Menschen ungläubig die Augen, als russische Konzerne ihren Expansionsdrang begannen. Der neue
Geldadel überschwemmte förmlich westliche Metropolen. Europas Wirtschaft erzitterte vor feindlichen Übernahmen. Das
alte Russlandfeindbild kam im neuen Gewand einher.

Woher kamen diese spektakulären Reichtümer? Experten
bezifferten den Gesamtwert der russischen Rohstoffe und des
Industriepotenzials auf 40 Trillionen US-Dollar. In der Sowjetunion wurde das Vermögen vor allem von einem Dutzend aske-
tisch lebender Parteiideologen verwaltet. Mit diesen Milliarden
wurde die Planwirtschaft künstlich am Leben erhalten, wurden
das Wettrüsten und die Weltrevolution finanziert. Heute, wo
das Vermögen der neuen kapitalistischen Oberschicht gehört,
die es offen ausgibt, verstehen wir, wie märchenhaft reich dieses
Riesenreich im Osten tatsächlich ist. Und die Geldquelle spru-
delt weiter. Für uns ein unbegreifliches Phänomen.

Der russische Spätkapitalismus

Der Westen fürchtet vor allem die neue russische Machtvertikale, die Geld, Ressourcen und Macht zusammen vereint. Falls
jemand gedenkt, dieses System zu stürzen, wird er erkennen: Es
ist äußerst stabil. Die Energiepreise werden in den nächsten
Jahren nicht sinken und die Nachfrage nach russischen Rohstoffen wird steigen. Das Potenzial von Bodenschätzen, gekop-
pelt an den hohen Energiepreis, macht Russland immun gegen
Wirtschaftskrisen. Und die gegenwärtigen Machthaber können
sich sicher sein: Die Bevölkerung wird nicht rebellieren, denn
zum ersten Mal in der Geschichte Russlands profitiert nicht nur
die Oberschicht, sondern auch mindestens ein Drittel der Russen direkt vom warmen Geldregen. Der russische Staatskapitalismus erzeugt Sympathie bei großen Teilen der Bevölkerung.
Dass die Kontrolle über die natürlichen Bodenschätze den Pri-

vatiers entzogen und der Staatsmacht unterstellt wird, stößt auf
Genugtuung im Volk. Man muss schon weit in die Geschichte
zurückblicken, um sich daran zu erinnern, wann es den Russen
besser ging als heute.

Der Westen ist nervös und alarmiert. Geheimdienste warnen vor der Gefahr der Eindringung krimineller Wirtschaftsstrukturen in die Volkswirtschaften der EU-Staaten. In den
90er-Jahren hatte der Westen die Russen belehrt: „Öffnet unseren Konzernen euren Markt. Das verlangen die Spielregeln
der liberalen Marktwirtschaft." Heute wollen westliche Politiker der Expansion russischer staatskapitalistischer Konzerne auf
westliche Märkte strikten Einhalt gebieten. Die Russen nennen
das Politik unterschiedlicher Standards.

Trägt der verstorbene Präsident Boris Jelzin die Schuld dafür, dass er die alten Machtstrukturen nicht zerschlagen hat?
Hätte der Westen Russland nach dem Zusammenbruch der Sowjetunion einen attraktiveren „Marshall-Plan" anbieten sollen?
Hat der Westen vielleicht Russlands autoritäres Handeln selbst
provoziert, indem er die NATO rücksichtslos an Russlands
Grenzen vorschob?

Fest steht: Die heutige Entwicklung in Russland ist vom
Westen kaum mehr beeinflussbar. Der Westen hat seine historische Chance, auf Russland einzuwirken, vorerst vertan. Es gilt
nun, die Lage in Russland richtig zu begreifen und sich auf die
neuen Realitäten einzustellen. Es gibt viel Positives am modernen Russland abzugewinnen. Dieses Land ist im Vergleich zur
UdSSR unideologisch und höchst pragmatisch. In den folgenden Kapiteln werden viele Protagonisten aus Putins Russland zu
Wort kommen: KGB-Generäle, Oligarchen, Mitarbeiter der
Präsidialadministration, Gouverneure und natürlich auch die
Kremlkritiker.

Putins Saubermann

Eine große, kostbare Muttergottesikone hängt im Büro von
Viktor Iwanow, einem der mächtigsten Männer in Russland. Sie
beeindruckt die seltenen westlichen Besucher dieser Räume an
der Staraja Ploschtschad mehr als das gegenüberhängende Porträt des Präsidenten. In diesem Büro saß einst der berüchtigte
sowjetische Chefideologe Michail Suslow. Auch Iwanow ist im

heutigen Russland gefürchtet. Der freundlich schauende Mitt-
fünfziger ist offiziell der innenpolitische Berater Putins. In
Wirklichkeit ist er der Personalchef der Präsidialadministration,
Sonderbeauftragter für den Kampf gegen die Korruption und
einer der Chefs der sogenannten „Silowiki"-Fraktion (Geheimdienstlobby) im Kreml.

Viktor Iwanow und Putin arbeiteten zusammen im Leningrader KGB-Apparat. Als Putin später in das Oberbürgermeisteramt von Sankt Petersburg wechselte, übernahm Iwanow dort
die Überwachung der örtlichen Geheimdienststrukturen. Als
Putin in der zweiten Hälfte der 90er-Jahre seine steile Karriere
im Präsidialapparat in Moskau begann, platzierte er Iwanow auf
einen der vertrauensvollsten Posten in der FSB-Geheimdienst-
zentrale – als Chef des internen Aufklärungsdienstes. Gegen
Ende der Jelzin-Ära wurde Iwanow Direktor der Abteilung
Wirtschaftsgegenspionage im FSB. Niemand kannte das innere
Netzwerk des Oligarchenregimes besser als er, deshalb übertrug
ihm Putin die Funktion des Saubermannes.

Iwanow zückt vor den Augen des westlichen Besuchers
einen Stift, zieht einen Block zu sich heran und malt ein schwer
verständliches Schema auf, das die Oligarchen, allen voran der
Ölbaron Michail Chodorkowski, ausgeklügelt haben sollen,
um den Staat zu betrügen. Die ausgetüftelten Modelle des Öl-
exports unter Umgehung der Steuerbehörden mussten neutralisiert werden! Viele der Offshorezonen, unter anderem sogar
der Raketenbahnhof Baikonur, der als Steuerschlupfloch benutzt wurde, waren schwer zu durchschauen. Jedenfalls pro-
fitierte der Staat bis 2002 kaum vom lukrativen Energieexport.
Chodorkowski und andere Ölbarone verkauften ihr Erdöl im
Ausland für den siebenfachen Inlandspreis. Der Inlandspreis
belief sich 2002 auf 2,7 US-Dollar pro Barrel, verkauft wurde
Öl für 22 US-Dollar pro Barrel. Versuche der Regierung, die
Ölexporte mit Gewinnsteuern zu belegen, scheiterten an der
korrumpierten Duma. Der Föderationsrat, die Oberkammer
des Parlaments, bestand ebenfalls zu 40 Prozent aus Vertretern
der Oligarchen. Es gab legale Wege, den Staat und seine Bürger
zu berauben.

Der Fall Jukos

Noch im Herbst 2002 hatte Chodorkowski mit einer Delegation der Kremladministration als Vorzeigeunternehmer an internationalen Konferenzen unter anderem bei der Deutschen Gesellschaft für Auswärtige Politik in Berlin teilgenommen und Putins globale Energieallianz in höchsten Tönen gepriesen. Auf Geheiß des Kremls lieferte er Flüssiggas in Spezialtankern nach Amerika. Der reichste Mann Russlands leitete auch den amerikanisch-russischen Energiedialog. Heute sitzt der Milliardär eine neunjährige Gefängnisstrafe im Arbeitslager an der chinesischen Grenze ab. Warum?

Neben der Steuerhinterziehung in Milliardenhöhe, wegen der Chodorkowski offiziell angeklagt wurde, machte sich der Mittvierziger in den Augen des Kremls gravierender politischer Vergehen schuldig. Die Regierung witterte Ungemach, als die beiden Oligarchen Chodorkowski und Roman Abramowitsch ihre Ölgesellschaften Jukos und Sibneft vereinigen wollten. Chodorkowski begann vor den Dumawahlen 2003, die linken und rechten Oppositionsparteien zu unterstützen. Durch die Finanzierung der Kommunisten und liberalen Parteien hätte der damals reichste Mann Russlands sich eine starke Position im künftigen Parlament gesichert, Putins Mehrheit in der Legislative gefährdet, eigene Wirtschaftsinteressen durchgesetzt und sich vielleicht später zum Premier küren lassen können.

Für den Kreml wurde Chodorkowski zu einer echten Herausforderung. Während die russischen Oligarchen noch vor wenigen Monaten gegen einen raschen Beitritt Russlands zur WTO wetterten, wollten sie nun im Schutz westlicher transnationaler Korporationen ihren Besitz legalisieren. Die russischen Oligarchen versuchten, mit Mäzenatentum ihr Image im Westen zu verbessern. Chodorkowski finanzierte die amerikanische Library of Congress, Abramowitsch erwarb den englischen Traditionsklub Chelsea. Nach dem Vorbild der Übernahme der russischen TNK-Ölgesellschaft durch British Petroleum bemühten sich Chodorkowski und Abramowitsch um eine Verschmelzung mit Royal Dutch Shell sowie Exxon Mobile. Dieser Schritt hätte den Ölbaronen einen westlichen Schutzschirm verpasst: Russische Behörden hätten kaum noch gegen sie vorgehen können. Die neu geschaffene transnationale Energiegesellschaft unter Chodorkowskis Führung wäre in der Lage gewesen, 50 Prozent der russischen Inlandsversorgung mit Öl zu kontrollieren. Das gesamte sibirische Öl und womöglich die sibirische Wirtschaft wären der Oberaufsicht der russischen Regierung entglitten.

Chodorkowski hatte den ihm gehörenden Ölkonzern Jukos zu einem Spottpreis von 300 Millionen US-Dollar Mitte der 90er-Jahre aus der Konkursmasse des Staatsbesitzes der untergegangenen Sowjetunion über einen fein ausgeklügelten Insiderdeal erstanden. Als er merkte, dass der Kreml ihm den Weg zur Fusion mit Sibneft versperrte, beschloss er, die zur größten und unabhängigsten Ölgesellschaft aufgestiegene Firma für 40 Milliarden US-Dollar, also um ein Zehnfaches des Kaufpreises, an einen amerikanischen Ölmulti in Texas abzustoßen und sich mit dem Gewinn in die große Politik einzukaufen. Zum ersten Mal hätte damit ein Oligarch das Volksvermögen für Cash ins Ausland verkauft. Das Beispiel hätte Schule machen können. So jedenfalls die Sichtweise des Kremls.

Der Kreml konnte nicht zulassen, dass 30 Prozent des nationalen Ölsektors mit einem Federstrich in internationalen Besitz übergingen, gerade in einer Zeit, als die Regierung Russlands Energieressourcen für den politischen Aufstieg des Landes in die erste Liga der Weltpolitik instrumentalisieren wollte. Wie mächtig Chodorkowski gewesen ist, zeigte der Börsensturz drei Monate vor seiner Verhaftung. Der reichste Mann des Landes musste nur sagen: „In Russland wird eine Kapitalflucht einsetzen", und die russische Aktienbörse verlor zehn Milliarden US-Dollar an Wert.

Die USA reagierten auf Chodorkowskis Verurteilung mit Entrüstung. Der Einstieg transnationaler Ölkonzerne in den russischen Markt, der in den 90er-Jahren so akribisch vorbereitet wurde, schien geplatzt. Der Energiedialog wurde sofort auf Eis gelegt. US-Politiker riefen dazu auf, Russland international zu ächten, den im Jahr zuvor anerkannten Status als Land mit einer funktionierenden Marktwirtschaft zu entziehen, das Land aus den G 8 zu werfen und sich kompromisslos bei den Verhandlungen über einen Beitritt Russlands in die WTO zu zeigen. Wütend stimmten sie in den allgemeinen Chor westlicher Kritik an Putins „Diktatur" ein und erklärten die russische Marktwirtschaft für gescheitert.

Entmachtung der Oligarchen

Nach dem Zerfall der UdSSR stand das neue Russland vor der
Notwendigkeit, seine Wirtschaft zu privatisieren. Doch wer
sollte der Eigentümer des ehemaligen Staatsbesitzes werden? Es
gab insgesamt drei Optionen. Die erste – ein Staatskapitalismus,
die zweite – ausländische Investoren, die dritte – eigene nationale Unternehmer, die man aber erst künstlich kreieren musste.
Die erste Variante wäre ein chinesisches Transformationsmodell
gewesen. Sie wurde verworfen, weil die Regierung – dem westlichen Rat folgend – an das freie Spiel der Kräfte glauben wollte.
Die zweite Variante wäre ein mittelosteuropäisches Modell gewesen. Aber die Regierung fürchtete den Ausverkauf des teuren
russischen Porzellans an hungrige Ausländer und einen Verlust
der eigenen wirtschaftlichen Souveränität. Man wählte die dritte
Variante. So entstanden die Oligarchen. Schon bald mischten
sie sich in die Politik ein.

Wie ging das vor sich? Um seine Wiederwahl im Jahre 1996
zu garantieren, schloss Jelzin mit den Oligarchen ein Bündnis.
Sie sollten seine Kampagne unterstützen, als Belohnung
schenkte er ihnen die strategischen Rohstoffbestände und Industrieanlagen des Landes. So wurden die Ressourcen ausge-
plündert. Das Kapital bunkerten sie auf westlichen Konten.
Gleichzeitig fehlte dem Staat das Geld für notwendige Investitionen. Als die Wirtschaft 1998 kollabierte und die westliche
Geschäftswelt Hals über Kopf aus dem Land floh, sah Jelzin nur
noch den Ausweg, das Schicksal des Landes in die Hände der
Geheimdienste zu legen.

Putin traf sich mehrmals mit den Oligarchen und machte
ihnen klar, sich aus der großen Politik herauszuhalten. Die
meisten verstanden, dass die Zeiten sich geändert hatten. Chodorkowski gehörte nicht dazu. Nach seiner Verhaftung zahlten
die eingeschüchterten Unternehmer alle wieder ihre Steuern, so
Iwanow im Gespräch mit dem westlichen Besucher. Der Energiesektor macht heute 40 Prozent der staatlichen Steuerge-
winne, 55 Prozent der Exporteinnahmen und 20 Prozent der
russischen Wirtschaft aus.

Bei seinem Treffen mit den inzwischen gezähmten Oligarchen im Februar 2007 lobte Putin ihr Engagement für Russlands nationale Interessen. Auf einen Wink aus dem Kreml

waren die Konzerne sofort bereit, jedes beliebige Projekt zu unterstützen, sei es die gottverlassene Region Tschukotka wieder aufzubauen, das Olympiadorf in Sotschi herzurichten, oder den Petersburger Dialog zu finanzieren. Als Dank für ihre Loyalität versprach Putin, sich massiv für die Expansion der russischen Konzerne auf die Weltmärkte einzusetzen. Das war die berühmte Trendwende in den Beziehungen zwischen Kreml und Oligarchen. Seitdem sind die Oligarchen in Putins Auslandsdelegationen stärker vertreten als die Ressortminister.

Viktor Iwanow ist kein Feind der Marktwirtschaft und ausländischer Investitionen. Im Gegenteil. Bei einem Abendessen mit deutschen Konzernchefs unter dem Vorsitz von Ex-Bundeskanzler Gerhard Schröder im Berliner Adlon-Hotel wird er nicht müde zu versichern, dass westliche Unternehmer in Russland echte Steuervorteile genießen würden und dass die Schattenwirtschaft Geschichte sei. Privatbesitz sei nicht mehr ideologisch verpönt, sondern Teil der Wirtschaftsphilosophie. Russland sei kein Rüstungsstaat. Der Staatshaushalt sähe mehr Ausgaben für Bildung und Gesundheit als für das Militär vor.

Es wäre falsch, die Geheimdienstfunktionäre in der Umgebung Putins ausschließlich als stramme Befehlsempfänger zu begreifen. Iwanow und viele der anderen FSB-Offiziere im Kreml haben Mitte der 90er-Jahre im Businessbereich in Sankt Petersburg gearbeitet, Firmen mitbegründet und Managementfunktionen in der freien Wirtschaft ausgeübt. Sie wissen, wie man Geld verdient. Iwanow sitzt heute im Aufsichtsrat der russischen Fluglinie Aeroflot und wird sowohl von Boeing als auch von Airbus als wichtiger Entscheidungsträger hofiert.

Putin platzierte seine engsten Vertrauten an die Spitze der neu gebildeten staatlich kontrollierten Holdings. Zusammen bildeten sie nun das Direktorium des „Konzerns Russland AG". Der Erste Stellvertretende Premier Dimitri Medwedew wurde Aufsichtsratsvorsitzender von Gasprom, der Stellvertretende Leiter der Kremladministration Igor Setschin von Rosneft, der andere Stellvertretende Leiter der Kremladministration Wladislaw Surkow von Transneft, der Gesellschaft, der alle Ölleitungen des Landes gehören. Aufsichtsratsvorsitzender der staatlichen Schiffbauholding wurde Vizepremier Sergei Naryschkin, der staatlichen Fluggesellschaft Aeroflot und des Rüstungsbetriebs Almaz-Antei Viktor Iwanow, des Rohdiamantenförderers

Alrosa Finanzminister Alexei Kudrin, des Vereinigten Flugzeug-
baukonzerns OAK der Erste Vizepremier Sergei Iwanow.

Der Westen versucht zu verstehen, ob die Geheimdienste
die autoritäre Staatsform aus taktischen Erwägungen wählten,
um mithilfe der wiedererlangten Stärke des Staatsapparates
Ordnung in die Wirtschaftsstrukturen zu bringen, oder ob Putins Strategie darauf gerichtet ist, einen „korporativen" Staat
mit dem FSB an der Spitze aufzubauen.

Die liberale Zeitung *Nowaja Gazeta* beschrieb die Situation
folgendermaßen: Im Gegensatz zu den Oligarchen der Jelzin-
Ära sind die „Freunde Putins" keine Eigentümer des Staatsbesitzes, sondern nur Chefkontrolleure über strategisch wichtige
Industriezweige. Der Vorteil ist: Jeder von ihnen kann mit
einem Federstrich von seinen Aufgaben entbunden werden. Die
Staatsdiener können ihre Imperien nicht veräußern und mit
dem erworbenen Geld ins Ausland ziehen. Der Nachteil: Statt
Wettbewerb und Effizienz zu erzielen, werden diese Staatsma-
nager weiter mit staatlichen Geldern um sich werfen, um ihre
Monopolstellung zu erhalten.

Gelddrang nach Westen

Ein deutscher Zeitungsredakteur sparte 30 Jahre lang fleißig,
um sich am Ende seines Berufslebens ein Häuschen auf Zypern
zu bauen. Nach zähem Ringen mit den Behörden gelang es ihm,
seine Kleinvilla in der ersten Linie, also direkt am Meer zu errichten. Doch die Freude währte nicht lang; der romantische
Blick wurde ihm verbaut. Wie aus dem Nichts tauchte ein russischer Mafioso auf und baute seine Villa direkt auf dem Felsen-
vorsprung vor dem Haus des Journalisten. Der letzte Seiten-
blick auf das Wasser wurde durch eine Riesenantenne genommen, die der Russe an seiner Wand befestigte. Beschwerden
des Pensionärs bei den Behörden über die Verletzung von Bau-
vorschriften wurden abgeschmettert. Kein Wunder, dass der
Journalist nach dieser Leidensgeschichte auf den Osten nicht
gut zu sprechen ist.

Wenn an der Hamburger Elbchaussee oder im Berliner
Dahlem große Geländewagen mit getönten Scheiben vor einer
zum Verkauf ausgeschriebenen Immobilie anhalten, schauen
viele Nachbarn ängstlich aus dem Fenster. Wohlgeformte Män-

ner in dunklen Sonnenbrillen, gefolgt von Frauen in langen Nerzmänteln, entsteigen den schwarzen Karossen. Die Blicke der Furcht einflößenden Bodyguards durchschweifen das Gelände. Makler mit leuchtenden Augen umgarnen die russischsprachige Kundschaft. Geld spielt in den meisten Fällen keine Rolle. Ein Haus, das eine Million kostet, wird für drei Millionen erstanden. Die Grundstückspreise sind inzwischen günstiger als daheim in Russland. Geld- und Immobilienanlagen im Westen zu haben gilt als schick. Es spielt keine Rolle, dass nach den Schengen-Visumbestimmungen russische Staatsbürger nur 90 Tage im Jahr in der EU verweilen können. Wichtiger scheint dem Käufer der Zugang zum Wasser zu sein, denn er möchte mit seiner Jacht am Grundstück andocken können. Ein neues Phänomen im Westen: Reiche Russen auf Shoppingtour!

Inzwischen kennt man reiche Russen überall, nicht nur im zypriotischen Limassol. „Waren das schöne Zeiten, als im Westen nicht überall Russisch gesprochen wurde", schimpfte ein Berliner, nachdem er von Bodyguards aus einem Juweliersalon auf dem Kurfürstendamm herausgestoßen wurde. Die Ehefrau eines Oligarchen wollte nicht, dass ihr jemand beim Einkaufen neugierig über die Schulter schaute. In den Boutiquen westlicher Metropolen sprechen Angestellte Russisch und die reichen Russen können in teuren Nobelrestaurants die Menükarten in ihrer Sprache studieren. Sieben bis acht Millionen Russen fahren jedes Jahr in die EU. Der Flugverkehr von und nach Russland floriert. Nirgends auf der Welt fahren auf den Straßen so viele Luxuslimousinen wie in Moskau. Russen kaufen die modernsten Jachten, ordern die meisten Privatjets, erstehen Schlösser an der Loire und in den Alpen, besiedeln die besten Touristenhotels, verderben die Kellner mit überhöhten Trinkgeldern und wollen sich jetzt sogar private U-Boote zulegen.

Strategische Investitionen im Westen

Als in den 90er-Jahren die ersten Investitionen aus dem Westen nach Russland strömten, wurden sie von der russischen Seite mit beiden Händen freudig entgegengenommen. Doch als die westlichen Großkonzerne auch Teilhabe am Entscheidungsprozess einforderten, erhielten sie die Antwort: „Investitionen sind willkommen, die Investoren selbst sollten zu Hause bleiben." Die ausländische Geschäftswelt ärgerte sich über die Behandlung durch die Russen. Sie forderte von den eigenen Politikern, bei ihren Treffen im Kreml, die strategischen Interessen ihrer Firmen dezidiert zur Sprache zu bringen. Ein sich in die Weltgemeinschaft integrierendes Russland solle das globale Regelwerk der liberalen Weltwirtschaft akzeptieren.

Von den Russen verlangte der Westen die Öffnung des Marktes für ausländische Investitionen. Der Westen verharrte in der Vorstellung, dass Russland die Modernisierung seiner Wirtschaft ohne westliches Know-how nicht durchführen könnte. Früher oder später müsste Russland Teile seiner Schlüsselindustrien mit westlichen Konzernen teilen, denn ohne westlichen Technologieschub würde die industrielle Basis des Riesenlandes verrotten.

Diese Analyse traf auf zahlreiche Wirtschaftszweige auch tatsächlich zu. Viele loben deshalb den Vertragsabschluss zwischen dem Konzern Russische Eisenbahn (RZD) und Siemens über die Modernisierung des russischen Zugverkehrs. Russland zahlte eine halbe Milliarde an Siemens. Doch als Siemens den russischen Maschinenbauproduzenten Silowye Maschiny erstehen wollte, sagte der Kreml Nein. Der Betrieb gehöre zu den „strategischen Gütern" des Landes, er produziere Produkte für die Militärindustrie, die Übergabe eines Aktienkotrollpaketes an einen ausländischen Konzern würde die Sicherheit des Landes gefährden.

Kurze Zeit später meldete das größte Transportunternehmen der Erde, RZD, Interesse am Kauf von Aktien der Deutschen Bahn AG an. Auch andere russische Investoren standen plötzlich vor der Tür „strategischer" Konzerne, wie Telekom und EADS. Jetzt sagte die Bundesregierung Nein.

Warum wirken die Russen heute auf viele im Westen wenig vertrauenerweckend? Während Chinesen und Araber ihre Expansion auf westliche Märkte still und heimlich anstreben, ohne Rhetorik, machen die Russen den strategischen Fehler, dass sie ihre Absichten ausposaunen. Sie werfen mit Geld um sich, um ernst genommen zu werden. Ein verdutzter Westeuropäer, der ihnen Benimm und Werte beibringen möchte, wird ausgelacht: „Wenn du so klug bist, wieso hast du kein Geld!", ist eine oft gestellte Frage. Wenn der Westen Russland zu einer gemeinsamen demokratischen Wertegemeinschaft überreden will, kommt die Antwort: „Werte hin oder her – ohne russisches Gas wird Europa erfrieren. Ihr habt uns den Kapitalismus gelehrt. Wir sind gelehrige Schüler!" Das in Petrodollars schwimmende Russland ist kaum an der Wertegemeinschaft mit Europa interessiert. Was lockt, ist der Markt. Die Selbstsicherheit steht den neuen Russen ins Gesicht geschrieben. „Lasst uns lieber heute als Minoritätsteilhaber in eure Firmen, ansonsten müsst ihr uns bald als Mehrheitsaktionäre akzeptieren", lautet vielerorts die Botschaft russischer Kapitalisten.

Die Reichen strömen nicht nur als Touristen nach Westen. Sie suchen Investitionsnischen. Ihr Business boomt, der russische Markt ist für sie viel zu eng geworden, sie wollen als Investoren und Unternehmer expandieren. Im Westen herrscht eine komfortable Rechtssicherheit, es gibt weniger Korruption und natürlich kann man sein Business zu Hause durch den Kauf westlicher Aktiva schützen.

Viele der russischen Großunternehmer sind an westlichem Know-how interessiert. Für sie macht es mehr Sinn, eine etablierte Firma im Westen zu erwerben, als für die eigene russische Firma im Dickicht der westlichen Bürokratie mühsam eine Lizenz zu erkämpfen. Gerne wird das bestehende und eingespielte Management gleich „mitgekauft". Nach diesem Schema hat der Jekaterinburger Kosmetikhersteller Kalina den schwäbischen Pflegemittelproduzenten Dr. Scheller erstanden. Die deutschen Betriebe Dessau Fahrzeugtechnik und Mähdrescher-Kleine gehören inzwischen ebenfalls Russen. Der Milliardär Andrej Melnitschenko hat sich beim Kasseler Düngemittelhersteller K + S eingekauft. Weitere russische Unternehmer expandieren in deutsche Branchen. Die Softwareentwickler Abbyy und Kaspersky sind weitere Beispiele. Der Präsident des Ost-Ausschusses der deutschen Wirtschaft, Klaus Mangold, spricht von mehr als 100 000 Unternehmern mit russischem Kapital in Deutschland.

Die mächtigsten unter den russischen Oligarchen wollen für ihre Konzerne eine stärkere Vernetzung mit den Weltwirtschaftsmärkten. Nachdem der Kreml im Jahre 2006 eine radikale Liberalisierung der Kapitalausfuhr verfügt hat, können russische Investoren über die eigene nationale Bank unbegrenzt Firmenaktien im Westen erwerben. Bis vor Kurzem dauerte eine solche Prozedur zwei Jahre und musste mit der Zentralbank und dem Wirtschaftsministerium abgestimmt werden.

Als Putin 1999 an die Macht kam, beliefen sich die russischen Auslandsdirektinvestitionen auf gerade einmal 100 Millionen US-Dollar. 2002 erreichten sie die Marke von einer Milliarde US-Dollar. Seitdem verdoppeln sie sich Jahr für Jahr und liegen heute bei 36 Milliarden US-Dollar.

Bis 2007 konnte niemand in Bezug auf russisches Investitionskapital nach Westen von einer strategischen Expansion sprechen. Das russische Geld stellte vornehmlich Portfolio-Investitionen dar. Die russischen Oligarchen wollten ihr Kapital vermehren, doch sich keinesfalls in Entscheidungsprozesse im Westen einmischen. Jetzt haben wir eine veränderte Ausgangslage. Denn der russische Staat hat beschlossen, die bislang im Stabilitätsfonds gebunkerten Petrodollars gewinnbringend anzulegen. Auch wenn Putin erklärt, der russische Staat würde keine staatlichen Mittel für den Aufkauf von westlichen Firmenaktien verwenden, stellt Konzerneigentum im Westen ein verlockendes Investitionsobjekt dar.

Investitionen in Energieobjekte

Die Energiekonzerne interessierten sich immer schon für den direkten Zugang zu ihren Verbrauchermärkten. Seit Mitte der 90er-Jahre versuchte sowohl der staatlich gelenkte Konzern Gasprom als auch die nicht staatliche Ölgesellschaft Lukoil, Teile der Infrastruktur des 1991 zerbrochenen Energiekomplexes der Sowjetunion wieder aufzurichten. Diese Strategie nahm in der Gemeinschaft Unabhängiger Staaten (GUS) ihren Anfang. Den von russischen Energielieferungen abhängigen Nachfolgerepubliken der ehemaligen Sowjetunion wurde vorgeschlagen, ihre Schulden gegen die Kontrolle über ihre Pipelinenetze und Raffinerien einzutauschen.

1998 tätigte Lukoil die erste große Auslandsinvestition und kaufte die rumänische Ölraffinerie Petrotel. In den Folgejahren zielte das russische Investitionskapital vornehmlich auf die Energieindustrie der mittelosteuropäischen Staaten, die fast zu 100 Prozent von russischen Gaslieferungen abhängig waren. Als sich politischer Widerstand regte, wurde der Aufkauf durch Scheinfirmen fortgesetzt. Lukoil kaufte sich in die Ölsparte aller Länder des ehemaligen COMECON (Rat für gegenseitige Wirtschaftshilfe) ein. Heute verarbeitet der Konzern 30 Prozent seines Erdöls bei eigenen Raffinerien außerhalb Russlands. Der russische Investitionsdrang in die alte sowjetische Einflusssphäre weckte naturgemäß politische Ressentiments bei den Betroffenen. Die Politiker in diesen Ländern befürchten eine wachsende Abhängigkeit gegenüber dem Kreml. Ein gutes Beispiel ist die litauische Ölraffinerie Mazeikiu Nafta. Seit fast einem Jahrzehnt versuchen sich russische Ölkonzerne dort festzusetzen, während die litauische Regierung westliche Investoren bevorzugt. Die Litauer waren höchstens noch bereit, den Kremlkritiker Chodorkowski als Mehrheitsaktionär zu akzeptieren, nicht aber Lukoil oder Rosneft. Inzwischen wurde jegliche russische Öllieferung nach Mazeikiu Nafta eingestellt. Die litauische Raffinerie besitzt zum russischen Öl keine Alternativen.

Nach der Wirtschaftsexpansion auf die Länder Mittelosteuropas sucht die russische Erdöl- und Erdgasindustrie nun vehement Zutritt zum lukrativen westeuropäischen Markt. Gasprom würde deutsche Elektrizitätswerke kaufen, um den Endverbraucher direkt mit Erdgas zu beliefern. Die Gewinne wären in einem solchen Geschäft größer, allerdings auch die Abhängigkeiten westlicher Kunden von Gasprom.

Seit fast einem halben Jahrhundert wird das russische Gas in Deutschland von der Ruhrgas AG verkauft. Gasprom liefert das Gas nur bis zur deutschen Grenze. Ruhrgas verdient am Absatz des russischen Gases und ist an der Abtretung seiner Pipelines und Gasspeicher nicht interessiert. Gasprom ging daraufhin einen Deal mit der kleinen Kasseler Erdgasgesellschaft Wintershall, einer Tochter von BASF, ein und tätigt jetzt einen gemeinsamen Gasvertrieb über das Joint Venture Wingas.

Heute, nachdem die mittelosteuropäischen Staaten vollständig der EU beigetreten sind, hat die Abwehr von Firmenübernahmen durch Russen im Westen Hochkonjunktur. Die neuen EU-Mitglieder haben die alten mit ihrer Russlandangst förmlich angesteckt. Russland besitzt kein geeignetes Instrument, um die Position der EU zu ändern. Im Gegenteil: Würde Moskau die Interessen seiner Konzerne noch stärker artikulieren, geriete es in Verdacht, politische Dominanzansprüche zu stellen.

Während sich die Konsumenten im Westen Sorgen um sichere Energielieferungen machen, sieht Russland für sich die

Frage des sicheren Verdienstes am Energieexport als wesentlich
an. Das Grünbuch der EU-Kommission, das weitere Garantien
von den Exportstaaten im Zuge der Liberalisierung des EU-
Energiemarktes verlangt, aber einem Exporteur wie Russland
keine Garantien für seinen Absatz in der EU vermittelt, scheint
wenig hilfreich, Differenzen auszuräumen.

Die EU fordert von Russland, das Prinzip des gegenseitigen
Interessenausgleichs einzuhalten. Wenn russische Energiefir-
men in den Verteilungsbereich (downstream) der EU hinein
möchten, muss sichergestellt werden, dass im gleichen Atemzug
westliche Energiekonzerne an Förder- und Bohrprojekten (up-
stream) in Russland in gleichem Maße teilhaben können. Russische Energiekonzerne werden künftig nur dann einen Zugang
zum EU-Markt erhalten, wenn sie ihre heimischen Märkte auf
die gleiche Weise öffnen. Beide Seiten proklamieren für sich,
den ersten Schritt in die vorgegebene Richtung getan zu haben.

EADS

Im Sommer 2007 griff Russland nach dem westeuropäischen
Rüstungskonzern EADS. Die russische Außenhandelsbank erwarb auf der Börse für eine Milliarde US-Dollar ein fünfpro-
zentiges Aktienpaket von EADS. Moskaus Schritt löste eine
Schockwelle aus. Damit hatte niemand gerechnet. Nicht die
westlichen Flugzeugbauer kauften sich in die russische Luftfahrtindustrie ein, sondern es geschah umgekehrt.

Vom kommerziellen Blickpunkt aus betrachtet, war der russische Einstieg bei EADS nachvollziehbar. Die Aktien des Konzerns verzeichneten einen kurzfristigen Kursverfall, nachdem
bekannt wurde, dass bei der Auslieferung des Airbus-Flugzeu-
ges A380 abermalige Probleme aufgetaucht waren. Russlands
Außenhandelsbank, mit einem beneidenswerten Kapitalstock
versehen, intervenierte an der Börse. Sicherlich nicht ohne
Rückendeckung aus dem Kreml. Eine unvorsichtige Äußerung
des außenpolitischen Beraters von Putin, Russland könne bald
auch ein Kontrollpaket von EADS erwerben und dann Einfluss
auf Unternehmensentscheidungen nehmen, löste die zweite
Schockwelle aus.

Im Oktober 2006 offerierte Präsident Putin der Bundeskanzlerin Angela Merkel zwei strategische Projekte: Vertiefung

der Zusammenarbeit zwischen der EADS und der neu gegründeten russischen Flugindustrieholding sowie Stärkung der Energieallianz durch die Übergabe einer Drehscheibenfunktion für die Verteilung des russischen Importgases in Europa an Deutschland. Angela Merkel sagte nicht nur zu beiden Vorschlägen Nein, sie flog am selben Tag nach Paris, um den scheidenden französischen Präsidenten Jacques Chirac vor falschen Schritten Richtung Moskau in Fragen der EADS zu bewahren, denn die Intentionen Moskaus waren klar: Das von der Außenhandelsbank erworbene Aktienpaket bei EADS sollte im darauffolgenden Jahr dem neu zu gründenden staatlichen Flugzeugkonzern OAK übergeben werden. Die Staatschefs Deutschlands und Frankreichs teilten Putin unumwunden mit, dass eine Entscheidungsbefugnis des russischen Staates im europäischen Rüstungskonzern nicht hingenommen werden könnte.

Die westlichen Irritationen bewiesen, dass alle vorangegangenen Gespräche über eine fruchtbare militärtechnologische Zusammenarbeit mit Russland, unter anderem im Rahmen der NATO-Russland-Partnerschaft, reine Makulatur gewesen sind. Der Westen spielte die Idee der Partnerschaft nur vor. Niemand hatte ernsthaft vor, sie in die Praxis umzusetzen. Es bestand eben doch kein Vertrauen in eine Zusammenarbeit in sensiblen Bereichen. Der Westen möchte keine wirtschaftlichen Konkurrenten neben sich dulden.

Seit Putin die marode Flugzeugindustrie wieder auf Vordermann zu bringen gedachte, drehten sich die Diskussionen ständig um die gleiche Frage: Würde Russland seinen eigenen Flugzeugpark errichten können, oder war die Zeit dafür längst abgelaufen? Auf dem Weltmarkt dominieren zwei führende Flugzeughersteller, Boeing und Airbus. Der letztere Konzern ist das Kernstück von EADS. Sowohl Boeing als auch EADS strebten seit den 90er-Jahren nach Marktanteilen in Russland und dem postsowjetischen Raum. Sie waren beeindruckt vom russischen Wachstumsmarkt und kannten den Nachholbedarf für Fluggeräte in Russland gut.

Natürlich konkurrierten die beiden Konzerne vornehmlich um den Absatz eigener Maschinen nach Russland. Moskau hielt dagegen, es wäre an der Instandsetzung seiner Flugindustrie interessiert und lud Boeing und EADS zur Kooperation ein. Die beiden Flugzeugkonzerne versuchten zunächst auf Russland einzuwirken, es solle, ähnlich wie im Falle der zerfallenen Automobilindustrie, ausschließlich auf westliche Technologien umrüsten. Russland wollte kein Energieanhängsel des Westens werden. Es hatte seinen Stolz wiedergefunden. Putin äußerte sich gegenüber EADS sehr undiplomatisch: „Falls Airbus, der größte Flugzeughersteller der Welt, uns nicht freiwillig hilft, die russische nationale Flugzeugindustrie zu modernisieren, werden wir ihn mit Gewalt dazu zwingen."

Boeing und EADS erhielten die Einladung, sich an Produktionsstätten der russischen Flugzeugindustrie zu beteiligen. Da sie im langfristigen Wettbewerb auf dem östlichen Markt bestehen wollten, willigten sie zögernd ein und akzeptierten die Spielregeln. Boeing ließ sich in Ingenieurdienstleistungen integrieren. EADS erwarb zehn Prozent Aktien beim Flugzeughersteller Irkut mit der Option, diese gegen eine Beteiligung bei dem neu zu gründenden staatlichen Vereinigten Flugzeugindustriekonzern OAK umzutauschen.

Was Russland für sich bei EADS forderte – nämlich über eine genügende Menge von Aktien ein Stimmrecht im Aufsichtsrat zu bekommen –, galt für EADS in Bezug auf die russische Luftfahrtindustrieholding. Wie in der Energiebranche sollte auch hier das Prinzip der Reziprozität gelten.

Der Aluminiumzar

Das Gebäude, in dem der neue reichste Mann Russlands residiert, ist schlicht und funktional. Mit dem Auto ist es in fünf Minuten vom Regierungssitz im Weißen Haus zu erreichen. Im Eingangsbereich geht es zivilisiert zu. Keine unnötigen Sicherheitskontrollen, der Wachmann will auch keinen Ausweis sehen. Der 40-jährige Oleg Deripaska fühlt sich in Moskau sicher, blinzelt er dem westlichen Besucher zur Begrüßung zu.

Deripaska ist der neue Glücksritter unter den gegenwärtigen Oligarchen. Er macht im Westen keine Schlagzeilen, indem er ausländische Fußballklubs ersteht oder eine A380-Maschine als Privatjet bestellt. Deripaska ist kein Lebemann, eher ein pragmatischer Geschäftstyp. Seit 2007 besitzt er 30 Prozent beziehungsweise zehn Prozent der Aktien der renommierten europäischen Baufirmen Strabag und Hochtief.

Nach der Entmachtung Chodorkowskis ist er der reichste

Mann Russlands. Sein Privatvermögen wird auf 23 Milliarden US-Dollar beziffert. Deripaska wuchs in ärmlichen Verhältnissen in Nischni Nowgorod auf, schaffte es aber bis zum Physikstudium an der Moskauer Staatsuniversität. Seinen Wehrdienst leistete er in den Raketentruppen ab. Möglicherweise erwarb er sich damals die Kontakte zu den Sicherheitsministerien. Gerüchten zufolge konnte Deripaska im Verlauf seines Aufstiegs zum Aluminiumzaren auf die besondere Unterstützung höchst einflussreicher Hintermänner zählen.

In der Umbruchphase verdiente er zunächst sein Geld mit kleinen Spekulationsgeschäften. Sein erstes Kapital erwarb er, indem er eine ganze Schiffsladung von Zucker an ein Ministerium verkaufte. Noch als Student ebnete er sich den Weg in die Aluminiumindustrie. Dort wurde er Juniorpartner von mächtigen Rohstoffmagnaten aus dem Ausland, die ihre Blicke auf die riesigen Bodenschätze Sibiriens warfen. Eine noch kriminellere Branche als die russische Aluminiumindustrie konnte man sich in den 90er-Jahren kaum vorstellen. Im Verlauf der berühmt-berüchtigten Aluminiumkriege 1993 bis 1996 in Sibirien, als Staatsbetriebe zu Spottpreisen privatisiert wurden, die Besitzer ständig verschwanden und zahlreiche Leichen den Verlauf des Umverteilungskampfes markierten, erwarb Deripaska nicht durch kriminelle Machenschaften, sondern durch gewiefte Kombinationen und Insiderkontakte nach ganz oben den Großteil der Aktien der wichtigsten Konzerne dieser nationalen Schlüsselindustrie.

Zwar erwirkten seine Kontrahenten ein Einreiseverbot in die USA für ihn, doch zu Hause wurde er buchstäblich in den Kreml katapultiert. 2000 fusionierte sein Konzern Sibirski Aluminium mit der Mammutfirma Sibneft der Oligarchen Roman Abramowitsch und Boris Beresowski. Auf diese Art und Weise entstand Russisches Aluminium (Rusal) – das zweitgrößte Aluminiumimperium der Welt. Im darauffolgenden Jahr heiratete Deripaska die „Stiefenkelin" von Boris Jelzin, Julia Jumaschewa.

Deripaska gründete die Kapitalgesellschaft Basic Element, die Betriebe anderer Wirtschaftszweige zu erwerben begann. Der Jungoligarch stieß in die Sparten Automobilindustrie, Bauwesen, Versicherungen, Pressevertrieb und Holzwirtschaft vor. Fast hätte er dabei einen ernsthaften Konflikt mit Putins rech-

ter Hand, Dimitri Medwedew, riskiert, dessen frühere Holzver-
arbeitungsfirma in Sankt Petersburg Deripaska ziemlich unge-
stüm seinem Imperium einverleiben wollte. Manche vermuteten, Deripaska war politisch an die Jelzin-Familie gebunden.
Sein Schwiegervater Jumaschew warf jedenfalls Putin Dikta-
turgehabe vor. Doch im anschließenden Streit der Silowiki mit
den Oligarchen stellte sich Deripaska an die Seite Putins. Heute
genießt er höchstes Vertrauen im Kreml. Präsident Putin gab
ihm den Auftrag, mit eigenen Milliarden die Stadt Sotschi für
die Winterolympiade 2014 umzurüsten. Er ist auch einer der
Hauptaktionäre im Konzern Silowye Maschiny, den Siemens so
gerne erstanden hätte. In Russland kaufte er soeben die Ölgesellschaft Russneft, deren vorheriger Besitzer der Steuerhinterziehung angeklagt wurde und außer Landes flüchtete.

Deripaska hat dem Kreml signalisiert, dass er im Falle einer
Renationalisierung der nationalen Aluminiumindustrie, sein
Schmuckstück Rusal an den Staat zurückgeben werde. Putins
Idee vom starken Staat teile er voll und ganz. Kein Zweifel: De-
ripaska wird in seiner Expansion auf ausländische Märkte vom
Kreml unterstützt. Er begleitet Putin auf Staatsbesuchen, die
einen immer stärkeren wirtschaftlichen Charakter annehmen.
Auf Putins West-Reisen weicht Deripaska nicht von der Seite
des Kremlchefs.

Was will Deripaska im Westen? Vor allem westliches Know-
how. Von Putin hat er den Befehl erhalten, die Automobilindustrie auf Vordermann zu bringen. Dafür erwarb er Aktienpakete
bei General Motors, Magna und Chrysler. Die Bauwirtschaft
blüht in Russland wie kein anderer Industriezweig und der
Kreml vergibt Milliardenaufträge für die Modernisierung der
Infrastruktur des Riesenlandes. Alleine können Strabag und
Hochtief auf dem russischen Markt wenig ausrichten. Um Flughäfen, Terminals und Straßen zu bauen, brauchen sie einen
Partner wie Deripaska, der sich gegenüber Regierung und den
Gouverneuren durchsetzen kann.

Westliche Abwehr

Russland wird auch weiterhin eine Marktöffnung für eigene Investitionen in den Westen verlangen. Neben der Außenhandelsbank, Gasprom und Deripaska drängten noch andere russische Schwergewichte nach Westen. Die russischen Stahlbarone wollten durch die Integration ihres Business in die EU, die gegen Russland existierenden Antidumpingprozeduren umgehen. Der russische Stahlbaron Alexei Mordaschow interessierte sich für den westeuropäischen Stahlriesen Arcelor. Fast hätte er das Kontrollpaket erstanden, im allerletzten Moment wurde er – offensichtlich aus politischen Gründen – vom indischen Konkurrenten Mittal Steel ausgebremst. Nun schielt Mordaschow auf den Stahlriesen US Steel, nachdem er schon den fünftgrößten amerikanischen Stahlhersteller Rouge Industries erworben hat. Sollten sich die USA der Übernahme versperren, könnte der europäische Konzern ThyssenKrupp Mordaschows Imperium verstärken.

Der Moskauer Konzern Sistema bemühte sich um ein Aktienpaket der Deutschen Telekom. Vergeblich. Die Bundesregierung schritt gegen „russisches Einflusskapital" ein. Warum, so fragte der hessische Ministerpräsident Roland Koch, haben wir die Deutsche Telekom privatisiert, wenn sie in wenigen Jahren zu einer Kreml-Telekom wird?

Man sollte den Argumenten der Geheimdienste zuhören, wenn sie vor Gefahren der organisierten Kriminalität, Wirtschafts- und Industriespionage im Russlandengagement warnen. Das gehört zu deren Aufgaben. Auch die Ängste der Betriebsräte vor dem sozialen Kahlschlag seitens der fremden Eigentümer sind verständlich. Schwieriger zu verstehen sind die Rufe der Manager nach staatlichem Protektionismus als Schutz gegen Putins Russland. Warum betrachten sie den Vormarsch des russischen Kapitals gen Westen mit wachsender Sorge? Und warum ändern westliche Regierungen ihre Außenwirtschaftsgesetze, um Firmenübernahmen sogar rückwirkend verbieten zu können? Die deutsche Regierung wird 2008 ein Einspruchsrecht gegen „unerwünschte Firmenaufkäufe" im Rüstungs- und Energiesektor sowie anderen Bereichen der „strategischen Infrastruktur" (*Financial Times Deutschland*) erhalten. Gesetzliche

„Abwehrinstrumente" werden in Zukunft russisches oder chinesisches Investitionskapital, das sich in die sensiblen Wirtschaftsbereiche westlicher Volkswirtschaften einkaufen möchte, wieder herausdrängen, vor allem dann, wenn dieses Kapital staatlich gelenkt wird. Nicht umsonst hat Angela Merkel das Thema Hedgefonds auf die Tagesordnung der G 8 gesetzt, wobei dieses Thema ohne Russland in der alten G 7 besprochen wurde.

Doch wird die westeuropäische Rechnung „Sicherheit im Inland und Flexibilität im Ausland" funktionieren? Wenn eine Wirtschaftsmacht wie Deutschland ernsthaft glaubt, dass Putins Spätkapitalisten die Grundlagen des deutschen Aktienrechts, betrieblicher Mitbestimmung und der Corporate Governance aushebeln können, kann die Diagnose nur lauten: Der im komfortablen Sicherheitsdenken gefangene Westen scheut jedes Risiko und ist in Panik geraten. In Wirklichkeit zeigt der Streit, dass die romantische Ära des Triumphs des Liberalismus in der Weltwirtschaft sich dem Ende zuneigt. Wir sind Zeugen des Aufbruchs der Weltwirtschaftsordnung in eine neue Zeit. Das größte Wachstum verzeichnen Staaten, die kein liberales Wirtschaftsmodell besitzen. Vor zehn Jahren hat der Westen 80 Prozent aller Weltenergiereserven durch eigene Ölkonzerne kontrolliert – heute nur noch zehn Prozent! Der Westen, so Sergei Karaganow, Vorsitzender des Rates für Außen- und Verteidigungspolitik, habe die Weltherrschaft eingebüßt. Und Russland, das reichste Russland, das es je gab, hat sich in die neue Weltordnung eingekauft.

2 Zweiter Kalter Krieg

Es ist der 10. Februar 2007, ein eiskalter Wintermorgen in
München. Ein Tag, der möglicherweise in die Geschichte eingehen wird. Im Nobelhotel Bayerischer Hof findet die
43. Münchner Sicherheitskonferenz statt. Die erste Rede hält
Bundeskanzlerin Angela Merkel. Munter schweift sie über den
geopolitischen Horizont. Die Weltordnung muss durch weitere
Anstrengungen der Amerikaner und Europäer stabilisiert werden, mahnt sie. Die NATO soll ihre Rolle ausweiten, beispielsweise auf Afrika, wo China schon seine Muskeln spielen lässt. In
der ersten Reihe sitzen ausländische Staatschefs, Minister und
viele bekannte Gesichter aus der deutschen Politik. Plötzlich
zückt ein Ehrengast seinen Füllfederhalter.

Die Fernsehkameras dokumentieren, wie der russische Präsident Wladimir Putin seinen Redetext umzuschreiben beginnt.
Seine Gesichtsmimik, sonst zurückhaltend, kann den Unmut
nicht verbergen. Kaum hat die Bundeskanzlerin ihre Rede beendet, marschiert Putin nach vorne. Die Konferenzteilnehmer
applaudieren. „Ich weiß nicht, ob ich noch mal diesen Applaus
bekomme, wenn Sie mich angehört haben", murmelt der Präsident.

Was Putin der verdutzten außenpolitischen Elite zu sagen
hat, erinnert viele im Saal an vergangene Zeiten des Kalten
Kriegs. Die Rede läutet einen Paradigmenwechsel in der russischen Außenpolitik ein, darüber sind sich danach die meisten
Zuhörer einig. Der Kremlchef fordert die Pax Americana heraus. Den globalen Interventionsanspruch der NATO will er
nicht mehr hinnehmen. Die neuen Raketenabwehrpläne der
USA sieht er gegen sein Land gerichtet.

Putins angestauter Frust vergangener Jahre entlädt sich. Fast
zwei Jahrzehnte lang wurde die neue Architektur Europas allein
von westlichen Organisationen wie NATO und EU bestimmt.
Russland, von der Größe seines Territoriums, seiner Bevölkerung her das größte europäische Land, immer noch zweitgrößte
Atommacht der Welt und von seinem Selbstverständnis her
europäisch, blieb außen vor, während kleine Staaten wie Estland
und Luxemburg beim Aufbau Europas Vetorecht besaßen.

Ein neuer Kalter Krieg? Der Gedanke erscheint absurd. Um was sollte in Europa gekämpft werden? Um Territorien? Um Zugang zu Rohstoffen? Auch ein neuer „ideologischer Wettkampf" zwischen verschiedenen Wertesystemen ist unvorstellbar. Andererseits kennt die Geschichte viele Beispiele dafür, wie Konflikte zufällig ausgelöst wurden, durch Missverständnisse, falsche Wahrnehmungen, Selbstüberschätzung, Demütigungen ...

Russland wollte immer Teil der globalen westlichen Welt werden, auch wenn die Integration nicht in eine kulturfremde Wertegemeinschaft bewerkstelligt werden sollte. Ja, Russland wollte sich in den Westen integrieren, aber seinen Großmachtstatus beibehalten. Vielleicht war das Gerede von der Integrationsabsicht aber nur für die Galerie und Russland sammelte in Wirklichkeit die ganze Zeit nur seine Kräfte, um den verlorenen Großmachtstatus wiederzuerlangen? Jetzt plötzlich besaß Russland dafür wieder die notwendigen Muskeln – in Form von Erdöl und Erdgas.

In den 90er Jahren hatte der Westen sich auf eine langfristige Rivalität mit China eingestellt. Russland war dagegen abgeschrieben. Der Verlierer des Kalten Kriegs – vor einigen Jahren noch am finanziellen Tropf des Westens hängend – plötzlich wieder zurück auf der weltpolitischen Bühne? Alleine die Vorstellung, dass Russland dank seiner Energiewaffen in eine Supermachtrolle zurückschlüpfen könnte, löst in den westlichen Eliten, die noch in den Reflexionen des Kalten Kriegs gefangen sind, eine Horrorvorstellung aus. Doch die internationale Wirtschaftsgemeinschaft hatte keine Furcht vor Russland. Im Gegenteil, trotz der scheinbar durch Putins Rede ausgelösten politischen Eiszeit flossen alleine im ersten Halbjahr 2007 60 Milliarden Dollar an ausländischem Kapital nach Russland. Auf dem Sankt Petersburger Wirtschaftsforum im Juni 2007 erschienen 220 internationale CEOs – doppelt so viele wie im Februar auf dem Weltwirtschaftstreffen in Davos. Putins Rede in München sollte aufrütteln, nicht einschüchtern. Sie vermittelte nicht die Ansichten eines Aggressors, sondern die eines enttäuschten Europäers im Kreml.

Friedlicher Drang nach Westen

Berlin, der 25. September 2001. Zwei Wochen nach dem furchtbaren Terroranschlag gegen die USA kommt Putin nach Berlin, um vom deutschen Boden aus die Solidarität seines Landes mit dem Westen im Kampf gegen den internationalen Terrorismus zu verkünden. In seiner auf Deutsch gehaltenen Rede im Reichstag erklärt er den Kalten Krieg für beendet und schlägt der EU vor, ihre Möglichkeiten „mit den russischen Human-, Territorial- und Naturressourcen sowie mit den Wirtschafts-, Kultur- und Verteidigungspotenzialen Russlands zu vereinigen". Bis heute hat in Deutschland kaum jemand verstanden, dass der Kremlchef hier den Wirtschaftsaufbau Sibiriens als eine gemeinsame europäische Aufgabe des 21. Jahrhunderts proklamierte und den Europäern eine Verknüpfung der sibirischen natürlichen Ressourcen mit dem technologisch höher entwickelten Westeuropa vorschlug. Putin forderte, so wie Charles de Gaulle vor gut 50 Jahren und Michail Gorbatschow zehn Jahre zuvor, ein Groß-Europa vom Atlantik bis zum Ural.

Nach seiner Machtübernahme Anfang 2000 hängte sich Putin ein Porträt Peter des Großen in sein Büro und erklärte diesen Zaren, der Anfang des 18. Jahrhunderts für Russland das Fenster nach Europa aufschlug, zu seinem Vorbild. In zahlreichen Gesprächen mit europäischen Politikern erläuterte er seinen Standpunkt: „Russland möchte sich dort verankern, wo es geografisch und geistig hingehört – nach Europa. Wir sind Teil der westeuropäischen Kultur. Europa ist unsere Heimat. Wenn wir aber aus Europa verdrängt werden sollten, müssen wir dagegen Allianzen formieren ..."

In den folgenden zwei bis drei Jahren dachte Putin öffentlich über eine Integration Russlands in eine veränderte NATO nach, konnte sich sogar in einem Interview einmal Brüssel als gemeinsame Hauptstadt auch für Russland vorstellen und schlug bis zuletzt immer wieder den Aufbau einer gemeinsamen Raketenabwehr USA – Russland – EU vor. Damit wäre der erste Schritt zu einem gemeinsamen westlich-russischen Sicherheitsraum – ohne Einflusszonen – entstanden; und Russland wäre, wenn schon nicht in der NATO, dann in einem anderen exklusiven Klub in den Westen integriert.

Die freundlichen außenpolitischen Offerten des Kremls standen jedoch im Widerspruch zu den innenpolitischen Entwicklungen, die unter Putin in Russland ihren Lauf nahmen. Die Stabilisierung Russlands wurde zwar als klares Ziel westlicher Politik definiert. Nach westlichen Vorstellungen konnte Russland aber nur als Demokratie stabil werden. Der Westen wollte bestenfalls eine lose Anbindung Russlands an westliche Organisationen und Foren erreichen sowie billige russische Energieträger beziehen, doch die Vorstellungskraft für eine volle Einbindung des als unberechenbar angesehenen Riesenreiches in westliche Institutionen reichte in den westlichen Metropolen einfach nicht aus.

Vergebene Chance

Niemand im Westen hatte den Zusammenbruch des Sowjetsystems prognostiziert. Der Kommunismus verabschiedete sich schneller von der Weltbühne, als die vermeintlichen Sieger des Kalten Kriegs darauf reagieren konnten. Schon deshalb fehlte es westlichen Regierungen an einer kohärenten Russlandstrategie. Westliche Politik beschränkte sich in den 90er-Jahren darauf, Präsident Boris Jelzin zu stützen, um die Altkommunisten von der Macht fernzuhalten. Kaum jemand in Europa und in den USA will sich daran erinnern, wie Russland unter Jelzin seine Außenpolitik zunächst ganz auf westliche Interessen umstellte. Russland verabschiedete sich von den internationalen Rüstungsmärkten, um die USA nicht herauszufordern, stieß ehemalige kommunistische Verbündete in der Dritten Welt von sich, sympathisierte mit Taiwan (was China in Rage brachte) und zog alle sowjetischen Truppen aus Mittelosteuropa zurück. Die in der Sowjetzeit errichteten Militär- und Energie- sowie anderen Industriekomplexe, welche die Grundlagen für die Existenz der untergegangenen Supermacht gewesen waren, wurden unter den neuen unabhängigen Nachfolgestaaten aufgeteilt.

Das Russland von 1991 bis 1993 war praktisch entwaffnet, von westlicher Wirtschaftshilfe abhängig, erhielt kostenlose Reislieferungen aus Taiwan, damit die eigene Bevölkerung nicht hungerte, war offen für eine Integration in den Westen. Es hatte die Schulden der anderen Nachfolgestaaten auf seine Schultern geladen, die Eliten befassten sich mit der kommunistischen

Vergangenheitsbewältigung und freiheitsorientierter Identitätssuche. Der KGB-Geheimdienst wurde zerschlagen, die Kommunistische Partei stand kurz davor, verboten zu werden.
Amerikanische Militärspezialisten führten Inspektionen in den
Waffendepots des ehemaligen Feindes durch, westliche Wirt-
schaftskonsultanten begutachteten jeden Schritt der russischen
Regierung, Präsident Jelzin telefonierte und beriet sich öfters
mit anderen Staatschefs als mit seinen Ministern und Geheimdiensten.

Russland, in wirtschaftlicher Not und in politischer Überle-
bensangst, klammerte sich an jede Art von Kooperation mit dem
Westen. Ohne zu murren, setzte Russland den Vertrag für kon-
ventionelle Rüstungsbeschränkung in Europa (KSE) um und ver-
lagerte seine Waffenarsenale hinter den Ural, wo sie praktisch
unbrauchbar wurden. Im europäischen Teil Russlands durfte der
Kreml sein Militär nicht mehr frei bewegen. Im Sommer 1995
kapitulierte Russland in Tschetschenien. Wortlos unterzeich-
nete Moskau die Europäische Energiecharta, die Russland ver-
pflichtete, sein Pipelinesystem der internationalen Kontrolle zu
unterstellen. Um Russland noch gefügiger zu machen, wurde
das Land mit Krediten und Finanzhilfen überschüttet. Der le-
gendäre amerikanische Sicherheitsberater Zbigniew Brzezinski
zeigte sich vollauf zufrieden mit der entstandenen Lage. Er riet
Russland, wie einst der Türkei nach dem Zusammenbruch des
Osmanischen Reiches, die westliche Führung anzuerkennen.

Doch Mitte der 90er-Jahre geriet der Demokratisierungs-
prozess aus dem Ruder. Zunächst putschten Nationalisten und
Altkommunisten im Parlament gegen Jelzin. Wären sie nicht
gewaltsam entmachtet worden, dann wäre Russland im Chaos
und Bürgerkrieg versunken. Mit der Beschießung des Parlaments war die Demokratie vorerst zu Grabe getragen worden.
Die russische Führung stolperte Ende 1994 unbedacht in den
ersten Tschetschenienkrieg, erlitt eine verheerende militärische
Niederlage und kapitulierte. Dadurch verstärkten sich die separatistischen Tendenzen innerhalb der Russischen Föderation.
Der Krankheitszustand des Präsidenten Jelzin verschlechterte
sich und drohte sich zu einer ernsten Staatskrise auszuweiten.
Der Staat war praktisch bankrott und musste sich sein Überleben durch die Gunst der sogenannten Oligarchen sichern –
einer kleinen vom Staat künstlich geformten Insidergruppe von

Großunternehmern, die sich für ihre Geldanleihen an die Regierung Schuldscheine ausstellen ließen, die sie wiederum für den verbilligten Aufkauf des zuvor noch nicht angeeigneten Staatsbesitzes verwendeten. Mit der Sicherung der Kontrolle über die strategisch wichtigsten Industriezweige des Landes erhielten die Oligarchen auch politische Macht. Von 1996 bis 1999 stellten sie praktisch die Regierung.

Der Westen hätte die historische Chance nutzen sollen, das westfreundlichste Russland, das es je gab, in den Westen zu integrieren. Stattdessen beschloss der Westen just zu der Zeit, als mit Anatoli Tschubajs und Boris Nemzow zwei bekannte Reformpersönlichkeiten die Regierung führten, die erste NATO-Osterweiterung vorzunehmen, obwohl der Westen Russland sieben Jahre zuvor versprochen hatte, keine Truppen und Militärinfrastruktur östlich der Oder-Neiße-Linie zu stationieren.

Nach dem Finanzkrach vom August 1998 entfernte Jelzin die Liberalen aus der Regierung und musste seine Macht mit den Kommunisten teilen. Neuer Ministerpräsident wurde Ex-Geheimdienstchef Jewgeni Primakow. Mit dessen Ernennung begann die Durchdringung des Staatsapparates mit Geheimdienstfunktionären, die in der Innen- und Außenpolitik andere Akzente setzten. Man kann durchaus behaupten, dass im Jahre 1998 Russland sich von der Implementierung eines liberalen Modells verabschiedete und seine Eliten nach neuen Wegen suchten, um den Staat nicht weiter zu schwächen.

In der Außenpolitik bedrängte Primakow Jelzin, die Rolle des westlichen Juniorpartners aufzugeben, nationale Prioritäten zu setzen und alle vorhandenen Kräfte für den Wiederaufstieg in die erste Liga der Weltpolitik zu mobilisieren. Laut Primakow war nur Russland imstande, eine multipolare Weltordnung zu schaffen, wobei China und Indien Moskau dabei helfen sollten. Der Mann mit dem Spitznamen „Primus" wurde zum Propheten des kommenden Machtanstieg Putins.

Kosovo als Paradigmenwechsel

Nach Ansicht des russischen Schriftstellers und Nobelpreisträgers Alexander Solschenizyn war der NATO-Krieg gegen Serbien im Jahre 1999 der eigentliche Auslöser des historischen Bruchs in den Beziehungen des postkommunistischen Russlands

mit dem Westen. Nichts symbolisierte den Bruch mehr als das
berühmt gewordene Umdrehen der russischen Regierungsma-
schine über dem Atlantik. Regierungschef Primakow war gerade auf dem Weg nach Washington, um sich neue Kredite vom
Internationalen Währungsfonds und der Weltbank abzuholen.
Als er die Meldung vom Beginn der NATO-Bombardements
über Serbien erhielt, befahl er, die Maschine umzudrehen und
nach Moskau zurückzufliegen.

Historisch gesehen war dies das Ende der Zusammenarbeit
Russlands mit westlichen Finanzinstitutionen. Heutzutage existiert diese demütigende Kooperation nicht mehr. Putin tilgte
den Großteil der Auslandsschulden an den Westen in Rekord-
zeit. Damit legte Russland alle seine politischen Abhängigkeiten
gegenüber dem Westen ab.

Die Gründe für die Militäraktion auf dem Balkan – Massen-
vertreibungen der albanischen Bevölkerung – konnten sogar
russische Liberale nicht nachvollziehen. Von den russischen Eliten wurde der Kosovokrieg als Verletzung des Völkerrechts und
als Angriff auf die slawisch-orthodoxe Welt empfunden. Und
noch etwas konnten die Russen einfach nicht verstehen: Wieso
begriff der Westen nicht, dass Kosovo ein Hort von Kriminalität und Drogenhandel war, der bald negative Auswirkungen auf
westliche Gesellschaften haben würde? Aus russischer Sicht war
Kosovo, so wie Albanien, eine Brutstätte des Extremismus, gegen den sich der Westen und Russland eigentlich gemeinsam
verbünden sollten.

Der Westen reagierte auf Russlands Kritik nach dem alten
Reflex: Er versuchte Russland anzubinden, ohne Moskau ein
Vetorecht über die künftige Ordnung auf dem Balkan zu erlauben. Russische Truppen wurden begrenzt in die Friedensmis-
sion im Kosovo integriert. Dort blieben sie, eher unbemerkt, bis
2003.

Kaum war der Kosovokrieg zu Ende, da begann im Nordkaukasus der zweite Tschetschenienkrieg. Je mehr der Westen
die russischen Militäroperationen kritisierte, umso stärker ent-
fachte der im August 1999 gerade zum Premierminister ernannte Putin die Kriegshandlungen, bis die abtrünnige Republik wieder unter föderaler Kontrolle stand. Wenige im Westen
wissen, dass die NATO-Bombardements Belgrads der russischen Führung Anlass gaben, zu überlegen, ob künftig auch

Russland vom Westen in gleicher Art und Weise „abgestraft" werden könnte. Im Verteidigungsministerium entstand damals die heute gültige Militärdoktrin, die den atomaren Erstschlag im Falle eines Angriffs auf Russland wieder ins Auge fasste.

Am Ende dieses turbulenten Jahres 1999 trat Jelzin vorzeitig von seinem Präsidentenamt zurück und ernannte Putin zu seinem Nachfolger. Mit Putin begann eine andere Ära. In der Außenpolitik wollte er zunächst die Wogen glätten und einen konstruktiven Neuanfang in den Beziehungen zur EU und den USA versuchen. Seine ehrgeizigen Pläne der Modernisierung Russlands, von der in den folgenden Kapiteln ausführlich die Rede sein wird, konnte er allerdings in einer außenpolitischen Konfrontation mit dem Westen nicht verwirklichen. Schon aus diesen Überlegungen durfte er die von Gorbatschow und Jelzin aufgeschlagenen Türen nach Europa nicht schließen. Allerdings machte er deutlich, dass er Russland an den Westen anbinden, aber nicht zu einem Teil des Westens machen wollte.

Erneute Integrationsversuche

Zur Jahrtausendwende herrschte noch großes Konfliktpotenzial entlang der gesamten russischen Landesgrenze. Der Streit mit Japan um die Rückgabe der Kurilen-Inseln spitzte sich zu. Der Grenzkonflikt mit China war zwar ausgestanden, doch der Aufstieg des chinesischen Wirtschaftsriesen zu einer möglichen zweiten Supermacht bereitete Moskau zunehmend Sorgen.

In Zentralasien stritt sich Russland mit den USA um die Kontrolle über die gerade entdeckten neuen Rohstoffvorkommen des kaspischen Raumes. Russland wollte sie ungern mit dem Westen teilen, verstand aber, dass Auseinandersetzungen über künftige Pipelinerouten unausweichlich seien. Darüber hinaus wurden Russland und seine zentralasiatischen Verbündeten von islamistischen Extremisten in Afghanistan bedroht. Von der abtrünnigen Republik Tschetschenien, in der nach dem russischen Abzug 1996 islamistische „Gotteskrieger" das Sagen hatten, wurde der gesamte Nordkaukasus destabilisiert. Als islamistische Kämpfer im Juli 1999 die nordkaukasische Nachbarrepublik Dagestan angriffen, um in der nordkaspischen Region ein Kalifat auszurufen, setzte Moskau seine Truppen wieder in Gang.

Nach der ersten NATO-Osterweiterung war die Militär-infrastruktur der westlichen Allianz immer weiter an die russische Westgrenze gerückt. Vor allem die Stationierung von NATO-Truppen auf dem Balkan störte die Russen. Die verarmte und von Moskau vernachlässigte Region Kaliningrad, das ehemalige Königsberg, vom russischen Mutterland durch Belarus und Litauen getrennt, drohte von Russland abzufallen. Und schließlich das Hauptproblem: Russland saß praktisch in der Schuldenfalle. Ein Viertel seines Staatsbudgets floss in die Schuldentilgung. Die westlichen Gläubiger verfügten über bedeutende Druckmittel gegenüber der russischen Regierung.

Putin baute zunächst auf dem innerrussischen Konsens, dass Russland seine Existenz nur in Anlehnung an den Westen sichern konnte. Der Erfolg des Transformationsprozesses war also an gute Beziehungen mit dem Westen, an dessen finanzielle und technische Unterstützung gebunden. Die russische Diplomatie musste ein günstiges außenpolitisches Umfeld schaffen, in dem Russland seine Probleme lösen, den Anschluss an die Weltwirtschaft erreichen und sich in die Gemeinschaft westlicher Industrienationen integrieren konnte. Und wie konnte Russland die anderen mächtigen Akteure so einspannen, dass sie nicht als Gegner und Konkurrenten, sondern als strategische Partner und Freunde Russland auf dem Weg in die internationale Gemeinschaft und Weltwirtschaft begleiten würden?

Nach den schrecklichen Ereignissen vom 11. September 2001 musste die so heimtückisch angegriffene Supermacht USA in einen Dritten Weltkrieg gegen den internationalen Terrorismus eintreten. Putin sah über eine strategische Kooperation mit den USA im Kampf gegen das neue Übel seine Chance, Russland wieder in die erste Liga der Weltpolitik zu führen. Putin formte mit den USA eine Allianz gegen die Taliban und El Kaida in Afghanistan, schloss die alten sowjetischen Basen in Vietnam und auf Kuba und akzeptierte US-Militärbasen für den Kampf gegen den Terror in Zentralasien, einer Region, die zur Einflusszone Moskaus zählte. Russland und die USA wurden für wenige Monate zu Alliierten, wie in den Tagen des Zweiten Weltkriegs. Russische Offiziere und vor allem russische Waffen halfen den afghanischen Gegnern der Taliban, der „Nördlichen Allianz", Kabul einzunehmen.

Durch die Vernichtung der Taliban und El Kaida Ende 2001

in Afghanistan wurden Russlands Sicherheitsprobleme an der Südflanke gelöst. Die potenzielle Gefahr eines militärischen Übergriffs der islamistischen Extremisten auf den kaspischen Raum war gebannt. Auch wurden die Versorgungswege für islamistische Terrorgruppen in Tschetschenien abgeschnitten. Doch damit war die langfristige Stabilisierung der Region noch lange nicht erreicht. Die UdSSR hatte neun Jahre lang Afghanistan vergeblich okkupiert. Jetzt schien es, als ob die NATO in dieselbe militärische Sackgasse geraten könnte.

Doch zurück in das Jahr 2001. Welches Entgegenkommen erhielten die Russen von den USA für ihren Beitritt zur Antiterrorallianz? Der Westen schien Moskaus Solidaritätsbekundung als etwas Selbstverständliches anzusehen. Russland habe schließlich den Kalten Krieg verloren und müsse dankbar sein, dass der Westen ihm eine Juniorpartnerschaft in globalen Fragen anbot. Jedenfalls setzte der Westen im Folgenden seine strategischen Interessen durch, ohne auf wachsende russische Befindlichkeiten zu achten. Im Jahre 2002 wurde die NATO zum zweiten Mal, diesmal bis an die russischen Grenzen erweitert.

Zu Beginn des Irakkriegs im Frühjahr 2003 zerbrach die neue Allianz, ohne richtig begonnen zu haben. Putin versuchte zwar, den Schulterschluss mit Washington nicht zu verlieren, denn in offener Gegnerschaft zu den USA konnte er sein Land nicht modernisieren. Für eine Unterstützung des Feldzugs gegen den Diktator Saddam Hussein soll Putin die Partizipation russischer Energiekonzerne am künftigen irakischen Ölgeschäft und eine spätere gemeinsame Kontrolle über die OPEC gefordert haben. Wegen der internationalen Blockade des Iraks lagen zahlreiche mit dem Regime Saddams abgeschlossene russische Ölförderungsabkommen auf Eis. Moskau befürchtete, dass ein schneller Sieg der USA die Weltmärkte mit irakischem Öl überfluten würde. Der gerade rasant ansteigende Energiepreis auf dem Weltmarkt wäre wieder unter 20 US-Dollar pro Barrel gesunken.

Zusammen mit Deutschland und Frankreich versuchte Russland den Irakkrieg zu verhindern. Putin sah sich plötzlich mit Gerhard Schröder und Jacques Chirac in der Rolle des Hüters der internationalen Rechtsordnung. Die Troika versuchte eine Gegenposition zu den USA aufzubauen. Russland war vom Objekt zum Subjekt der europäischen Politik aufgestiegen.

Neben Putin war es hauptsächlich der russische Verteidigungsminister Sergei Iwanow, der den Westen vor den Folgen des Irakkriegs warnte. Russische Geheimdienstquellen versicherten, dass sich auf irakischem Boden keine Massenvernichtungswaffen befanden. Auf einer Lüge und einer Marginalisierung des UN-Sicherheitsrates ließ sich im Großen Mittleren Osten keine demokratische Ordnung errichten. Auch warnten die Russen die USA vor einer völligen Zerschlagung der irakischen Armee. Nur diese könne künftig das Land nach der Entmachtung Saddam Husseins zusammenhalten. Heute scheint es in der Tat so, als ob die USA durch den Krieg im Irak das Gegenteil von dem erreichten, was sie anfangs als Ziel deklariert hatten. Die Terrorgefahr, die durch den Sturz Saddam Husseins beseitigt werden sollte, ist größer denn je. Schlimmer noch: Bei einem immer wahrscheinlicher werdenden Zerfall des Iraks würde Iran der große Nutznießer des Abzugs westlicher Truppen sein und den schiitischen Landesteil im Nordosten sofort unter seine politische Kontrolle bringen.

Eindämmung Russlands

Von nun an ging alles Schlag auf Schlag. Die Amerikaner kritisierten Russland für die angebliche Förderung des iranischen Atomprogramms. Putin bestand auf seinem Recht, den außen- und wirtschaftspolitisch isolierten Iranern beim Aufbau einer zivilen Atomindustrie unter die Arme greifen zu dürfen, solange Iran sich der freiwilligen Kontrolle durch die Internationale Atomenergieagentur IAEA unterstellte. Im Übrigen waren es keine russischen, sondern, wie sich herausstellen sollte, pakistanische Militärtechnologien gewesen, die Irans Nuklearprogramm in Richtung einer Atomwaffenproduktion beförderten. Und Pakistan war ein Verbündeter der USA.

Drei schwere Konflikte fanden 2004 in den Beziehungen zwischen Russland und dem Westen statt. Zunächst löste die Zerschlagung des privaten Ölkonzerns Jukos im Westen eine Welle der Empörung aus. Man prophezeite das Ende von ausländischen Investitionen in Russland. Im September kam es zu einer Eskalation im Streit um Tschetschenien. Eine tschetschenische Terrorbrigade überfiel eine Schule im Örtchen Beslan in der Republik Nordossetien. Die Sicherheitsdienste ließen die Schule erstürmen, dabei starben viele der Kinder. Die EU kritisierte die unprofessionelle Geiselbefreiung. Putin, in dieser tragischen Stunde auf mehr Solidarität vom Westen hoffend, warf dem Westen vor, Russland den Nordkaukasus abspenstig machen zu wollen. Drittens stießen im Dezember 2004 russische und westliche Interessen während der Orangenfarbenen Revolution in der Ukraine aufeinander.

Energieaußenpolitik

Als Antwort auf die radikale Umorientierung der Ukraine nach Westen forderte Moskau von Kiew marktgerechte Preise für russische Gaslieferungen. Als die Ukraine ablehnte und russisches Transitgas nach Europa illegal abzweigte, drehte Russland dem Nachbarstaat für einige Stunden das Gas ab und ließ seine Energiemuskeln spielen.

Die USA und die EU nahmen den Energiekonflikt zum Anlass, um eine Diversifizierung künftiger Energielieferungen aus Russland vorzunehmen. Die EU änderte ihre Russia-first-Strategie, äußerte Zweifel an ihrer Energieallianz mit Russland und orientierte sich auf der Suche nach alternativen Energieressourcen und Transportwegen auf den kaspischen Raum. Die Konflikte um die künftigen Energietransportrouten von Ost nach West nahmen tatsächlich den Charakter eines Kalten Kriegs an. Polen setzte sich an die Spitze einer Eindämmungspolitik gegenüber dem vermeintlichen Energieimperialisten Russland. Zusammen mit den baltischen Staaten und dem neuen NATO-Mitglied Rumänien erhob es sich zur Schutzmacht des regionalen Staatenbündnisses GUAM – Georgien, Ukraine, Aserbaidschan, Moldawien –, das fort von Russland Richtung NATO und EU strebte. Der US-Kongress lud die Ukraine in die NATO ein.

Streit um die Raketenabwehr

Noch unter Präsident Ronald Reagan hatten die USA eine neue Militärtechnologie konzipiert, die den eigenen Kontinent vor Raketenangriffen aus der Ferne schützen würde. Nachdem der Feind Russland verschwunden war, richteten sich ihre Planungen gegen Raketenangriffe aus dem arabischen Raum. Noch

Ende der 90er-Jahre war der CIA von einem Angriff islamistischer Extremisten auf die USA überzeugt. In Amerika reiften konkrete Verteidigungssysteme dieser Art heran. Die amerikanische Regierung stellte sich nun aber die Frage, ob sie die Raketenabwehr für den eigenen Schutz aufstellen oder auch den Verbündeten potenziellen Schutz gewähren sollte.

Die Europäer erfreuten sich nach dem Ende des Ost-West-Konflikts ihrer komfortablen Sicherheitslage und versteckten sich vor der „schlechten Welt draußen". Amerikas Raketenabwehrpläne erachteten sie als Sandkastenspiele. Putin überlegte, wie er sein Land praktischer und konkreter mit dem Westen verknüpfen konnte. Im Juni 2000 bot er dem damaligen US-Präsidenten Bill Clinton den Aufbau einer gemeinsamen Raketenabwehr an, die Amerika, Russland und die EU vor theoretischen Angriffen vonseiten eines Schurkenstaates schützen konnte. Die Idee eines „kollektiven euroatlantischen Sicherheitsraumes" kam unmittelbar auf den Tisch und wurde von Putin in Separatgesprächen mit Franzosen, Deutschen und Italienern Jahr für Jahr aufgewärmt.

Putin kannte die technischen Vorzüge des Raketenabwehrprogramms wie kaum ein anderer Politiker. Als KGB-Agent in Dresden hatte er in den 80er-Jahren am sowjetischen Geheimprojekt „Heide" partizipiert, dessen Mitarbeiter Technologie- und Militärspionage gegen das damalige US-Kriegsprojekt „Krieg der Sterne" betrieben.

Clinton entschied sich damals gegen die Raketenabwehrstationierung, weil er seine moderne Militärtechnik mit den Russen nicht teilen wollte, vom Nutzen der neuen Waffensysteme wenig überzeugt war und kein zusätzliches Geld in ein fragwürdiges Verteidigungskonzept investieren wollte. Seinen Nachfolger George W. Bush konnten die amerikanischen Militärstrategen von ihren ambitionierten Plänen sofort überzeugen. Kaum war Bush an der Macht, als die USA den ABM-Vertrag aus den 60er-Jahren kündigten, der eine „kleine" Raketenabwehr auf jeweils ein Militärobjekt in den USA und die russische Hauptstadt Moskau limitierte. Der Sieger aus dem Kalten Krieg fühlte sich nun frei, sich mit den technisch versiertesten und kostspieligsten Abwehrschirmen gegen die Bedrohung von außen – mit der eine global agierende Supermacht immer rechnen musste – zu schützen.

Russland schwieg, solange die neue Raketenabwehr auf dem amerikanischen Kontinent getestet und stationiert werden sollte. Zu einem Eklat führte eine Studie des renommierten US Council on Foreign Relations, die besagte, Amerika könne dank seiner Raketenabwehr rein theoretisch einen Doppelkrieg gegen Russland und China gewinnen. Als die USA daraufhin ankündigten, die Raketenabwehranlagen auf dem Territorium Polens und der Tschechischen Republik bauen zu wollen, endete Putins Geduld.

Für die russischen Militärs eröffnete sich ein Horrorszenario, das der Direktor des Moskauer Institutes für USA- und Kanada-Studien, Sergei Rogow, so beschrieb: „Würde der Iran irgendwann einmal tatsächlich eine Langstreckenrakete mit atomarem Sprengkopf versehen Richtung USA abfeuern, müssten die vom polnischen Territorium abgeschossenen Abfangraketen das feindliche Objekt über russischem Territorium abschießen. Was aber würde mit dem Sprengkopf passieren, der nicht in der Atmosphäre verglüht, sondern auf russischen Boden fällt? Und was geschieht, falls der Abfangflugkörper die iranische Rakete nicht trifft? Dann würde diese irgendwo am Ural unkontrolliert zerschellen. Außerdem würde ein von Polen Richtung Russland abgeschossener Flugkörper vom russischen Radar als feindliche NATO-Rakete identifiziert werden und einen automatischen Gegenschlag russischer Atomraketen auslösen."

In Wirklichkeit, so die einhellige Meinung russischer Sicherheitsexperten, richte sich die amerikanische Raketenabwehr in Mittelosteuropa gegen Russland. Der Kreml zeigte sich verärgert darüber, dass, wie im Irak, Russland aus kommerziellen Gründen und wegen übertriebener Nationalegoismus wieder von einer Kooperation ausgeschlossen wurde.

Auf dem Gipfel der G-8-Staaten im Ostseebad Heiligendamm im Juni 2007 verblüffte Putin mit einer neuen Offensive. Er lud die USA zur Errichtung einer gemeinsamen Raketenabwehr im Südkaukasus ein, von wo Radarsysteme den Luftraum über dem Iran besser erfassen und Raketenabschüsse über nicht russischem Territorium abgewehrt werden konnten. In Wirklichkeit beinhaltete Putins Vorschlag nichts anderes als eine Wiederholung des Kooperationsangebotes aus den vergangenen Jahren.

Doch Bush ging darauf nicht ein. Er hatte den neuen Verbündeten Polen und Tschechien eine Sonderrolle im künftigen europäischen NATO-Verteidigungskonzept versprochen. Dabei beinhaltete Putins Vorschlag, die alte sowjetische Radarstation im aserbaidschanischen Gabala gemeinsam mit den USA zu betreiben, ein politisches Risiko für Russland. Zum ersten Mal gab der russische Präsident unumwunden zu, dass er die amerikanische Bedrohungsanalyse hinsichtlich des Irans teile. Eine solche strategische Positionierung an der Seite des „Großen Satans" konnte Moskaus Wirtschaftspartnerschaft mit dem Iran im kaspischen Raum gefährden. Putin agierte prowestlich und keineswegs antiamerikanisch. Seine Offerte zeigte, dass Moskau sofort wieder zur strategischen Partnerschaft mit den USA, ja sogar zu einem Bündnis bereit wäre – so wie nach dem 11. September 2001 den Amerikanern angeboten – aber nicht zum Nulltarif.

Ironischerweise hatten gerade die Polen und Tschechen eine Sonderbeziehung Russland – Deutschland scharf kritisiert und mehr Solidarität von Europa für ihren „Schutz" vor Russland gefordert. Jetzt waren sie selbst eine Sonderpartnerschaft mit den USA eingegangen.

Unabhängigkeit Abchasiens?

Der letzte Konflikt zwischen Russland und dem Westen in der Ära Putin betraf den Kosovo. Die USA und die EU traten für eine Unabhängigkeit der albanischen Provinz von Serbien ein. Die Serben hätten durch den von Slobodan Milošević fast in die Tat umgesetzten Völkermord an der albanischen Minderheit jeglichen moralischen und rechtlichen Anspruch auf die Region verspielt. Der Westen wollte, acht Jahre nach dem NATO-Krieg um Kosovo, das Kapitel instabiler Balkan endgültig schließen. Dass die Bevölkerung Serbiens sich mehrheitlich gegen eine Unabhängigkeit ihrer Provinz aussprach und damit die rechtliche Grundlage für die Aufteilung Serbiens nicht gegeben war, störte den Westen nicht. Die Weltordnung beruhte nicht mehr auf den Prinzipien des Westfälischen Friedens. Nicht die Souveränität eines Staates, sondern der Selbstbestimmungswille eines Volkes war von nun an proklamiertes Völkerrecht. Man konnte von den Albanern doch nicht ernsthaft erwarten, nach fast einem Jahrzehnt „gefühlter" Unabhängigkeit sich wieder unter die Oberhoheit Belgrads zu begeben!

Russland signalisierte dem Westen: Sollte auch nur ein Land den Kosovo in Umgehung des UN-Sicherheitsrates als unabhängig anerkennen, könne Moskau nicht garantieren, dass vielleicht ein „anderer Staat" die Souveränität der separatistischen Republiken Abchasien und Südossetien von Georgien ebenfalls einseitig „anerkennen" würde. Russland könne keine Doppelstandards in der Weltpolitik hinnehmen. Kosovo einerseits und Abchasien sowie Südossetien andererseits wären ähnliche Konflikte gewesen. Nur seien Abchasien und Südossetien seit fast 20 Jahren de facto unabhängig. Hier und dort habe es einen Genozid gegeben, hier und dort gebe es einen Sieger des Konflikts, hier und dort wären Volksentscheide für die Unabhängigkeit durchgeführt worden. Warum also durfte Kosovo in Umgehung des geltenden UN-Völkerrechts unabhängig werden, nicht jedoch Abchasien, Südossetien und möglicherweise noch andere Teilstaaten?

Im persönlichen Gespräch wählt der Erste Vizepremier Sergei Iwanow klare Worte: „Der Westen hat kein Recht, einseitig die Weltordnung nach seinem Gutdünken zu gestalten. Die NATO hat seit dem Ende des Ost-West-Konflikts insgesamt vier große Kriege geführt – zweimal im Irak, im Kosovo und in Afghanistan. Russland dagegen hat in dieser Zeit nur in Tschetschenien seine staatliche Souveränität verteidigt. Tatsächlich haben sich die russischen Truppen seit 2003 aus allen militärischen Konflikten herausgehalten. Doch eine gefährliche Situation könnte entstehen, wenn Moskau bei einem Militärangriff auf Abchasien und Südossetien seine Staatsbürger beschützen müsste. Bekanntlich haben 90 Prozent der Abchasen und Südossetier inzwischen russische Pässe."

Auf der Erde existieren in der Tat mehrere Pseudostaaten, die international nicht anerkannt werden, aber dennoch Objekte des Völkerrechts sind. Taiwan, Nordzypern sind die bekanntesten Beispiele. Russland steht auf dem Standpunkt, dass am Status quo der „eingefrorenen Konflikte" nicht gerüttelt werden darf.

Das Axiom bisheriger westlicher Politik, dass eine Partnerschaft mit Russland unabdingbarer Bestandteil der globalen Sicherheitsordnung wäre, ist heute vom Westen infrage gestellt. Jetzt kommt der geheime Konsens zur Russlandpolitik zum Vorschein, der im Westen nach dem Zusammenbruch der kommunistischen Sowjetunion entstanden war, wonach jeglicher Versuch Russlands, sein altes Imperium wieder aufzurichten und die alten Sowjetrepubliken neu zu kolonisieren, unterbunden werden sollte. Damit erklärte sich die harte, unnachgiebige Kritik des Westens am russischen Tschetschenienkrieg, die nun folgende tatkräftige amerikanische Unterstützung für eine NATO-Osterweiterung in die Ukraine und den kaspischen Raum, der international anhaltende Druck auf Moskau, seine restlichen Truppenverbände aus Moldawien und Georgien abzuziehen, die massive Diversifizierung der Energielieferungen aus dem postsowjetischen Raum sowie die Entscheidung des amerikanischen Präsidenten, eine Raketenabwehr in Mittelosteuropa aufzustellen.

Unbequeme Wahrheiten

So weit die Beschreibung der russischen Außenpolitik der letzten 17 Jahre. Dem Leser wurde ein Bild darüber vermittelt, wie sich Russland selbst in der neuen Weltordnung des 21. Jahrhunderts begreift. Der Beobachter benötigt keine reiche Fantasie, um sich den Fortgang eines möglichen Kalten Kriegs vorzustellen. Die USA würden die NATO-Präsenz am Schwarzen Meer erhöhen und die Regionen des Schwarzmeerraumes und des Kaspischen Meeres zu einer Sicherheitszone der NATO ausbauen. Alternative Energieallianzen würden – in Umgehung Russlands – zwischen dieser neuen östlichen NATO-Einflussregion und Westeuropa gelegt werden. Der Bau der Ostseepipeline von Russland nach Deutschland könnte unterbunden werden.

Moskau würde daraufhin aufrüsten, den Energie- und Rüstungskomplex der ehemaligen Sowjetunion zusammenführen und Verbündete gegen den Westen in Asien suchen. Statt der strategischen Partnerschaft, die zur Bildung einer gemeinsamen freien Wirtschaftszone und einem Assoziierungsabkommen zwischen Russland und der EU führen könnte, stünde der Westen bestenfalls wieder vor einer „friedlichen Koexistenz" mit Russland.

In Wirklichkeit würde die Weltsicherheitsordnung weit mehr von einem geeinten starken Europa profitieren. Bald werden zwei Jahrzehnte nach dem Fall der Mauer vorbei sein. West- und Mittelosteuropa bilden nun ein gemeinsames EU-Europa, welches seine Wertvorstellungen und seinen Einfluss auf seine direkte Nachbarschaft – Osteuropa, Südkaukasus, Zentralasien, Maghreb, Naher und Mittlerer Osten – ausbreiten möchte. Während die arabische Welt niemals Teil der EU werden kann, gehören die slawischen und christlichen Nationen im Osten per se zur europäischen Zivilisation. Wenn die Türkei aus sicherheits- und geopolitischen Erwägungen in die EU aufgenommen wird, gilt Ähnliches für Russland. Eine von einer französischen Agentur 2005/2006 vorgenommene Meinungsumfrage in mehreren europäischen Staaten zeigte, dass bei der europäischen Bevölkerung Länder wie die Ukraine und Russland durchaus als Anwärter auf einen Beitritt zur EU angesehen werden. Das Projekt Russland in Europa ist von den Eliten der EU in Wirklichkeit aber bisher nicht ernsthaft angegangen worden.

Russland selbst will heute keine institutionellen Bindungen mit der EU eingehen. Für den Westen steht fest, dass ein nicht demokratisches und autoritäres Russland für eine europäische Integration nicht infrage kommt. Der EU wird es trotzdem geboten sein, ihre strengen Auflagen für eine Partnerschaft mit Russland, die ausschließlich auf die Übernahme liberaler Werte abzielen, abzuschwächen. Für die EU wäre ein Abdriften oder Herausdrängen Russlands aus Europa eine geopolitische Katastrophe. Ohne ein verbündetes Russland kann es auf dem westlichen Teil des europäischen Kontinents kaum Stabilität geben. Ein Schulterschluss mit der zweiten Atomweltmacht sowie einem Land mit den größten Bodenschätzen der Erde würde Europa sicherer machen. Russland wäre vor allem für die künftige europäische Energieversorgung existenziell wichtig. Im Idealfall könnte Russland für Europa im Osten ein ähnlicher Stabilitätsanker werden wie die USA im Westen.

Ein geeintes Groß-Europa muss nicht überall Sympathien wecken. Das sich auf leisen Sohlen zur zweiten Weltmacht heranschleichende China profitiert von einem „Russland ohne Europa", denn es braucht dann keine NATO-Truppen an seiner nördlichen Grenze zu fürchten. Auch für Amerika ist ein „Europa ohne Russland" keine schlechte Option. Die Idee eines gemeinsamen europäischen Hauses, das eines Tages die transatlantischen Beziehungen ersetzen könnte, missfällt Washington. Die USA lehnen deshalb französische Vorschläge von einem „Sicherheitsrat" EU-Russland auf der Basis einer reformierten OSZE ab. Ein Russland und eine EU, die ihr wirtschaftliches und militärisches Potenzial zu einem Ganzen verschmelzen würden – so wie es Putin in seiner Rede im September 2001 in Berlin vorgeschlagen hat –, würden Europa zu einem ernsthaften Rivalen der USA machen. So aber segelt das zerstrittene Europa im Windschatten der USA.

In ihrer naiven Vorstellung, dass die künftige Weltordnung auf den Prinzipien des liberalen Wertekanons, den die Sieger des Kalten Kriegs zur Grundphilosophie der Globalisierung ausgerufen haben, ewig ruhen könnte, übersehen die Europäer die tief greifenden Veränderungen in der Weltpolitik.

Alle heutigen Nationen auf dem europäischen Kontinent wären gut beraten, einen nüchternen Blick in die Zukunft zu werfen. Dann sind mit einem Mal die gegenwärtigen Animositäten verschwunden und die Konflikte wie in Luft aufgelöst. Die deutsch-russische Zukunftswerkstatt des Petersburger Dialogs hat auf seiner Sitzung im „Akademiestädtchen" bei Nowosibirsk die folgende Prognose aufgestellt: 2025 werden in Russland und Deutschland circa zehn bis zwölf Prozent weniger Menschen leben als heute. Diese beiden Industrienationen werden von Arbeitskräftemangel und einem hohen Grad an alternder Bevölkerung betroffen sein.

Im 19. Jahrhundert wuchs die europäische Bevölkerung um durchschnittlich 0,7 Prozent im Jahr. 2050 werden auf der Erde doppelt so viele Menschen leben als 2007. Gleichzeitig werden im Süden unseres Planeten zu diesem Zeitpunkt acht Milliarden Menschen ohne Ressourcen und ohne Wasserzugang existieren. Diese Bevölkerung wird äußerst jung und ungebildet sein und in heutzutage unvorstellbar großen Megastädten leben. Ihre unumgängliche Massenwanderungsbewegung nach Norden wird kaum friedlich vor sich gehen. Radikale antiwestliche und antimaterialistische Weltanschauungen werden in den südlichen Erdteilen größten Zulauf finden. Wie viele Atommächte wird es zu dieser Zeit auf unserer Erde geben? Werden sie sich untereinander verfeinden und sich wieder gegenseitig erpressen?

In weniger als 20 Jahren könnten die beschriebenen Entwicklungstendenzen schon erste Auswirkungen auf das Leben der europäischen Gesellschaften haben. Das Gewicht Russlands und der EU wird jedenfalls in der künftigen Weltordnung geringer. Angesichts der gemeinsamen Herausforderungen wird eine strategische Allianz zwischen den gegenwärtigen Streithähnen vonnöten sein, um den Kontinent Europa zu retten.

Aus dem früheren Ost-West-Konflikt ist längst ein Nord-Süd-Konflikt geworden. Der internationale Terrorismus bildet das eigentliche Schlachtfeld der Zukunft. In Afrika und Asien breitet sich eine neue weltumspannende aggressive Ideologie eines pervertierten Islams aus, die den Westen und Russland gemeinsam bedroht. Alleine die Vorstellung, dass islamistische Fundamentalisten im gesamten Persischen Golf ein „Kalifat" errichten und die OPEC unter ihre Kontrolle bringen könnten, treibt westlichen Politikern vor Angst die Schweißperlen auf die Stirn.

Jedenfalls sind die goldenen Zeiten, als die westliche Welt als Sieger aus dem Kalten Krieg die Kontrolle über die wichtigsten Energieförderländer besaß, vorbei. Die Energieressourcen Europas und Amerikas sind fast aufgebraucht. In zehn Jahren wird die EU drei Viertel ihres Energiebedarfs aus Eurasien[1], Nordafrika oder den Staaten des Persischen Golfs importieren müssen – Regionen, in denen demokratische Entwicklungen wohl kaum zu erwarten sind. Gleichzeitig schnellen die Weltmarktpreise für Energie zu Beginn des 21. Jahrhunderts weiter nach oben und werden in den nächsten Jahrzehnten kaum sinken.

Der Westen kann versuchen, sich gegen diese Entwicklung zu stemmen. Warum, so fragen sich Risikoanalytiker, kann in Zeiten drohender Energieknappheit ein arabischer Wüstenstaat, ein zentralasiatischer oder lateinamerikanischer Autokrat die weltweiten Konsumenten mit Energie als Waffe erpressen? Strategen in amerikanischen Thinktanks überlegen, wie die Energieressourcen, ähnlich wie Fragen des Klimaschutzes, der

---

[1] Mit „Eurasien" wird im ganzen Buch nicht der geographische Begriff bezeichnet, sondern die neu entstehende politische Energieregion zwischen Russland und China, also asiatisches Russland und Zentralasien, praktisch das Gebiet der Mitgliedstaaten der Schanghaier Organisation für Zusammenarbeit (SOZ) ohne China.

Nichtverbreitung von Massenvernichtungswaffen und der Menschenrechte, der Kontrolle staatlicher Akteure entzogen und einer internationalen Aufsicht unterstellt werden könnten.

Sind diese Überlegungen die Vorboten der künftigen Rohstoffkriege? Oder sind solche Vorstellungen utopisch? Russland, als das Land mit den reichhaltigsten Bodenschätzen der Erde, wäre von diesen Konflikten betroffen. Einige Aspekte der gegenwärtigen russischen Politik scheinen darauf hinzuweisen, dass im Kreml Gegenstrategien zu obigen Überlegungen entwickelt werden. Das Zeitalter der Ressourcen ist eingeläutet. Russland ist auf dem Weg zu einer Energiegroßmacht. Im Falle einer Vereinigung Russlands mit EU-Europa würde auch Letzteres vom Energiegroßmachtstatus profitieren.

3 Defektes Russland

Wenn ein gesetzestreuer westlicher Bürger heute zum ersten Mal nach Russland fliegt, verspürt er schon bei der Landung ein unangenehmes Gefühl. In Situationen, wo der Mobilfunkverkehr woanders strengstens verboten ist, setzen sich viele russische Passagiere über die Sicherheitsvorschriften leichtfertig hinweg. Der Flieger hat noch nicht am Gate angedockt, da öffnen die Passagiere schon die Gepäckablagen, schnappen sich ihre Koffer und drängeln zum Vorderausgang. Eine Stunde später sitzt der westliche Gast im Pkw und fährt in Richtung Stadt. Er kann sich kaum entspannen, weil sein Taxi ständig von links und rechts überholt wird – von monströs wirkenden Geländewagen mit getönten Fensterscheiben. Wer einen solchen Wagen fährt, ignoriert die Straßenordnung. Das merkt der westliche Besucher im Verkehrsstau, denn die Riesenjeeps fahren einfach auf dem Bürgersteig an der stehenden Wagenkolonne vorbei. Die Polizei schaut weg oder lässt, nach dem Kassieren einer Bestechungssumme, den Verkehrssünder passieren. Viele Autofahrer besitzen überhaupt keinen Führerschein; das Dokument kann man leicht für 200 US-Dollar kaufen. Bis vor Kurzem existierten keine Autoversicherungen.

Mancher Leser mag die Argumente aus dem vorangegangenen Kapitel nicht teilen. Das dort gezeichnete Bild Russlands entspricht nicht seinen üblichen Vorstellungen. Wie konnte der Autor Russland so verharmlosen! Sieht die von den Medien widergespiegelte Wirklichkeit nicht ganz anders aus?

Die Anklageschrift

Die Philippika gegen Putins Russland ist lang. Im Einzelnen:

Ja, die Demokratie in Russland ist eine Fassade. Bei den Dumawahlen Dezember 2007 erhielt die liberale Opposition kaum Zugang zu den Medien, Oppositionsführer wurden verhaftet, ausländische Wahlbeobachter ausgesperrt, die Stimmenauszählung wurde manipuliert. Für eine werteorientierte Politik des Westens ist Russland ein unberechenbarer Partner.

Ja, Putin hat den Glauben an die alte Sowjetunion wieder auferweckt. Er unterstreicht, dass der Kollaps der UdSSR eine der größten geopolitischen Katastrophen der russischen Geschichte gewesen sei. Fehlende Vergangenheitsbewältigung verankert die Sowjetmentalität in den Köpfen der Menschen.

Ja, die alte Sowjethymne wurde wieder eingeführt, wenn auch mit anderem, nicht kommunistischem Text. Auch die Armee hat ihr altes Wappen – den Stern – zurückerhalten. Ein neuer Nationalfeiertag musste für Anfang November gefunden werden, um die nostalgischen Erinnerungen an die sozialistische Oktoberrevolution zu erhalten.

Ja, Putin hat die Bürokratie nicht abgebaut. Seine Bürokratie schützt weder das Rechtssystem noch das Individuum oder die Eigentumsrechte. Die Bürokratie „lenkt" die Marktwirtschaft wie einst die Planwirtschaft. Die Bürokratie interessiert sich ausschließlich für die Selbstbereicherung. Korruption ist wesentlich stärker ausgeprägt als in der Jelzin-Ära.

Ja, in Russland ist die Pressefreiheit eingeschränkt. Vor allem in den staatlichen Fernsehkanälen gibt es keine Kritik am Präsidenten und seiner Politik. Die Berichterstattung aus dem Kreml erinnert an den Personenkult ehemaliger Generalsekretäre.

Ja, viele Medienartikel werden „bestellt" und Journalisten bestochen, um unliebsame Konkurrenz anzuschwärzen. Auf regionaler Ebene ist diese Praxis weit verbreitet.

Ja, der russische Parlamentarismus ist marginalisiert. Die Funktion der Duma und des Föderationsrats besteht heute in der Absegnung der von Putin getroffenen Entscheidungen. Die Siebenprozenthürde versperrt bei Parlamentswahlen kleinen Parteien den Weg in die Legislative.

Ja, Putin hat die Direktwahl der Gouverneure abgeschafft und eine neue Machtvertikale zementiert, die das Land von der Idee des Föderalismus entfernt. Die Gouverneure sind jetzt nicht dem Volk, sondern dem Kreml Rechenschaft schuldig.

Ja, regierungskritische Nichtregierungsorganisationen wie das Komitee der Soldatenmütter oder Memorial werden schikaniert. Der Kreml bezichtigt sie der Zusammenarbeit mit ausländischen Geheimdiensten und verbietet ihnen, finanzielle Unterstützung aus dem Westen entgegenzunehmen.

Ja, in der Gesellschaft breitet sich eine Xenophobie aus. Studenten mit schwarzer Hautfarbe oder Männer mit kaukasischem Aussehen werden auf offener Straße angegriffen, manche zu Tode geprügelt. Politiker und Medien tun wenig zur Aufklärung der Öffentlichkeit.

Ja, nicht sanktionierte Demonstrationen prowestlicher Kräfte werden mit roher Polizeigewalt auseinandergejagt oder durch nationalistische Gegendemonstrationen eingeschüchtert. Kreml-kritische Parteien haben kaum Chancen, für die Wahlen registriert zu werden.

Ja, in der Armee wird alles, was nicht niet- und nagelfest ist, gestohlen und verschachert. Die Armee ist durchsetzt von Kriminalität, stärker denn je werden junge Rekruten unter der „Herrschaft der Großväter" geschunden. Die Selbstmordrate in der Armee ist höher als in der Zeit der Sowjetunion.

Ja, die Kriminalitätsrate in Russland ist dramatisch hoch. In den vergangenen sechs Jahren wurden 35 000 Morde nicht aufgeklärt.

Ja, Russland nimmt, was die Zahl seiner Gefangenen im Verhältnis zur Bevölkerung angeht, weltweit eine Führungsrolle ein. In Russland gibt es mehr als eine Million Strafgefangene. In Gefängnissen ist Platz nur für 700 000. In Stalins Straflagern gab es 200 000 Häftlinge weniger. Kommen in den Ländern Westeuropas auf 100 000 Einwohner etwa 40 bis 100 Gefangene, so sind es in Russland 800.

Ja, das Rechtssystem ist korrupt und willkürlich. Das Schicksal Chodorkowskis zeigt, dass die Staatsmacht die Justiz für politische Ziele instrumentalisiert. Steuerpolizei und Umweltbehörden werden gezielt zur Ausschaltung unliebsamer Konkurrenz in der Wirtschaft eingesetzt.

Ja, in beiden furchtbaren Geiseldramen im Nord-Ost-Theater (2002) und in Beslan (2004) haben die Befreiungsaktionen der Antiterroreinheiten der Autoritätsrettung der Staatsmacht Vorrang vor dem Leben der Geiseln gegeben. In beiden Fällen waren die Opferzahlen unverzeihlich hoch. Das Schützen der für das Blutbad mitverantwortlichen Gewaltministerien durch den Kreml ist absurd.

Ja, in Russland passieren politische Morde. Über 200 Journalisten sind in Russland nach dem Zerfall der UdSSR ermordet worden. Die letzten Auftragsmorde an den Journalisten Pawel Klebnikow und Anna Politkowskaja sowie am Ex-Agenten Alexander Litwinenko sind nicht aufgeklärt. Entweder werden die Justizbehörden und die Polizei korrumpiert, oder die Staatsmacht besitzt kein Interesse an der Aufklärung.

Ja, die russischen Gewaltministerien gehen mit aller Grausamkeit gegen tschetschenische Rebellen und Terroristen vor. Die Anführer des tschetschenischen Widerstands wurden als Staatsfeinde bis ins ferne Ausland gejagt und liquidiert. Während des Tschetschenienkriegs gab es Internierungslager und Folterungen.

Ja, bis heute ist ungeklärt, wer das Bombenattentat auf den ehemaligen georgischen Präsidenten Eduard Schewardnadse und den Giftanschlag auf den heutigen ukrainischen Staatschef Viktor Juschtschenko verübt hat.

Ja, es gibt einen westlichen „Generalverdacht", dass die Hochhäuserexplosionen vom September 1999 nicht von tschetschenischen Terroristen, sondern vom FSB verübt wurden, um den Zweiten Tschetschenienkrieg zu rechtfertigen und Putin über einen erfolgreichen Krieg an die Macht zu bringen. Obwohl inzwischen drei Nordkaukasier der Tat überführt und verurteilt worden sind, besteht das Gerücht nach wie vor fort.

Ja, das Militär führte in Tschetschenien einen Krieg und nicht, wie in der russischen Presse dargestellt, eine „antiterroristische Polizeiaktion". Im Zweiten Tschetschenienkrieg (1999 bis 2002) wurden 3220 Soldaten getötet und 8972 verwundet. Wie viele Zivilisten im Krieg umgekommen sind, wissen offizielle Stellen nicht.

Ja, Russland hat sich dem Aufbau eines starken Nationalstaates verschrieben. Dabei projiziert es übertriebene Macht. Demokratie ist zu einem Schimpfwort geworden.

Ja, Russland wird heute vornehmlich von Geheimdienstlern regiert. Diese haben einen eigenen korporativen Staat geschaffen und genießen völlige Immunität. Alle Spitzenfunktionäre aus Putins Mannschaft stehen an der Spitze von Aufsichtsräten der wichtigsten strategischen Industriezweige.

Ja, der russische Geheimdienst war noch nie so mächtig wie heute. Sogar in der totalitären UdSSR unterstand er immer der Kontrolle einer kollektiven Führung innerhalb des Politbüros. Der FSB, der Auslandsaufklärungsdienst, die Steuerfahndung sowie andere neu geschaffene Geheimdienstorganisationen hören heute einzig und allein auf den Präsidenten.

Ja, in der obersten Führungsspitze existiert eine Vetternwirtschaft. Die Söhne von Sergei Iwanow und des FSB-Chefs Nikolai Patruschew arbeiten beide, obwohl noch keine 30 Jahre alt, in hohen Positionen in staatlichen Banken. Die Ehefrau des Energieministers sitzt im Kabinett.

Ja, viele in Russland träumen von der Wiederherstellung des alten Imperiums. Wünsche ehemaliger Sowjetrepubliken, sich an die EU und NATO anzubinden, begegnet Russlands Elite mit offenem Hass.

Ja, ausländische Diplomaten werden schon einmal tätlich angegriffen, wie die Attacke auf einen polnischen Gesandten und die estnische Botschaft im Mai 2007 gezeigt hat. Während der Zuspitzung des russisch-georgischen Konflikts wurden Hunderte von Georgiern aus Moskau deportiert.

Ja, Russland setzt sein Öl und Gas als Instrumente für die Durchsetzung seiner Interessen rigoros ein. Noch spüren dies nur die unmittelbaren Nachbarstaaten und Transitländer. Doch auch in Westeuropa wächst langsam das Unbehagen.

Ja, russische Hacker organisierten einen Cyberkrieg gegen estnische Behörden als Vergeltung für die Verlegung eines sowjetischen Kriegerdenkmals in Tallinn. Im FSB gibt es eine „Abteilung R", die entsprechende Attacken führen kann.

Ja, Russland kooperiert in seiner Außenpolitik mit sogenannten Schurkenstaaten. Moskau lässt sich nicht davon abbringen, Boden-Luft-Raketen nach Syrien und in den Iran zu verkaufen. Putin sagt, diese Raketenabwehr sei rein defensiv.

Ja, Russland benutzt den Separatismus in Abchasien und Südossetien, um Georgien instabil und damit NATO-untauglich zu halten. Russland möchte auch den Bau alternativer Pipelines durch Georgien verhindern. Ähnliche Ziele verfolgt Moskau in Transnistrien.

Ja, Russland stellt sich als Vetomacht quer bei der Frage nach einer Unabhängigkeit des Kosovo. Vielmehr kritisiert es westliche Bemühungen um eine Stabilisierung des Balkans. Im Falle einer einseitigen Anerkennung des Kosovo durch den Westen droht Russland mit seiner Anerkennung der nach Unabhängigkeit strebenden Regionen Abchasien und Transnistrien.

Ja, die Kluft zwischen Arm und Reich ist unverhältnismäßig groß. Es gibt vier Millionen Obdachlose, drei Millionen Bettler, fünf Millionen Straßenkinder. Russland hat circa 40 Millionen Alkoholiker. Nach Lebensstandard befindet sich Russland weltweit auf Platz 60.

Ja, Russland nimmt bei der Anzahl der Milliardäre Platz acht ein. 1,5 Prozent der Bevölkerung besitzen 50 Prozent der nationalen Bodenschätze. Dabei hat die Hälfte der Bevölkerung zu Hause keinen Gasanschluss. In einem linksgerichteten Land wie Russland existieren keine freien Gewerkschaften, die Arbeitnehmer genießen kaum rechtlichen und sozialen Schutz.

Ja, Russland hat mit einer starken Ausbreitung von HIV-Erkrankungen und Epidemien zu kämpfen. Glaubt man den demografischen Trends, wird die Bevölkerung in den nächsten 15 bis 20 Jahren von 145 auf 120 Millionen schrumpfen.

Ja, Russland steht vor ungelösten Umweltproblemen. Die Gesundheit der Menschen ist in einigen Gegenden stark gefährdet. Für Probleme der Ökologie fehlt der Bevölkerung jegliches Verständnis.

Ja, Russland ist keine Demokratie

Als Putin danach gefragt wurde, welches Problem er in seiner Amtsperiode nicht lösen konnte, nahm er zunächst einen großen Schluck aus der Kaffeetasse. „Die Korruption", antwortete er lapidar: „Die Korruption haben wir bedauerlicherweise nicht in den Griff bekommen."

Fehlende Rechtsstaatlichkeit

In den Ratings internationaler Antikorruptionsagenturen belegt Russland einen Platz neben afrikanischen und lateinamerikanischen Staaten und ist meilenweit von westeuropäischen Standards entfernt. 33 Milliarden US-Dollar werden jährlich als Bestechungsgelder gezahlt. Die berüchtigte Korruption der russischen Bürokratie verstärkt die Rechtsunsicherheit. Über zwei Drittel der Russen glauben nicht, dass sie durch das Gesetz geschützt sind. Wortlos nehmen sie hin, dass das Justizwesen der staatlichen Willkür unterliegt und korrupt ist. 94 Prozent der Russen sind überzeugt, dass sie heute gar keinen Einfluss auf die Geschehnisse in ihrem Land haben. Dementsprechend fühlen sie auch keine Verantwortung für die Politik. Sie kennen in ihrer Geschichte keine dritte Gewalt.

Rechtsstaatlichkeit ist also den Russen ein Fremdwort geblieben. Während Europäer die Menschenrechte, Rechtsstaatlichkeit und den Schutz des Privateigentums als untrennbare Bestandteile einer demokratischen Zivilgesellschaft betrachten, haben Russen diese positive Assoziation mit der Demokratie nicht. Die meisten Russen verstehen die Demokratie überhaupt nicht, in ihren Köpfen herrscht Konfusion über das westliche liberale Marktmodell, das mit Korruption, Gier und Unehrlichkeit gleichgesetzt wird. Die Russen sind tief davon überzeugt, dass alle ihre Politiker korrupt sind, akzeptieren jedoch diese Tatsache. Russland lebt seit Jahrhunderten mit der Erkenntnis, dass „die da oben" unantastbar sind. Dass der Sohn des Präsidentschaftsanwärters einen Menschen tot umgefahren hat und unbestraft davongekommen ist, löst in der Gesellschaft keinen Unmut aus.

Die Bevölkerung ist befallen von einem sogenannten „Weimarer Komplex", wonach, wie im postwilhelminischen Deutschland, die Schuld am Zerfall des Imperiums imaginären Landesverrätern – in Deutschland den Sozialdemokraten (Dolchstoßlegende), in Russland Gorbatschow – sowie dem „bösen Ausland" gegeben wird. Der bekannte amerikanische Historiker Richard Pipes sagt dazu: Die antiliberale Politik in Russland ist nicht von den Geheimdiensten „von oben" eingeführt worden. Putin hat nicht geputscht. Der Wandel ist von der Bevölkerung „von unten" erwirkt worden. Noch vor 80 Jahren war Russland ein Agrarland, 80 Prozent der Bevölkerung lebten auf dem Dorf. Im Gegensatz zu Europa fehle in Russland das aufgeklärte Bürgertum, das sich für Menschenrechte, ein Rechtssystem oder Privateigentum eingesetzt hätte. Bis 1861 bestand das russische Volk aus Leibeigenen, die dem Zaren und der Orthodoxie hörig waren. Die Mobilisierung für Zar, Vaterland und Glauben fand bei äußeren Bedrohungen statt.

Es ist aus dieser Sicht nur verständlich, dass die Russen einen starken Zaren fordern. Demokratie bedeutete in ihren Augen Anarchie und Korruption. Auch heute fordern über 80 Prozent der Russen Ordnung statt Freiheit. Fast 80 Prozent sind gegen Meinungsfreiheit und für Zensur. Nur 25 Prozent unterstützen, laut Umfragen, die Idee der Marktwirtschaft. Der Rest glaubt, Reichtum könne nur durch Diebstahl entstehen. In den 90er-Jahren wurden die Stereotype leider bestätigt.

Erschreckend ist, dass, laut Meinungsumfragen, die meisten Russen von Europa nichts Positives für sich erwarten. Die EU wird als ausbeuterisch, heuchlerisch und gefährlich für die Souveränität Russlands betrachtet. Viele Russen werfen dem Westen vor, die Schwäche Russlands seit dem Zerfall der UdSSR schamlos ausgenutzt zu haben.

In ihrem brillanten Artikel „Am Ende der Moral" in der *Süddeutschen Zeitung* beschrieb die Berliner Publizistin Sonja Margolina die Befindlichkeiten der russischen Intelligenzija gegenüber dem heutigen Westen folgendermaßen: Im säkularen russischen Denken galt das Abendland als höhere Zivilisation und daher als unveränderbare normative Instanz. Der Westen hatte immer recht, er diente als Spiegel, der dem eigenen System vorgehalten wurde. „Was sagt dazu das Ausland?" war ein Idiom für die Schamgrenze, die die eigene Regierung nicht überschreiten durfte. Der heutige Verlust jeder westlichen Glaubwürdigkeit in den Augen der prowestlich orientierten Elite – so etwas hat es in der ganzen neuesten Geschichte Russlands, vielleicht mit Ausnahme der faschistischen Periode, nicht gegeben – ließ die maßlose Enttäuschung über das gestrige Vorbild in Resignation, Zynismus und in eine nihilistische Posse umschlagen. Die Reste der vermeintlich demokratischen Elite Russlands werden als eine verlogene und eigennützige Kaste bezeichnet, die Putin nur deshalb kritisiert, um sich in der freien Welt lukrativer verkaufen zu können. Mit demokratischen Werten möchten sie nur ihre intellektuelle Leere kaschieren.

Extreme der russischen Seele

Es gibt ein altes russisches Sprichwort: „Lass den Dummkopf den Herrgott anbeten und er wird sich die Stirn blutig schlagen." Russland ist auch in seiner Politik ein Land der Extreme. Eine soziale Lehre des deutschen Philosophen Karl Marx pervertierte es in eine aggressive Welteroberung, aus der vom Westen importierten liberalen Marktwirtschaft erschuf es den wildesten Kapitalismus. Während der Antialkoholkampagne Gorbatschows in den 80er-Jahren wurde gleich der gesamte Weinanbau Georgiens, Armeniens und Moldawiens vernichtet.

Nachdem die Regierung den Anstieg der Geburtenrate zur Chefsache proklamiert hatte, wurden im Land sogenannte „Liebesoasen" gegründet, wo Massenhochzeiten gefeiert werden und Kondome verpönt sind. Die Absicht der Regierung, ethnische Kriminalität auf den Stadtmärkten zu bekämpfen, führte sogleich zu Massendeportationen von Kaukasiern. Das Androhen des Lieferstopps für unbezahlte Gaslieferungen an die Ukraine wurde vom Gasprom-Chef im Fernsehen durch das demonstrative Ausschalten eines Bunsenbrenners begleitet. Um Putin nach Ablauf seiner Präsidentschaft an der Macht zu halten, sollte das gesamte politische System umgekrempelt werden. Die Palette solcher Beispiele ließe sich fortsetzen.

Niederschlagung von Demonstrationen

Nach der Orangenfarbenen Revolution in der Ukraine reagierten die russischen Machthaber nervös auf Unmutsäußerungen gegen Putins Politik. Das war unverständlich, denn der Präsident genoss das Vertrauen von 80 Prozent der Bevölkerung. Die Opposition, die nur wenige dazu animieren konnte, auf der Straße für Freiheitsideale zu demonstrieren, hatte keine Chance, an die Macht zu kommen. Trotzdem wurden Minidemonstrationen marginaler Oppositionsgruppen mit unverhältnismäßig hohem Polizeieinsatz niedergeknüppelt. Die Ziehsöhne und töchter des Systems Putin fürchteten um ihre Posten nach einem Ausscheiden Putins. In der Duma wurden Rufe nach einem absoluten Demonstrationsverbot laut, westliche Feindbilder wurden aus der Mottenkiste der Geschichte wieder hervorgezaubert, Regimekritiker als Nestbeschmutzer angefeindet. Putin hatte angedeutet, er würde bleiben, falls Russland wieder vor einem Zerfall stehen sollte. Vielleicht wurde die Lage absichtlich destabilisiert um somit sein Bleiben zu erzwingen?

Morde in Moskau und London

Der schlimmste Vorwurf an die Adresse Putins lautete, unter seiner Führung würde Russland wieder seine Kritiker als Staatsfeinde brandmarken und ähnlich liquidieren, wie der KGB in den 50er-Jahren die führenden antikommunistischen Exilrussen und Ukrainer zu beseitigen trachtete. Zwei Fälle aus dem Jahr

2006 erregten große Aufmerksamkeit in der internationalen Öffentlichkeit.

Dresden im Oktober 2006: Putin kommt zu Besuch in seine einstige Wirkungsstätte in Ostdeutschland. Seine Arbeitsbesuche nach Deutschland sind inzwischen so geplant, dass er mit dem jeweiligen Bundeskanzler oder der Bundeskanzlerin auch am Petersburger Dialog teilnehmen kann. Dort sitzen sie mit Vertretern der Zivilgesellschaften beider Länder zusammen. Die Veranstaltung hat natürlich keinen Diskussionscharakter, nichtsdestotrotz gelingt ein Meinungsaustausch zu verschiedenen Themen.

Beim Petersburger Dialog in Hamburg wurde Putin mit Plakaten „Stoppt den Krieg in Tschetschenien" empfangen. Der Kremlchef rief den Demonstranten damals zu: „Der Krieg ist aus, geht nach Hause." Die Hamburger Universität plante, Putin die Ehrendoktorwürde zu verleihen, doch zogen die Professoren aufgrund heftiger medialer Kritik ihr Honorarangebot schnell wieder zurück. Jetzt wird der Präsident in seiner deutschen Lieblingsstadt, Dresden, auf der Straße mit Rufen wie „Mörder! Mörder!" empfangen.

Die deutsche Öffentlichkeit ist fassungslos. In Moskau wurde gerade Anna Politkowskaja auf dem Hausflur vor ihrer Moskauer Wohnung von einem unbekannten Täter mit mehreren Schüssen niedergestreckt. Zuvor hatte sie einige Drohungen erhalten und einen Giftanschlag überlebt. Der brutale Mord geschah am 7. Oktober – Putins Geburtstag. Wer erschoss die mutige Journalistin, die im Westen als eine Ikone der unterdrückten Meinungsfreiheit in Russland verehrt wurde?

Hat der Mord an Politkowskaja etwas mit Tschetschenien zu tun? Politkowskaja recherchierte jahrelang über die kriminellen Machenschaften der Armee und könnte aus Rache umgebracht worden sein. Putin zuckt mit den Schultern: „In Russland war Frau Politkowskaja unbedeutend. Ihr Tod schadet uns mehr als ihre kritischen Artikel! Außerdem sterben im Irak mehr Journalisten als in Russland. Der Mord ist eine Provokation gegen Russland!" Während deutsche Demonstranten in Dresden vor der Frauenkirche ausharren, um Putin nach dem Abschlusskonzert mit Buhrufen zu empfangen, sitzt der Kremlchef nicht auf der offiziellen Veranstaltung des Petersburger Dialogs, sondern nippt an seinem Bier in einer Dresdner Kneipe, von wo aus er die kleine Gruppe der Demonstranten von hinten beobachtet. Das russische Fernsehen filmt diese Szene.

Wenige Wochen nach den tödlichen Schüssen auf die Journalistin passiert ein zweiter Mord, der ein noch größeres Aufsehen in der Weltöffentlichkeit erzeugt. In einem Londoner Hotel wird ein ehemaliger FSB-Mitarbeiter und Gehilfe des flüchtigen Oligarchen Boris Beresowski, Alexander Litwinenko, mit Polonium vergiftet. Die internationale Presse bezichtigt den Kreml des Mordes an einem übergelaufenen Spion. Das Gift Polonium ist auf dem freien Markt nicht erhältlich, es wird in Atomwaffenanlagen der beiden Großmächte USA und Russland verwendet.

Der Kreml verdächtigt Beresowski, dieser würde sich in seinem Hass auf Putin nicht scheuen, auch seinen Getreuen als „sakrales Opfer" ins Jenseits zu befördern, um das Image des Kremls zu beschädigen. Beresowski wird in Moskau auch mit dem Mord an Politkowskaja sowie dem liberalen Abgeordneten Wladimir Juschtschenkow, dessen Partei der Ex-Oligarch finanziert hatte, in Verbindung gebracht.

Scotland Yard glaubt, mit Andrei Lugowoj, einem ehemaligen Weggefährten Litwinenkos aus dem FSB, den Schuldigen schnell gefunden zu haben. Beide hatten sich kurz vor Litwinenkos Tod mehrmals an der Londoner Hotelbar getroffen. Vieles deutet darauf hin, dass Lugowoj seinem Ex-Kollegen die tödliche Dosis in den Tee geschüttet hat. Überall wo Lugowoj sich in England aufgehalten hat, findet die Polizei Poloniumspuren – sei es im Flugzeug, im Taxi, im Hotel oder sogar im Fußballstadion.

Der Kriminalfall wird immer mysteriöser. Warum gibt es so viele Poloniumspuren? Warum diese stümperhafte Vergiftung? Hätte ein Geheimdienst von solcher Statur wie der FSB nicht sorgfältiger agiert? War der Todeskampf Litwinenkos nicht vielleicht doch als eine zynische Inszenierung gedacht? Auf der anderen Seite: Wer, außer einem Geheimdienst, hätte die Möglichkeit, an Polonium heranzukommen?

Lugowoj und Litwinenko hatten Mitte der 90er-Jahre, als die chronisch unterbezahlten sowjetischen Geheimdienste von den Oligarchen vereinnahmt wurden, für den Unternehmer Beresowski den privaten Sicherheitsdienst ATOL aufgebaut. Litwinenko wurde aus dem offiziellen Geheimdienst gefeuert, nachdem er den FSB öffentlich bezichtigt hatte, seinen Mentor Beresowski umbringen zu wollen.

Nach Putins Machtübernahme fiel Beresowski in Ungnade und verließ Russland. Litwinenko folgte ihm mit seiner Familie in den Westen. Beide erhielten postwendend in Großbritannien Asyl. Lugowoj bewachte noch bis 2005 Verwandte von Beresowski in Moskau, hatte also ein Vertrauensverhältnis zum Oligarchen. Vom sicheren englischen Boden aus attackierte Beresowski bei jeder sich bietenden Gelegenheit Putin und prognostizierte dessen unumgänglichen Sturz. Auf die Frage eines Journalisten, wie Putin aus dem Amt gedrängt werden könne, erwiderte Beresowski: „Meine Technologien verrate ich nicht." Auf Nachfragen, ob er um sein Leben fürchte, antwortete der Ex-Oligarch, für einen Mordanschlag sei Putin zu feige.

Im Juni 2007 beantragt London die Auslieferung Lugowojs, Moskau lehnt ab – mit Verweis auf die eigene Verfassung, nach der ein russischer Staatsbürger an eine fremde Justiz nicht ausgeliefert werden darf. Russland steht am Pranger, denn es krümmt keinen Finger, um den Engländern bei der Aufklärung des Falles zu helfen. Ein verstimmter britischer Premier Toni Blair ruft die EU zu Sanktionen gegen Russland auf. Beresowski legt auf einer Pressekonferenz nach: Scotland Yard hätte ihn vor neuen Mordanschlägen vonseiten des FSB gewarnt.

Nach den Geiseldramen von Nord-Ost hatte Putin die physische Beseitigung der tschetschenischen Rebellenführer befohlen. Anfang 2004 wurde der ehemalige Präsident Tschetscheniens, Salimchan Jandarbijew, in seinem Versteck in Katar aufgespürt und durch eine Autobombe getötet. Der eigentliche Chef der tschetschenischen Regierung im Exil, Aslan Maschadow, wurde einige Monate später ebenfalls in den Bergen des Nordkaukasus entdeckt und erschossen. Schließlich geriet auch der meistgesuchteste tschetschenische Terrorist, Schamil Basajew, in die Fänge des FSB.

Der letzte verbliebene Rebellenanführer, Ahmed Sakajew, hat in England politisches Asyl erhalten. Dort suchte er die Gesellschaft von Litwinenko und Beresowski. Litwinenko trat aus Verbundenheit zu Sakajew sogar zum islamischen Glauben über. Wollte der FSB womöglich Litwinenko benutzen, um sich an Sakajew heranzupirschen?

Back to the USSR?

Während seiner Fahrt auf der Newa fährt das Touristenschiff am Panzerkreuzer „Aurora" vorbei. Der Fremdenführer meint über das heutige Museumsschiff: „Hier sehen Sie das Unglücksschiff, das 1917 die Kanone abfeuerte, die Russland für 73 Jahre lahmlegte." Jemand flüstert: „Warum nur für 73 Jahre? Was unterscheidet Putins Russland von der Sowjetunion? Der Krieg in Tschetschenien erinnert an den sowjetischen Krieg in Afghanistan, die demütigende Vorführung des Ölunternehmers Chodorkowski in Handschellen im Käfig im Gerichtssaal weckt Erinnerungen an brutale Dissidentenprozesse, der Mord an Litwinenko an den Londoner Regenschirmmord an einem bulgarischen Dissidenten Anfang der 80er-Jahre."

Die ehemaligen Bürgerrechtler, die meisten schon weit über 70, haben sich wieder zu einer Dissidentenbewegung gruppiert und appellieren – wie in den 70er- und 80er-Jahren – an den Westen, Putin in die Schranken zu weisen. Die ebenfalls zu Beresowski nach London geflohene Journalistin Elena Tregubowa warf in der Zeitschrift *Cicero* dem Westen Mittäterschaft bei der Vernichtung der russischen Demokratie vor. Der bekannteste Kritiker des Putin-Regimes, Schachweltmeister Garri Kasparow, ist überzeugt: „Die positiven Sympathiewerte für Putin in der Bevölkerung gründen sich auf der Angst und Medienzensur. Würde man der Opposition nur zwei Wochen lang jeden Tag freie Redezeit im Fernsehen einräumen, würde sich die liberale Gesinnung in der Gesellschaft wieder einstellen."

Die russischen Oppositionspolitiker äußern ihre Unzufriedenheit im russischsprachigen Fernsehkanal RTVi des Exiloligarchen Wladimir Gussinski, der auch im postsowjetischen Raum ausgestrahlt wird. Sie kommen regelmäßig in den westlichen Medien zu Wort. „Es ist purer Zynismus zu behaupten, Putins politische Mitte solle unterstützt werden, weil sie Radikale von rechts und links neutralisiert", entrüstet sich Wladimir Ryschkow, einzig verbliebener Liberaler in der Duma auf einer Anhörung der Fraktion der Grünen im Bundestag. „Jeder normale Staat ist verpflichtet, gegen Rassismus und Chauvinismus von rechts vorzugehen. Aber wir Demokraten sollten nicht in einen Topf mit Radikalen geworfen werden!"

Auch die Liberaloppositionellen Irina Chakamada und Ex-Premier Michail Kasjanow versuchten während ihres Besuchs in Berlin, den Westen vor einer naiven Friedenspolitik gegenüber Putins Russland zu warnen. In einigen Jahren würde ganz Russland wieder kaserniert. Das wahrscheinlichste Szenario für die Zukunft seien eine totale Abwendung Russlands vom Westen und eine Militarisierung der Innenpolitik. Eine nationalistische Welle würde rechtsgerichtete Politiker an die Macht bringen, Reformer würden durch weitere Schergen aus den Geheimdiensten ersetzt. Die Demokratisierung würde der Idee der Aufrüstung Russlands zu einer antiwestlichen Großmacht geopfert, die Privatisierung zurückgenommen, Banken würden verstaatlicht, Konten eingefroren, die wichtigsten Industriezweige verstaatlicht werden. Russland würde im Außenhandel protektionistische Maßnahmen ergreifen, sich nicht mehr mit internationalen Finanzmärkten vernetzen wollen und das Geld in den Wiederaufbau der einheimischen Industrie kanalisieren. Der Kreml würde staatliche Wiederaufbauprogramme in die Wege leiten und das Hauptaugenmerk auf den Rüstungs- und Energiesektor legen. Der Spruch aus dem Kalten Krieg „Der westliche Kapitalist verkauft dem Kommunisten den Strick, an dem der Kommunist ihn aufhängen wird" hätte seine Bedeutung wiedererlangt.

Russland wird von westlicher Seite vorgeworfen, es würde keine Vergangenheitsbewältigung – wie Deutschland nach 1945 – betreiben. Anders als das besiegte Hitler-Deutschland hat Russland jedoch keinen Krieg wirklich verloren und keinen radikalen Elitewechsel vollzogen. In der Tat gibt es im heutigen Russland eine völlig andere Geschichtsschreibung in Bezug auf das 20. Jahrhundert als im übrigen Europa. Russland schöpft aus dem Sieg über den Hitler-Faschismus im Zweiten Weltkrieg seine Legitimität als Großmacht, während die Mittelosteuropäer die Zeit nach 1945 als feindliche Okkupation erachten. Der Geschichtskonflikt eskalierte im Denkmalstreit mit Estland im Frühjahr 2007.

Aus Mittelosteuropa kommen Forderungen nach einer internationalen Ächtung und Gleichstellung der kommunistischen Gewaltherrschaft mit dem Naziregime im Vorkriegsdeutschland. In Russland dagegen wird inzwischen die Perestroika-Zeit geächtet. In den heutigen TV-Sendungen des russischen Fernsehens zum Augustputsch 1991 werden nicht die Demokraten, sondern die Putschistenführer glorifiziert. Gorbatschow habe den Russen keine Befreiung vom Kommunismus, sondern den Staatszerfall gebracht. Die unterschiedlichen Sichtweisen bringen Russland und den Westen auf gefährlichen Kollisionskurs.

Tschetschenischer Terror

Nichts hat dem russischen Image in den letzten 17 Jahren mehr geschadet als der Tschetschenienkrieg. Im Westen wird Russland Völkermord vorgeworfen. Gerade dieser Fall zeigt aber auch andere, nicht an der Oberfläche liegende Ursachen westlicher Russlandkritik auf.

Im Oktober 2002 überfällt eine Gruppe schwer bewaffneter tschetschenischer Terroristen mitten in Moskau ein voll besetztes Musicaltheater. 850 Zuschauer werden als Geiseln genommen. Die Terrorbrigade hat eigentlich einen noch größeren Coup geplant – die Erstürmung der russischen Duma. Gleichzeitig sollen gezielt Sprengsätze an strategisch wichtigen Orten Moskaus gezündet werden, um in der Bevölkerung Panik zu erzeugen. Die Angreifer hoffen, dass sie mit ihren Aktionen eine Massendemonstration gegen die Regierung auf dem Roten Platz auslösen können, die den Kreml zwingen würde, seine Truppen aus Tschetschenien abzuziehen.

Nachdem Verhandlungen mit den Geiselnehmern scheitern, lässt Putin das Theater Nord-Ost mittels einer hochriskanten Gasattacke gewaltsam räumen. Die Erstürmung geschieht unkoordiniert und endet mit einer Tragödie. 130 Geiseln sterben an der Gasvergiftung, die 40 ohnmächtigen Terroristen werden durch gezielte Kopfschüsse erschossen.

Zwei Jahre später folgt ein noch furchtbarerer Terrorangriff. Ende August 2004 explodieren zwei russische Passagierflugzeuge in der Luft. Um die 200 Passagiere sterben. Während die internationale Öffentlichkeit noch darüber spekuliert, ob Russland nicht wieder voreilig den Tschetschenen die Schuld in die Schuhe schieben will, erstürmt eine Gruppe islamistischer Terroristen eine Schule in der Stadt Beslan im nordkaukasischen Nordossetien. 1200 Kinder im Alter zwischen fünf und 15 Jahren werden mit ihren Lehrern als Geiseln genommen. Die 32

Angreifer verminen das Schulgebäude und stellen wieder For-
derungen nach Abzug russischer Truppen aus Tschetschenien.
Vom Ausmaß der Tragödie ist dieser Angriff durchaus mit Nine
Eleven in den USA zu vergleichen.

Nachdem die Verhandlungen mit den Terroristen wieder ins
Leere laufen, das Leben der von Lebensmittelproviantzufuhr
abgeriegelten Geiseln immer gefährdeter wird und die ent-
nervten Väter der eingesperrten Kinder eigenhändig nach den
Waffen greifen, lässt der FSB die Schule stürmen. Die Operation wird wieder chaotisch und unkoordiniert durchgeführt und
endet in einem Blutbad. Ein Viertel der Geiseln sterben, davon
186 Kinder. 700 Verletzte sind zu beklagen. Mehrere Offiziere
des Sondereinsatzkommandos sterben im Kugelhagel der Terroristen, die wiederum mehrere Bomben zünden.

Während Russland in seinem Kampf gegen den extremisti-
schen Islamismus Unterstützung vonseiten vieler geschockter
arabischer Staaten und dem Iran erhält, kommt vom „strategischen Partner" EU vornehmlich Kritik an der russischen
Tschetschenien-Politik. Statt die furchtbarsten Geiselnahmen,
welche die Menschheit jemals gesehen hat, zu verdammen, pras-
selt aus den Hauptstädten der EU harte Kritik auf die russische
Regierung, weil sie keine Verhandlungslösung mit den Exil-
tschetschenen sucht.

Als in den folgenden Jahren der gesellschaftliche und öko-
nomische Wiederaufbau der durch die Kriegsgräuel zermar-
terten tschetschenischen Republik die ersten Erfolge zeigt,
kommen aus der EU nicht etwa Gratulationswünsche, sondern
wieder gebetsmühlenartige Kritik an einer fehlenden Verhandlungslösung. Ein russischer FSB-Offizier gab neulich zu: „Wir
mussten Maschadow ausschalten, denn er war der einzige legi-
time Widerstandskämpfer, mit dem zu verhandeln wir gezwungen werden konnten. Solange er am Leben war, waren wir ständig von neuen Geiselnahmen bedroht."

Einige Tage nach den Ereignissen von Beslan erschien in
den westlichen Medien ein offener Brief an die Führer der USA
und EU, initiiert von den US-Kongressabgeordneten John
McCain und Josef Biden sowie unterschrieben von fast 200
westlichen Politikern und renommierten Wissenschaftlern. Das
Schreiben warnte vor einer neuen Diktatur in Russland und forderte Unterstützung für die russischen Liberalen. Die west-

lichen Medien übertrugen die Hauptschuld für die Tragödie in Beslan nicht etwa auf die Terroristen, sondern auf Putin.

Einige Stunden nach Beendigung dieses furchtbarsten Geiseldramas in der Geschichte Russlands traf sich Präsident Putin mit Mitgliedern des sogenannten Waldai-Klubs auf seiner Regierungsdatscha in Nowo-Ogarewo. Der Klub besteht aus 40 bis 50 westlichen Russlandexperten, darunter auch bekannten Putin-Kritikern. Unumwunden warf der Kremlchef westlichen Staatschefs vor, Russland den Nordkaukasus entreißen zu wollen. Drei volle Stunden dauerte der anregende Meinungsaustausch. Am Ende beruhigte sich Putin wieder und lud überraschend die EU nach Tschetschenien ein, damit sie dort half, humanitäre Probleme zu lösen.

Warum gab es in Russland und im Westen so unterschiedliche Sichtweisen auf das Problem Tschetschenien? Sicherlich war die westliche Öffentlichkeit über die Kriegsführung der russischen Armee entsetzt. Die tschetschenische Hauptstadt Grosny bestand zum Schluss nur aus Ruinen. Doch manchmal schien es, als ob der Westen keine Alternativen für eine Loslösung Tschetscheniens aus dem russischen Staatsverband sah. Ein französischer Militär sprach einmal auf einer Londoner Expertenrunde das aus, was vielleicht viele westliche Politiker dachten: „Frankreich musste den schmerzvollen Verlust Algeriens überwinden, England Nordirland aufgeben – warum entlässt Russland seine nordkaukasischen Kolonien nicht in die Unabhängigkeit?"

Was Putin angeht, so wird er nicht müde, die Wiedereingliederung Tschetscheniens in den russischen Staatsverband als großen nationalen Erfolg seiner Politik zu verbuchen. Unter ihm ist kein Zentimeter russischen Bodens abgegeben worden. In diesem Zusammenhang wird er daran erinnern, dass der Zweite Tschetschenienkrieg 1999 nicht von Russland begonnen wurde. Es waren die tschetschenischen Widerstandskämpfer, die, von Basajew angeführt, andere nordkaukasische Republiken überfielen, um dort gewaltsam ein „Kalifat" zu errichten. Zwischen 1996 und 1999 befanden sich keine russischen Truppen auf tschetschenischem Boden. Warum hat der Westen in dieser Schwächeperiode Russlands nicht den zivilen und wirtschaftlichen Wiederaufbau Tschetscheniens in die Hand genommen und stattdessen zugelassen, dass sich dort eine Brutstätte terroristischer Gewalt entwickeln konnte, die von ihrer Gefährlichkeit her dem grausamen Taliban-Regime im benachbarten Afghanistan in nichts nachstand?

Putin brüstet sich damit, Russland auch in dieser Hinsicht repariert zu haben. Der Westen behauptet das Gegenteil: Russlands gesamte Nordkaukasuspolitik sei defekt. Tatsächlich könnte der extremistische Islam zu einer permanenten Gefahr für Russland werden. Das latent vorhandene Konfliktpotenzial bezüglich möglicher Autonomiebestrebungen von Republiken mit einer mehrheitlich nicht russischen ethnischen Bevölkerung kann nur durch eine stetige Verbesserung der sozialwirtschaftlichen Situation in diesen meist ärmeren Regionen überwunden werden.

Soziales Fehlverhalten

Der russische Privatunternehmer hat im Westen oft das Image eines rücksichtslosen und eigennützigen Managers. Bei sich zu Hause muss er keine Gewerkschaften, Betriebsräte und Mitbestimmungsforderungen der Mitarbeiter fürchten. Arbeitsverträge können sofort gekündigt werden, die in der Privatwirtschaft tätigen Arbeitnehmer sind völlig schutzlos. Die meisten Betriebe werden streng patriarchalisch geführt: Alle Entscheidungen im Betrieb trifft der oberste Boss allein. Initiative von unten ist verpönt, das Obrigkeitsdenken wird gepflegt. Vielen Mitarbeitern bleibt nichts anderes übrig, als sich bedingungslos dem Chef unterzuordnen. Selten orientiert sich ein Manager an gesellschaftlichen oder sozialen Werten. Noch immer ist das Streben nach rücksichtsloser Selbstbereicherung stark ausgeprägt. Die Sowjetunion ist tot, es lebe der wilde Kapitalismus.

Vor einer demografischen Katastrophe

Niemand kann leugnen, dass Russland vor einer gefährlichen demografischen Herausforderung steht. Noch immer liegt das Durchschnittsalter eines Mannes in Russland weit unter dem europäischen Durchschnitt – bei unter 60 Jahren. Russland droht menschenleer zu werden. Heute hat es eine Bevölkerung wie Deutschland und Frankreich zusammen, ist aber 50-mal größer als Deutschland. Nach Einschätzung von UNO-Experten könnte die Bevölkerung Russlands bis Ende des 21. Jahrhunderts auf rund die Hälfte der heute 142 Millionen Menschen schrumpfen. Laut kurzfristigeren Prognosen werden in 15 Jahren 25 Millionen weniger in Russland leben, die Bevölkerung wird sich um ein Sechstel verringern. Im größten Flächenstaat der Welt würde dann weniger als ein Prozent der Weltbevölkerung leben.

Würde eine solche Entwicklung nicht fremde Begehrlichkeiten auf Russlands Territorien und Bodenschätze wecken? Im Süden ist Russland von islamischen Ländern umringt, deren Bevölkerung schneller wächst als die Chinas. In Russland selbst nimmt die islamische Bevölkerung dreimal schneller zu als die slawische. Dem Land droht durch die rasante Bevölkerungsabnahme auch eine Krise seiner Verteidigungsbereitschaft. Die Bevölkerungskohorte der 15- bis 24-Jährigen wird bis 2025 um 45 Prozent zurückgehen. Die Zahl der Wehrpflichtigen wird sich dramatisch verringern.

Auch die wirtschaftlichen Folgen des Bevölkerungsschwunds sind für Russland dramatisch. Die Modernisierung und Wettbewerbsfähigkeit Russlands erfordert qualifizierte Arbeitskräfte und angemessene staatliche Strukturen. All diese Punkte jedoch sind bei Veränderungen in der Demografie und den daraus resultierenden Anpassungen staatlicher Aktivität Veränderungen unterworfen. Schon jetzt ist das Kosten-Nutzen-Verhältnis bei den Investitionen in die Ausbildung eines Facharbeiters in Russland gestört, wenn man bedenkt, dass ein 20-Jähriger nur eine 46-prozentige Chance hat, das Rentenalter zu erreichen, während im Westen ein 20-Jähriger zu 79 Prozent das Rentenalter erreicht.

Ganzen Regionen der Russischen Föderation droht eine Entvölkerung, wenn die gegenwärtigen Tendenzen des Bevölkerungsrückgangs in den peripheren Gebieten nicht aufgehalten werden. Im Fernen Osten mit einer Bevölkerungsdichte von nur sieben Millionen Menschen auf 2,4 Millionen Quadratkilometern herrscht bereits jetzt eine Art demografisches Vakuum. Auf der anderen Seite, unmittelbar hinter der chinesischen Grenze, leben 100 Millionen Chinesen.

Irreparables Russland?

„Was fasziniert an Russland? Warum muss man sich eigentlich
noch mit einer untergegangenen Weltmacht beschäftigen?",
fragte ein Spitzendiplomat die Forscher der Deutschen Gesellschaft für Auswärtige Politik: „Russland ist uns mit seiner feindlichen Ideologie 70 Jahre lang auf die Nerven gegangen, jetzt
hat es sein Kolonialreich verloren und kann froh sein, wenn es
im 21.Jahrhundert sein gegenwärtiges Territorium erhalten
kann."

Russland, das ist für einen Großteil der Menschen im Westen noch immer das einstige, ferne Land des Bösen, das sich im
Wettrüsten mit den USA selbst ruiniert hat und in dem die
Menschen zum Teil noch wie im Mittelalter leben. Der ehemalige Russlandberater Schröders, Christian Clages, sagt: „Russland generierte früher echte Weltanschauungen. Es bestimmte
einst den Lauf europäischer Geschichte. Frühere russische Eliten besaßen einen inspirierenden Geist, die heutigen denken
ausschließlich kapitalistisch und wollen sich vergnügen. Es ist
langweilig, sich mit dem heutigen Russland zu beschäftigen. Es
ist schockierend mit anzusehen, mit welcher Leichtfertigkeit die
russische Elite und Gesellschaft in den Duma- und anschließenden Präsidentschaftswahlen 2003/2004 die zuvor mühsam er-
rungenen liberalen Werte gegen eine autoritäre Ordnungspolitik wieder eintauschten."

Russland erinnert an einen Heranwachsenden in einer pu-
bertären Phase, der seinen Zieheltern – den westlichen Demokratien – Respekt abverlangt. In seinen Kinderjahren hing es
wirtschaftlich und finanziell am Tropf des Westens. Heute de-
monstriert das 17-jährige Russland seine Muskeln und tut das
Gegenteil von dem, was seine Zieheltern verlangen. Man darf
gespannt sein, wie sich das demnächst volljährige Russland verhalten wird. Vielleicht wie Peter der Große, der gesagt haben
soll: „Heute müssen wir von Europa alles erlernen, doch wenn
wir unsere Rückständigkeit aufgeholt haben, werden wir Europa
unseren Hintern zuwenden …"

TEIL II

Russland als Konkurrent

4 Repariertes Russland

Wer heute zum ersten Mal nach Moskau kommt und mit dem Wagen die breite Leningrader Landstraße Richtung Innenstadt fährt, kann nicht anders, als sein ehrliches Erstaunen über das faszinierende Stadtbild zum Ausdruck zu bringen. Alleine in den letzten zehn Jahren nach dem Finanzkollaps 1998 sind 100 Wolkenkratzer gebaut worden, die nachts schön in den Himmel leuchten. Im Südwesten der Stadt entsteht ein Businesszentrum mit den höchsten und modernsten Bürohäusern Europas. Die Hauptstraßen glitzern, riesige Werbeplakate verkünden vom anhaltenden Wirtschaftsboom.

Die Menschen auf der Straße sind besser gekleidet als in London oder Berlin. Der neugierige Blick des Ankömmlings schweift über die prächtigen Häuserfassaden und Penthousewohnungen, die sich majestätisch über den Dächern von Moskau erheben. Im Straßenverkehr sucht er vergeblich nach alten sowjetischen Autos, sogar die untere Mittelschicht der Bürger ist inzwischen auf eine westeuropäische oder japanische Marke umgestiegen.

Was für ein Kontrast zu den 90er-Jahren, als Obdachlose, streunende Hunde, unbeleuchtete Straßen und Müllberge die Stadtkulisse charakterisierten und die drohende soziale Verelendung ankündigten. Damals hatte Jelzin seiner Bevölkerung einen bizarren „Gesellschaftsvertrag" vorgeschlagen. Da der Staat pleite war, konnte er keine Gehälter und Renten mehr ausbezahlen. Weil aber der Selbstversorgungsgrad seit den Sowjetzeiten in der Gesellschaft hoch war, schlug die Regierung den Menschen folgenden Deal vor: Der Staat würde auf seine sozialen Verpflichtungen verzichten, dafür müsste die Bevölkerung keine Steuern mehr zahlen. So begannen Kriminalität und Schattenwirtschaft zu florieren.

Nichts davon ist heute zu spüren, jedenfalls in Moskau nicht. Früher gab es in Moskau und anderen Städten des Landes nur wenige Luxushotels, die, wie streng bewachte Oasen in einer Welt langweiliger Läden, düsterer Restaurants und depressiver Passanten auf der Straße, dem gestressten Ausländer Unterschlupf gewährten. Heute ist die Innenstadt umsät von feinsten Hotels. Aus den meisten dieser Luxusherbergen ist der Rote Platz zu Fuß zu erreichen. Der rundum renovierte Rote Platz an der Ostseite des Kremls gehört zu den faszinierendsten architektonischen Sehenswürdigkeiten der Welt. Touristen aus aller Welt vermischen sich hier mit Einheimischen.

Der Rote Platz vermittelt keine beklemmenden Angstgefühle wie zu früheren Zeiten. Es stehen auch keine endlosen Schlangen mehr vor dem Lenin-Mausoleum. Die junge Generation der Russen kann mit dem Gründer des Sowjetstaates wenig anfangen. Als der 60. Jahrestag des Sieges im Großen Vaterländischen Kriegs im Mai 2005 in Russland pathetisch gefeiert wurde, gab es, wider Erwarten, keine neue Waffendemonstration auf dem Roten Platz. Das Lenin-Mausoleum wurde zugedeckt, auf der gegenüberliegenden Seite eine Holztribüne für ausländische Staatsgäste aufgebaut. Putin empfing die vorbeidefilierenden Veteranen inmitten der ausländischen Gäste und nicht, wie frühere Kremlchefs, umringt von Mitgliedern des Politbüros. Die Symbolik war durchdacht: Russland als Großmacht, integriert in die internationale Weltgemeinschaft.

Wenn ein westlicher Besucher den Kreml oder eine staatliche russische Firma betritt, sieht er dort an den Schreibtischen fast ausschließlich junge Männer und Frauen arbeiten. Sie werfen keine verdächtigen Blicke auf den Neuankömmling. Die Führungselite Russlands ist unter Putin radikal verjüngt worden. Diese Elite unterscheidet sich in ihrer Wahrnehmung, ihrem Bildungsgrad und Auftreten von den „Gesichtern Russlands" in den vergangenen Jahrzehnten. Sie hat die gleichen Interessen und Lebensziele wie die Elite des Westens. Die Mitarbeiter der Kremladministration verbringen ihren Urlaub an europäischen Stränden. Vor wenigen Jahren noch mittellos, können sich die modernen jungen Russen in den Hauptstädten schon den gleichen Lebensstil wir ihre Gleichaltrigen im Westen leisten. Diese Tatsache stärkt ihr Selbstbewusstsein. Sie haben sogar mehr Aufstiegschancen in ihrem Wirtschaftssystem als ihre Kollegen im Westen. In wenigen Jahren ist die Zahl der Reichen in Moskau exorbitant nach oben gestiegen. In Moskau leben heute 50 Dollarmilliardäre und über 100 000 Dollarmillionäre.

Was für ein Kontrast zum Moskau vor 15 Jahren, wohin Deutsche noch hungernden Menschen Carepakete schickten! Moskau ist über Nacht zu einer der teuersten Städte der Welt – zu einer Metropole der Superreichen – geworden. Was die Westeuropäer einerseits fasziniert, andererseits anwidert, sind der prahlerische Prunk und Nihilismus russischer Neureicher. Es gibt aber auch den Neidfaktor, weil Russen durch Erlöse im Öl- und Gasgeschäft plötzlich über all das viele Geld verfügen. Während sie noch vor wenigen Jahren in Turnschuhen daherkamen, fliegen sie heute mit dem Hubschrauber in den Urlaubsgebieten ein, bauen protzige Villen an den nobelsten Orten, gehen mit ihren Jachten vor Anker und benehmen sich ziemlich rüpelhaft. Während man glaubte, der Russe habe sich schon aus der Geschichte hinauskatapultiert, ist er plötzlich wieder da, auch mit Mafiamethoden, mit neuer Macht, mit viel Geld und mit einer riesigen Portion Arroganz.

Es ging alles viel zu schnell. Sogar ein gut situierter westlicher Besucher kann sich im heutigen Russland viele der angebotenen Luxusgüter und Vergnügungen nicht mehr leisten. Er neidet deshalb den untergegangen geglaubten Russen ihren Wiederaufstieg. Viel lieber hätte er sich voller Häme über den ständig stolpernden Erzfeind lustig gemacht und sich an der Wodkaseligkeit des ehemaligen Kremlchefs ergötzt.

Das Plädoyer

Kremlbesucher müssen von Sicherheitsbeamten abgeholt werden, um das Heiligtum der russischen Staatsmacht durch das Tor am Spasskij-Turm zu betreten. Putin hatte sich anfangs zur Regel gemacht, interessante Gesprächspartner von außerhalb seiner Bürokratie in den Kreml einzuladen. So auch den Verfasser dieser Zeilen, den er zu einem Dreigängemenü in einem der neu dekorierten Säle empfing.

Sobald das Essen aufgetischt wird, lässt Putin schon einmal einen kalten Wodka oder einen kaukasischen Kognak servieren. Er liebt die spanische und italienische Küche und auch die dazugehörenden Landesweine. Als Stellvertretender Oberbürgermeister von Sankt Petersburg ist er mit der Familie öfter in Urlaub ans Mittelmeer gefahren. Sein persönlicher Koch stammt aus Italien, spricht nur brockenweise Russisch. In der persönlichen Unterhaltung wirkt Putin nicht wie ein Selbstdarsteller. Der Kremlchef kennt sich in vielen politischen und wirtschaftlichen Themen besser aus als seine Berater. Nur die Namen vieler seiner westlichen Kollegen vergisst er schnell und muss von seinen Beratern an sie erinnert werden. Manchmal wird er sehr emotional und kann seinen Unmut über einen ausländischen Kollegen nicht verbergen. Javier Solana gehört beispielsweise nicht zu seinen Lieblingspolitikern.

Hohe Anerkennung wird Putins Wirtschaftspolitik gezollt. Im Mai 2001 wurde das liberalste Reformpaket der jüngsten russischen Geschichte verabschiedet, das den Privatbesitz von Grund und Boden im vollen Umfang legalisierte und die institutionellen Reformen für eine funktionierende Marktwirtschaft installierte. Eckpunkte des Pakets waren die Steuer-, Banken- und Justizreform, mit deren Hilfe sich Russland internationalen Wirtschaftsstandards annäherte. Im Zuge des Kampfes gegen die Korruption wurde das Zollwesen reformiert und wurden Schlupflöcher an der Grenze geschlossen.

Die Reformierung des Bankensystems war die wohl schwierigste Aufgabe in der Umgestaltung der Wirtschaft. Ein Bankensystem, das mit dem westlichen Standard kompatibel gewesen wäre, hat es in Russland 80 Jahre lang nicht gegeben, in der Sowjetunion nicht und auch nicht in den 1990er-Jahren, als ein ganz eigenes Bankenwesen entstand, das in den vergangenen Jahren gegen viele Widerstände wieder radikal umgebaut werden musste. Gerade in dieser Sphäre gab es viele Umverteilungskämpfe, bei denen auch vor Morden nicht zurückgeschreckt wurde, wie kürzlich am stellvertretenden Chef der Zentralbank. Es war für die russische Regierung nicht einfach, das Bankensystem transparenter zu machen und dabei auch Filialen zu schließen, die eigentlich gar keine waren, oder auch ein neues Kreditierungssystem durchzusetzen.

In den vergangenen 15 Jahren hatte es die Bevölkerung

schwer, Kredite zu bekommen. Schon beim Betreten der Bank wurde der Besucher von den vielen Sicherheitsleuten wie ein Schwerverbrecher betrachtet. Die Banken mussten zunächst ein anderes Dienstleistungsverhältnis zu den einfachen Kunden entwickeln. Unter Putin wurden auch die rechtlichen Grundlagen geschaffen, damit sich westliche Banken im größeren Maßstab in Russland engagieren konnten.

Das Zollwesen wurde in Russland grundlegend reformiert, auch wenn es noch nicht in allen Punkten den westlichen Normen entspricht. Aber gerade die Zusammenarbeit in den „weichen" Sicherheitsfragen, im grenznahen Verkehr, aber auch bei der illegalen Migration, hat sich verbessert.

Die Regierung Putins traf klare Entscheidungen. Das Kabinett wurde während der gesamten Präsidentschaft Putins kaum verändert. Die Schattenwirtschaft, welche früher mehr als die Hälfte des Bruttoinlandsprodukts generierte, wurde massiv zurückgedrängt. Zu keinem Moment drohte Russland eine Massenarbeitslosigkeit. Der neu entstandene Dienstleistungssektor sog Millionen von Arbeitskräften auf.

Im Land wurde ein einheitlicher Steuersatz für alle juristischen Personen von 13 Prozent eingeführt. Die ausländischen Geschäftsleute atmeten auf, unter Jelzin waren ihre Gehälter mit einer fast 60-prozentigen Progressivsteuer belegt. Zu den Ecksteinen des Pakets gehörte ein moderner, unternehmerfreundlicher Steuerkodex. Die Unternehmersteuer wurde von 35 Prozent auf 24 Prozent herabgesenkt. Die Fiskalpolitik wurde erfolgreich durchgeführt, eine drohende Inflation verhindert. Die Inflationsrate stieg niemals über zwölf Prozent. Zunächst wurden durch die Rückzahlung von einem Großteil der Auslandsschulden die lästigen Abhängigkeiten von westlichen Kreditinstitutionen abgeschüttelt und wurde ein verbessertes Investitionsklima geschaffen.

Der Rubelsturz vom August 1998 führte zu einer radikalen Senkung der Produktionskosten. Statt teure westliche Waren zu importieren, konnten einheimische Betriebe nun profitabler im Land selbst produzieren. Nachdem der Kurs des Rubels zum US-Dollar von sechs zu eins auf 25 zu eins abgestürzt war, verbesserte sich die Konkurrenzfähigkeit russischer Unternehmen. Sie konnten sich Marktanteile in Branchen wie der Lebensmittelindustrie, der Textilindustrie und dem Maschinenbau si-

chern. Der Warenimport nach Russland stieg im Jahre 2007 um
50 Prozent. Die Regierung hält den Rubel weiter unterbewer-
tet. Die anstehende Modernisierung der russischen Industrie
wäre von einer Überbewertung bedroht. Die einheimischen
Produzenten würden ihre Wettbewerbsfähigkeit einbüßen.

Heute steht die russische Wirtschaft auf soliden makroöko-
nomischen Beinen. Die Wirtschaft wächst beständig mit sechs
bis sieben Prozent. Die Gold- und Währungsreserven sind in
Russland mit 420 Milliarden US-Dollar die drittgrößten der
Welt. Im Jahre 1999 lagen sie bei zwölf Milliarden US-Dollar.
Mitte 2007 betrugen die akkumulierten Auslandsinvestitionen
in Russland 178,5 Milliarden US-Dollar. Allein im ersten Halbjahr 2007 flossen 60,3 Milliarden US-Dollar in die russische
Wirtschaft (die Hälfte davon Kredite). Damit hat Russland unerwartet das Investitionsniveau der VR China erreicht. Ein solch
hohes Investitionstempo hatte es bisher in der gesamten Geschichte Russlands nicht gegeben. Goldman Sachs schätzt, dass
Russland 2050 das größte BIP in Europa haben wird, wobei es
2028 Deutschland überholen könnte. Der Aktienmarkt nähert
sich einer Kapitalisierung von 800 Milliarden Euro.

Heute wächst der Konsum um zehn bis 15 Prozent jährlich,
die Löhne wachsen um durchschnittlich zehn Prozent, wobei
sie 2007 eine Steigerung von 25 Prozent erfuhren. Der Durch-
schnittsverdienst in ganz Russland liegt bei 500 US-Dollar monatlich, in Moskau bei über 1000 US-Dollar. 20 Prozent aller
russischen Haushalte haben ein Jahreseinkommen von 10 000
US-Dollar. Man darf aber nicht vergessen, dass sowohl in der
Privatwirtschaft als auch in Staatsbetrieben viele der Arbeitnehmer zwei Gehälter bekommen: das offizielle, aus dem sie
Steuern entrichten, sowie ein zweites – im versiegelten Brief-
umschlag.

Über 30 Prozent der Russen sind hochzufrieden mit ihrem
heutigen Lebensstandard. Auf solch hohem Niveau hat vor
ihnen die Mittelschicht in Russland niemals gelebt. In den 90er-
Jahren betrug die Zahl der Zufriedenen nur zwei bis drei Prozent. Damals existierte die Gefahr sozialer Unruhen, heute will
der neu saturierte Mittelstand vor allem Stabilität. Eine Revolution wird es in Russland nicht mehr geben. Auch die Kinder der
Oligarchen und des obersten Mittelstandes, die in Eliteschulen
im Westen studiert haben, kehren hoch motiviert nach Hause

zurück, um sich nahtlos in die dynamischen Marktstrukturen ihrer Heimat wieder einzufügen.

Die erste Amtszeit Putins war eine Wirtschaftskonsolidierungsphase. In seiner zweiten Amtszeit setzte der Kremlchef die frei gewordenen Potenziale für den Wiederaufstieg Russlands in die Champions League der Weltpolitik ein. Angekündigte Liberalisierungsvorhaben aus der ersten Amtszeit, wie die Restrukturierung der Staatsmonopole, wurden gestoppt. Stattdessen wurde in den strategischen Schlüsselbereichen die Wirtschaft wieder zentralisiert und wurden die Regeln auf dem sich ausländischen Investoren gerade erst geöffneten Energiemarkt restriktiven Veränderungen unterzogen. Russland hielt sich plötzlich nicht mehr an Abkommen, die es in seiner Schwächeperiode „unter Zwang" mit dem Westen hatte schließen müssen, gebunden. Putin drängte den in seinem Land tätigen ausländischen Konzernen nun seine eigenen Spielregeln auf.

Gleichzeitig wurden die in den vorangegangenen Jahren stets „gebunkerten" Petrodollars aus dem Exporterlös für den Aufbau eines Sozialstaates und für die Modernisierung von Schlüsselindustrien verwendet. Gegen Ende der Putin-Ära boomte die Wirtschaft so stark, dass russisches Kapital massiv ins Ausland zu expandieren begann.

Nach Berechnungen des Wirtschaftswissenschaftlers Valentin Kudrow stand Russland Ende des vergangenen Jahrhunderts nach seinem BIP-Volumen auf Platz zehn in der Welt. Russlands Wirtschaft war, im Vergleich zur amerikanischen und westeuropäischen, zehnmal schwächer. China hatte ein fünffach stärkeres BIP. Das russische BIP lag bei 2,1 Prozent – so schlecht wie nie seit dem 16. Jahrhundert. Die Daten belegten, dass Russland durch sein kommunistisches Experiment die Wirtschaftsentwicklung des gesamten 20. Jahrhunderts verschlafen hatte.

Heute ist der Abstand zu den führenden Industrienationen zwar verkürzt worden, Russland wäre aber weiterhin auf Platz zehn, gleich hinter Brasilien. Für das Jahr 2017 errechnete das Europa-Institut in Moskau für Russland schon den fünften Platz in der Weltwirtschaft; Russland würde nur noch ein sechsfach schwächeres Wachstum im Verhältnis zu den USA haben. In Europa könnte Russland hinter Deutschland Platz zwei belegen.

Neben der Wirtschaft konsolidierte Putin das Staatswesen. Vor acht Jahren stand Russland noch vor einer Wirtschaftskatastrophe und einem Staatszerfall. Das Riesenreich war von Machtkämpfen zermürbt und hatte seinen einheitlichen Rechtsraum verloren. Es war hoch verschuldet und konnte seine Bevölkerung kaum mehr ernähren. Die staatlichen Institutionen waren defekt. Heute kommt der Staat seinen sozialen Verpflichtungen nach, fördert die Wirtschaft und garantiert eine minimale Rechtsordnung. Putin duldet keine liberale Opposition neben sich, weil er fürchtet, wie Gorbatschow während des Zerfalls der Sowjetunion, von ihr überholt zu werden und das Reformruder aus der Hand zu verlieren.

Die Russische Föderation ist nicht mehr vom Zerfall bedroht. Putin annullierte einfach alle Sonderverträge, die sein Vorgänger Jelzin mit den einzelnen 89 „Subjekten der Föderation" geschlossen hatte. Der Kreml befürchtete, dass die Regionaleliten Russland genauso zerstückeln könnten wie die Republiken 1991 die UdSSR. Die Frage, was wichtiger sei, Freiheit oder Staat, konnte durchaus wieder einmal auf regionaler Ebene gestellt werden. Nur Tschetschenien, die Republik Tatarstan und die Stadt Moskau durften ihre Sonderprivilegien behalten.

Unter Putin begann ein langsamer Prozess der Zusammenlegung einzelner kleinerer Regionen mit größeren. Die Föderation sollte lenkbarer gemacht werden. Am Ende der Gebietsreform sollte der Zusammenschluss der Republiken und Regionen in sieben territorial-administrative Einheiten erfolgen. Diesem Zweck diente wohl die informelle Unterteilung des Territoriums Russlands in sieben neue „Supergouvernements" im Jahr 2000. Schon damals wurden die Gouverneure in eine Machtvertikale gepresst und durften ohne Erlaubnis des Kremls keinen Außenhandel mehr betreiben.

Auf diese Art und Weise konnte sich der Föderalismus natürlich nicht entfalten. Nach der Abschaffung der direkten Gouverneurswahlen im Jahre 2004 bekam die Idee des Aufbaus eines Zentralstaates noch größeren Auftrieb. Von der Logik und Erfahrung her sollte der Kreml eigentlich erkennen, dass in Zeiten der Globalisierung ein Zentralstaat allein die vor der Nation liegenden Herausforderungen kaum meistern konnte.

Putins Gegenargumente

Falls jemand ihm kritische Fragen stellt, kontert Putin blitz-schnell mit Gegenargumenten. Manche lassen erkennen, wie sehr ihn die aus seiner Sicht falschen Vorstellungen und Miss-informationen des Westens über sein Lebenswerk – die Wie-deraufrichtung Russlands – ärgern. Putin bezieht die ständige Kritik auf den harten wirtschaftlichen Konkurrenzkampf, der zwischen Russland und westlichen Industrienationen herrscht. Es gelte, so der Kremlchef, das starke Russland von den Welt-märkten fernzuhalten.

Putins Kritik an den westlichen Doppelstandards bei der Be-trachtung Russlands können viele seiner Landsleute, aber auch manche Beobachter im Westen nachvollziehen, denn:

Auch in Russland gibt es einige Tausend Nichtregierungs-organisationen (NGOs), zahlreiche private Sender und unab-hängige Zeitungen. In Russland sind über 3 000 Rundfunk- und Fernsehsender registriert, davon sind zehn Prozent staatlich. Der Westen akzeptiert aber nur russische Bürgerrechtsorgani-sationen als NGOs und nur Regierungskritik als Zeichen der Pressefreiheit. Für die Schere im Kopf der russischen Chef-redakteure kann Putin nichts.

Auch im Westen müssen sich Nichtregierungsorganisatio-nen einer strengen Registrierung unterwerfen. Indien und Süd-afrika haben sehr ähnliche Gesetze für ausländische NGOs auf ihren Territorien wie Russland verabschiedet, ohne vom Westen kritisiert zu werden. In Russland konnten NGOs bis 2005 jeder beliebigen Tätigkeit nachgehen, ohne Rechenschaft abzulegen. Es ist kaum vorstellbar, dass im Westen NGOs toleriert werden würden, wenn sie Gelder aus Russland, China oder dem Iran für die „Förderung von Demokratie" in den USA oder Deutschland empfangen würden.

Auch war den westlichen Medien es keine Schlagzeile wert, dass das russische kontroverse NGO-Gesetz einer rechtlichen Prüfung durch den Europarat standgehalten hat.

Auch im Westen existieren Länder, in denen seit Jahrzehn-ten eine Partei regiert, beispielsweise in Japan. In der Bundes-republik stellte nach 1945 zwei Jahrzehnte alleine die CDU die Regierungspartei, Adenauer und Kohl regierten zusammen 30 Jahre, im Freistaat Bayern regiert seit dem Zweiten Weltkrieg nur die CSU. Auch in Demokratien wie Frankreich und Polen werden Gouverneure vom Präsidenten ernannt und nicht vom Volk gewählt. Im EU-Beitrittskandidatenland Türkei liegt die Parlamentshürde bei zehn Prozent.

Auch die USA bekämpfen den islamistischen Terrorismus in Afghanistan und im Irak mit ähnlichen Mitteln wie Russland im Tschetschenienkrieg. In Internierungs- und Gefängnislagern von Guantanamo und Abu Ghraib wurde auch massiv gegen die Menschenrechtskonvention verstoßen.

Auch George W. Bush hat seinen Geheimdiensten nach dem 11. September die Order zur Tötung führender El-Kaida-Kämpfer erteilt. Die USA haben des Öfteren mit gezielten Raketenangriffen vermeintliche Terroristenlöcher an der Grenze zwischen Afghanistan und Pakistan ausgeräuchert. Außerdem planten auch sie, den Staatsfeind Fidel Castro zu vergiften.

Auch stimmt die heutige Geschichtsschreibung nicht, wenn sie uns lehrt, dass der Westen den Kalten Krieg gewonnen habe, weil den USA die Tot-Rüstung der Sowjetunion gelang und weil die polnische Gewerkschaftsbewegung Solidarność die kommunistischen Machtstrukturen im Ostblock so aufgeweicht habe, dass sich alle außerhalb Russlands lebenden Völker selbst befreien konnten. Die demokratischen Veränderungen im früheren Ostblock hatten ausschließlich in der Perestroika-Politik Gorbatschows ihren Ursprung. Während Ende der 80er-Jahre in Russland die Abkehr von der Planwirtschaft begann und das Monopol der KPdSU bröckelte, versuchten sich die kommunistischen Funktionäre in Ostberlin, Bukarest, Prag und Sofia gegen Gorbatschow zur Wehr zu setzen.

Auch in Deutschland werden Demonstrationen verboten – siehe Heiligendamm 2007. Nach der Terrorattacke vom 11. September ist die zivile Überwachung im gesamten Westen verschärft worden. Aufgrund von Schikanen der Einreisebehörden auf amerikanischen internationalen Flughäfen verzichten heute sogar schon westliche Politiker auf Reisen in die USA.

Auch Frankreich liefert Boden-Luft-Raketen und nukleare Technologie an den Schurkenstaat Libyen. In die Krisenregion Nahost liefert Russland übrigens Waffen im Gesamtwert von einer halben Milliarde US-Dollar, die USA hingegen von neun Milliarden US-Dollar.

Auch hat Russlands Kooperation mit den sogenannten

Schurken dieser Welt einen positiven Aspekt: Russland versucht mit Ländern ins Gespräch zu kommen, die der Westen auf der „Achse des Bösen" verortet und mit denen er deshalb, offiziell zumindest, nicht redet. Wer weiß, wozu es noch einmal gut sein wird, dass Moskau gute Beziehungen zu Hamas und Hisbollah pflegt. Sie könnten möglicherweise irgendwann einer Konfliktprävention dienlich sein.

Auch das westliche Unabhängigkeitsversprechen an die Provinz Kosovo ist fragwürdig. Es widerspricht dem geltenden Völkerrecht.

Auch erkennt der Westen de facto die Besetzung Nordzyperns durch die Türkei an, drängt aber Russland zur Aufgabe seiner vergleichbar kleinen Militärbasen im postsowjetischen Raum.

Auch der Westen verfolgt ein doppeltes Spiel im postsowjetischen Raum. Die Ukraine und Moldawien werden daran gehindert, sich an Reintegrationsprojekten unter russischer Führung zu beteiligen, doch gleichzeitig werden Visums- und Handelsbarrieren für diese Länder zur EU nicht abgebaut. Der Westen trägt Mitschuld an der ablehnenden Haltung der russischen Bevölkerung bezüglich der Demokratie. Bei den Präsidentschaftswahlen 1996 schwieg er zu allen Wahlmanipulationen der Demokraten.

Auch schweigt der Westen, wenn der prowestliche ukrainische Staatschef Juschtschenko sein Parlament rechtswidrig auflöst, der Kasache Nursultan Nasarbajew mit einem Federstrich seine Amtszeit verlängert und der „Held" der Rosenrevolution, Michail Saakaschwili, seine Medien angreift. Der frühere Verteidigungsminister Georgiens bezichtigte Saakaschwili, Mordaufträge erteilt zu haben. Am nächsten Tag wurde er aufgrund von Bestechungsvorwürfen verhaftet.

Auch nahm der Westen in den Öl- und Gasstreitigkeiten zwischen Russland und seinen Nachbarn jeweils die Seite des vermeintlich Schwächeren ein. Stillschweigend hat er die billigen russischen Energielieferungen an die GUS-Staaten als eine „Kompensation" Moskaus für den jahrzehntelangen Kolonialismus betrachtet und die Tatsache ignoriert, dass auch Transitländer wie die Ukraine und Belarus ihr Transitmonopol für russische Energieexporte nach Westen für politische Zwecke instrumentalisierten.

Auch kritisierte die EU mit keinem Ton den ukrainischen und belarussischen Diebstahl von Transitgas und Transitöl und stellte Russland an den Pranger, als Moskau den Diebstahl durch Lieferstopps bekämpfte.

Auch verlangte der Westen von Moskau den Abbau von Gassubventionen für seinen Binnenmarkt, attackierte aber Russland für den Übergang zu Weltmarktpreisen im Gasgeschäft mit Staaten der GUS. Warum tolerierte der Westen, dass die WTO-Mitglieder Georgien, Moldawien und Kirgisien Energie zu Billigpreisen aus Russland erhielten?

Auch im zivilisierten Europa gibt es offenen Ausbruch von Rassismus, Fremdenhass, Xenophobie.

Auch CIA-Agenten, die während des Afghanistankriegs illegal Verdächtige nach Europa entführt haben, werden von den USA nicht an die EU ausgeliefert.

Auch amerikanische Raubkapitalisten wurden in den 30er-Jahren wegen Steuerhinterziehung eingesperrt. Kein Staat kann zulassen, dass sein Parlament für offensichtliche politische Ziele bestochen wird.

Auch der Westen hat den KSE-Vertrag nicht eingehalten, indem er sein Versprechen an Gorbatschow, keine NATO-Truppen und Militärbasen östlich der Oder-Neiße-Linie zu stationieren, gebrochen hat.

Auch in Frankreich herrschten Wirtschaftsprotektionismus und Staatskontrolle über die strategisch wichtigsten Industriezweige. In den USA werfen CIA und FBI einen strengen Blick auf ausländische Investitionen.

Auch Irland war in seiner jüngeren Geschichte von England besetzt worden. Nachdem es seine Unabhängigkeit erkämpft hatte, hätte es theoretisch, wie heute die Mittelosteuropäer gegenüber Moskau, jahrzehntelang auf Reparationen, Kompensationen und Entschuldigungen pochen können – was Dublin vernünftigerweise nicht tat.

Auch US-Präsident George Bush der Ältere war Chef des CIA. Als Konrad Adenauer einmal gefragt wurde, warum er in seiner Regierung Altnazis beschäftige, erwiderte er: „Ich habe nur dieses eine Volk."

Auch funktioniert in Russland die Rechtsstaatlichkeit wider Erwarten doch. Die Steuerbehörden verlieren drei von vier Verfahren. Wer gegen die Finanzämter klagt, gewinnt in 73 Prozent der Fälle. Und wenn der Fiskus klagt, gewinnt zumeist der mutmaßliche Steuersünder vor Gericht. Während 1999 nur 85 000 Steuerzahler gegen die Behörden klagten, waren es sechs Jahre später schon 350 000.

Auch hat sich die Einstellung zur Existenz von Privateigentum in der Bevölkerung endlich zum Positiven gewandelt. 52 Prozent befürworten es, 16 Prozent lehnen es ab. Vor 15 Jahren meinten nur 45 Prozent, dass Privatbesitz wünschenswert wäre; 24 Prozent lehnten ihn ab.

Auch wird Gasprom im Westen als ein Staat im Staate, als ein Hebel des KGB zur Erringung der Weltherrschaft dargestellt. Das sind Stereotype, derer sich mancher Journalist und Politiker im Westen gern bedient, die aber nichts mit der Realität zu tun haben. Gasproms Öffentlichkeitsarbeit ist nicht professionell, weil sie intransparent und noch sehr sowjetisch geprägt ist. Aber der Westen sollte Moskau zugestehen, dass es sich genauso, wie es der Westen einst getan hat, ein russisches BP, Exxon oder Shell aufbaut.

Auch ist legitim, wenn Gasprom den Status eines Konzerns anstrebt, der in der boomenden Medienbranche Russlands Millionen verdient. Unbestritten macht es dabei vor allem in der russischen Nachbarschaft Fehler, die im Westen zu Irritationen und Ängsten führen. Fakt ist aber auch, dass hier ein neuer Player auf dem Weltmarkt agiert, der jetzt den Arrivierten gegenüber die Muskeln spielen lässt. Das flößt dem Westen Angst ein.

Auch basiert das negative westliche Russlandbild auf ständig bedienten Klischees und historisch verfestigten Stereotypen. Solche Stereotype, die über die westeuropäischen Medien transportiert werden, suggerieren eine notorische Bedrohlichkeit Russlands. Das Vorurteil wechselt dabei oft sein inhaltliches Substrat: Während es im Kalten Krieg den Antagonismus zweier Systeme und damit das Feindbild des Kommunismus gab, wechselte die Antipathie gegenüber Russland ihre Begründung: In den 90er-Jahren sprach man von Chaos und der Mafia – heute spricht man vom russischen Neoimperialismus. Der durchschnittliche Medienkonsument unterliegt daher der falschen Annahme, positive Nachrichten würden nicht gedruckt, weil es sie nicht gibt.

Feinmechaniker im Kreml

Nicht weit von Putins Präsidentengemächern entfernt befindet sich das Büro von Wladislaw Surkow, der grauen Eminenz des Kremls. Der Besucher wird durch einen langen Gang und dann zum Lift geführt. Seinen ausländischen Pass muss er nicht vorzeigen. Er wird von einem Sicherheitsbeamten eskortiert. Das Vorzimmer ist größer als die üblichen Amtsstuben. Der Besucher möchte einen neugierigen Blick aus dem oberen Stock auf den Innenhof des Kremls werfen, aber er wird ins Chefbüro hineingebeten.

Surkow ist wie die meisten Putin-Vertrauten – klein von Wuchs, leise sprechend, intelligente Augen, verschlossenes Lächeln. Warum er in die Politik gegangen ist, wurde Surkow gefragt. „Weil ich im Wirtschaftsmanagement alles erreicht habe. Mir ist dort langweilig geworden", lautete die Antwort. Surkow leitete in seinem früheren Leben die Öffentlichkeitsarbeit des heute zerschlagenen Ölkonzerns Jukos. Heute ist er der größte Politstratege, den Putin in seinen Reihen besitzt.

Offiziell ist Surkow Stellvertretender Leiter der Präsidialadministration. Inoffiziell kuriert er die Duma, ist de facto Chef der Partei „Einheitliches Russland", steht Pate bei der Gründung künstlich geschaffener Alternativparteien und überwacht die Arbeit der neu geschaffenen Zivilkammer. Zu seinen Aufgaben gehört die Kreierung eines neuen Mehrparteiensystems. Der smarte Anfang 40er „lenkt" in Putins Russland die Demokratie und die Zivilgesellschaft „von oben". Seine Agenturen dominieren das russische Internet. Surkow hat eine neue Jugendbewegung gegründet – „Die Unseren". Sie soll bei der nachkommenden Generation der 20-Jährigen ein neues patriotisches Bild von Russland formen.

Surkow agiert auch noch im außenpolitischen Bereich. Er ist hinter den Kulissen für die russische Politik gegenüber den ehemaligen Sowjetrepubliken zuständig. Russische Interventionsversuche in der Ukraine während der Orangenfarbenen Revolution gingen auf seine Kappe. Der hochintelligente Surkow entwickelt für Russland eine neue Staatsideologie, basierend auf dem Begriff der „souveränen Demokratie". Danach soll sich Russland eigenständig in die Richtung von Demokratie und

Rechtsstaat entwickeln, ohne sich vom Westen – wie es bei der Orangenfarbenen Revolution in der Ukraine der Fall war – ein wesensfremdes liberales Modell „aufzwingen" zu lassen.

Surkow ist der Feinmechaniker der neuen russischen Staatsmaschinerie. Er kreierte für Putin die berüchtigte Machtvertikale. Der Präsident steht an der Spitze der Herrschaftspyramide. Er ist im ständigen Kontakt mit seiner mächtigen Präsidialadministration, die praktisch den Staat lenkt. Die Regierung, das Parlament, die Gouverneure, die Parteien und Kreml-nahe gesellschaftliche Organisationen sowie patriotische Jugendbewegungen sind an die Präsidialadministration angebunden.

Die Präsidialkanzlei generiert nationale Projekte, erarbeitet die Richtlinien für die große Politik, entscheidet über Personalfragen, trifft die strategischen Entscheidungen für die Wirtschaft, führt die Oberaufsicht über die Regionen und kanalisiert die staatlichen Finanzmittel. Da bekanntlich in Russland der Präsident und nicht die Regierung die sogenannten „Gewaltministerien" kontrolliert, lenkt die Präsidialadministration in seinem Sinne die Arbeit des Verteidigungs-, Innen- und Außenministeriums. Die russischen Diplomaten erfahren immer direkt aus dem Kreml, was der gegenwärtige Kurs des Landes ist.

Der Geheimdienst FSB hat in diesem System eine überragende Sonderrolle, wohl deshalb, weil er von Nikolai Patruschew geleitet wird, der als engster Vertrauter Putins gilt. Der FSB hat ein Vetorecht in Fragen der Privatisierung von Wirtschaftsstrukturen erhalten, die der Kreml als strategisch bedeutsam für die nationalen Interessen des Landes einstuft. Mit den Silowiki, der Lobby der Geheimdienstler, liegt Surkow im Clinch. Im Gegensatz zu ihnen hält sich der von einem tschetschenischen Vater abstammende Chefideologe für einen aufgeklärten Demokraten. Für die Silowiki wiederum ist er ein „politischer Hooligan" in Putins Umgebung. Manche nennen ihn hinter dem Rücken den „Tschetschenen".

Surkows Lieblingswerkzeug ist die Partei Einheitliches Russland. Seit den Wahlen 2003 hat sie die absolute Mehrheit im Parlament. Den Vorwurf der Gleichschaltung des Parlaments akzeptiert der Chefideologe nicht. Noch nie in der russischen Geschichte hätten Regierung und Parlament sich bei Reformvorhaben so konstruktiv ergänzt. Man solle sich doch an die 90er-Jahre erinnern, als Jelzin durch Amtsenthebungsverfahren ständig bedroht und die Regierung gegenüber den Kommunisten im Parlament machtlos und handlungsunfähig war.

Bei den Dumawahlen hätten Intellektuelle und Vertreter der technischen Intelligenz seiner nationalkonservativen Partei den Vorzug vor den liberalen Parteien gegeben, weil sie ihr eben mehr vertrauten. Einheitliches Russland stünde für politische Stabilität, einen gesunden Patriotismus und die Fortsetzung der marktwirtschaftlichen Reformen. Dass Parteien nur anerkannt werden, wenn sie 50 000 Mitglieder vorweisen können, ist völlig in Ordnung. Was sind 50 000 Bürger verteilt auf ein Land mit einer Bevölkerung von 140 Millionen? Falls eine Partei diese minimal erforderliche Menge von Mitgliedern nicht zählen kann – wie repräsentativ ist sie dann überhaupt?

Surkow lässt seinen Blick noch weiter in die jüngste Vergangenheit streifen: 1993 gab es in Russland auch eine Regierungspartei – Russlands Wahl, angeführt vom liberalen Premier Jegor Gaidar. Bürokraten aller Ebenen wurden damals gezwungen, dieser Partei beizutreten. Die Reformer wollten eine Einheitspartei schaffen, um die Lage im Land unter Kontrolle zu halten, vor allem in den Regionen. Zwei Jahre später war Gaidar geschasst und seine Partei verschwand mit ihm in der Versenkung.

1995 erschien eine neue Regierungspartei auf der Bildoberfläche – Viktor Tschernomyrdins Unser Haus Russland. Wieder stellten sich Gouverneure, Minister, Generäle in Reih und Glied auf, um in diese Partei hineinzumarschieren. Bei den Parlamentswahlen wurde sie natürlich vom Kreml gestützt. Mit Tschernomyrdins Weggang löste sich aber diese Partei in Luft auf. 1998 schließlich die dritte Variante einer Regierungspartei: Primakows Vaterland. Alle diese Parteien verfügten damals über die gleichen administrativen Ressourcen, also Finanzen, Medien, lokale Netzwerke, wie heute Einheitliches Russland.

Die Machtmaschinerie Surkows funktioniert perfekt, sie ist ausgerichtet auf maximale Kontrolle und Erfolge. Bei den Wahlen werden, zur Sicherung des Sieges moskautreuer Parteien und Politiker, oppositionelle Mitbewerber aus dem Rennen geworfen. Bei föderalen und regionalen Wahlen sind einfache Siege der Kreml-nahen Kandidaten nicht genug. Rivalen müssen deklassiert oder vereinnahmt werden. Genau diese Art, mit der Opposition umzugehen, stört den Westen.

Dass es im heutigen Russland starke Parteien der politischen Mitte gibt, wirkt sich auf die Stabilität des Staates aus. Zwei Drittel der Wähler vertrauen ihnen. Radikale nationalistische Parteien sind marginalisiert worden. Dass liberale Zwergparteien an der Registrierung scheitern, ist nicht die Schuld des Kremls, sondern die Unfähigkeit der russischen Demokraten, sich zu vereinigen.

Ein liberaler Politiker wie Grigori Jawlinski wird sich niemals mit solchen demokratischen Parteien vereinigen, die in den 90er-Jahren Jelzins Raubkapitalismus oder den Tschetschenienkrieg unterstützt hatten. Sogar deutsche Liberale, die ihn bislang unterstützten, distanzieren sich zunehmend. Jawlinski dulde kaum Widerspruch und führe seine Partei wie ein Diktator. In Gesprächen mit westlichen Besuchern schimpft er mehr auf seine liberalen Kollegen als auf den Kreml. Statt Zweimannparteien zu gründen, sollten Liberale wie Kasparow und Ryschkow die traditionelleren und stärkeren demokratischen Parteien unterstützen.

Surkow hat einen großen Anteil daran, dass Präsident Putin bis zuletzt auf einer patriotischen Sympathiewelle geritten ist. Seine Popularität lag unvermindert bei 80 Prozent, die Russen vertrauten ihm mehr als der orthodoxen Kirche. Surkow erinnert daran, dass, während Jelzin seine Gegner mit Panzern bekämpfte, Putin es verstanden habe, seine Widersacher ohne Verfassungsbruch auszuschalten und dabei einen gesellschaftlichen Konsens herbeizuführen, der unter Jelzin undenkbar schien. Den Vorwurf, die zunächst sicher notwendige Ordnungspolitik wäre über das Ziel hinausgeschossen, lässt Surkow nicht gelten. Der Kreml benötige die Machtfülle, um die Barrieren auf dem Weg zu Rechtsstaat und Marktwirtschaft zu überwinden. In Russland sei die Akzeptanzschwelle sehr niedrig. Eine Umverteilung des politischen Einflusses würde im gegenwärtigen Stadium nicht zu einem Ideenwettbewerb, sondern zu unerbittlichen, rücksichtslosen Machtkämpfen führen. Der Westen solle verstehen, dass in Russland die Demokratie den Hang zur Anarchie besitzt.

Überhaupt müsste der Westen Putin dankbar sein. In den 90er-Jahren fürchteten westliche Politiker den russischen Staatszerfall, die ausufernde Kriminalität, vagabundierende Atomwaffen, Umweltkatastrophen, Zahlungsunfähigkeit, Massenflucht nach Westen. Man war bereit, Russland weitere Milliarden zu geben nach dem Motto: „Russia is too big to fail." Unter Putin sind diese Tendenzen gestoppt, sogar umgekehrt worden. Jetzt fließt russisches Geld nach Westen. In Deutschland und anderen EU-Ländern werden bald Hunderttausende von Arbeitnehmern für russische Firmen tätig sein.

In Russland befindet sich eine im westlichen Sinne sehr moderne administrative Elite bereits in den Startlöchern. Ihre Vertreter haben im Westen studiert, sind mit der Wirtschaft des Westens so vertraut wie mit der eigenen. Auf eines sollten westliche Investoren allerdings achten. In der Goldgräberphase der 90er-Jahre hatten die Russen oft das Gefühl, dass sie und ihr Land von westlichen Investoren ausgebeutet wurden. In diesem Punkt sind die nachwachsenden Eliten sehr empfindlich. Wer mit ihnen gut zusammenarbeiten will, sollte immer eine echte Win-win-Situation anstreben.

Westliche Kritik an seinem nicht liberalen System wird Russland kategorisch ablehnen. In der Elite und Gesellschaft hat sich ein Konsens herausgebildet, dass Liberalismus und Demokratie hintanzustellen sind, bis Russland sich innerlich und äußerlich wieder gefestigt hat. Für die Zukunft gibt es keinen Grund, diesen „Gesellschaftskontrakt" zu kippen.

Russland in der Werkstatt

Der verstorbene Regierungssprecher und Mitbegründer des Petersburger Dialogs, Peter Bönisch, beklagte immer wieder, dass Russland vom Westen niemals gemocht wurde, mit einer Ausnahme – als Gorbatschow es zerfallen ließ. Schon zu Jelzins Russland kühlte das Verhältnis merklich ab. In der Putin-Ära schlug die Stimmung in offene Ablehnung um. Die Feindbilder, die eigentlich unter den Ruinen des Kalten Kriegs begraben schienen, kamen wieder zum Vorschein.

Für das bessere Verständnis Russlands muss der Beobachter einfach akzeptieren, dass der äußerst komplizierte Transformationsprozess im heutigen Russland in einem anderen Zeitfenster verläuft. Den Westen interessiert oft nur, ob Russland im westlichen Sinn demokratisch ist. Kaum jemand billigt Russland einen eigenen Weg zur Demokratie zu. Russland kann nicht mit den heutigen westeuropäischen Demokratien verglichen werden. Diejenigen, die Jelzins Regierungszeit als demokratisch betrachten, sollten begreifen, dass die Wahl, vor der Russland Anfang des 21. Jahrhunderts stand, nicht Demokratie oder Diktatur, sondern Kriminalisierung und Staatszerfall oder Wiederherstellung der staatlichen Ordnung war. Der rasante Wandel kam einfach zu unerwartet.

Die unterschiedlichen Sichtweisen erinnern an die Auseinandersetzungen zwischen den arroganten Wessis und den sturen Ossis nach der Wende. Wenn Moskau westlichen Vorstellungen von seiner Entwicklung nicht folgt, wird so lange auf die Russen eingeredet, bis sie den westlichen Standpunkt akzeptieren, oder man vertreibt sie aus dem europäischen Haus.

Barbara Lehmann, freie Journalistin für die *Zeit*, fährt regelmäßig in den Nordkaukasus und lässt sich über ihre langjährigen Freundeskreise illegal nach Tschetschenien einschleusen. Die mutige Journalistin recherchiert als eine der wenigen westlichen Journalisten direkt vor Ort. Als sie unlängst von ihrer letzten Tschetschenienreise zurückkehrte, beschrieb sie in den deutschen Printmedien die Veränderungen, die sie in Tschetschenien festgestellt hatte. In ihren früheren Reportagen hatte sie dem Moskautreuen Präsidenten Ramsan Kadyrow Menschenrechtsverletzungen und Rechtsbruch vorgeworfen. Jetzt überraschte sie der spürbare Wiederaufbau der Infrastruktur Tschetscheniens. Barbara Lehmann schrieb, dass auch nach Ansicht der Bevölkerung Kadyrow persönlichen Anteil am Aufschwung besaß. Die Tschetschenen hatten den Krieg satt. Als sie diese Beobachtungen der deutschen Öffentlichkeit auf einer Veranstaltung der Heinrich-Böll-Stiftung in Berlin schilderte, wurde sie im Saal massiv angefeindet. Auch von ihren Journalistenkollegen. Das differenzierte Bild von Kadyrow passte nicht in die gängige politische Landschaft.

Die Mehrheit der Russen ist Putin für die bisherigen acht Jahre Stabilität dankbar. Aus seiner Sicht hat Putin die letzten beschwörenden Worte seines Vorgängers, „Beschützet Russland!", erfolgreich in die Tat umgesetzt. Er hat nicht nur die Fehler der Jelzin-Ära ausgemerzt, sondern Russland an entscheidenden Stellen repariert. Westliche Kritik an demokratischen Defiziten ist ihm inzwischen egal. Er ist seinem Volk, und nicht dem Westen Rechenschaft schuldig.

Winterolympiade 2014

Im Juli 2007 wählte das Internationale Olympische Komitee den russischen Schwarzmeerbadeort Sotschi als Ausrichtungsort für die Winterolympiade 2014 aus. In Russland haben bisher nur einmal, im Sommer 1980, Olympische Spiele stattgefunden. Das sportliche Ereignis endete damals im Desaster. Aufgrund des sowjetischen Einmarsches in Afghanistan boykottierten die westlichen Länder die Moskauer Olympiade. Diesmal soll alles anders werden. Präsident Putin hatte sich persönlich auf der internationalen Bühne für die Wahl Sotschis eingesetzt. Neben dem Prestige, das Russland durch die Organisation der Winterspiele erfahren wird, kann auch die einheimische Zivilgesellschaft schon heute einen Sieg feiern. Denn laut internationalen Vorgaben muss Sotschi, neben den Hauptwettkämpfen, die paralympischen Spiele abhalten. Das wiederum bedeutet, dass zum ersten Mal in einem Land wie Russland öffentliche Einrichtungen und Hotels in Sotschi behindertengerecht ausgestattet werden müssen.

Von seiner bisherigen Mentalität hatte Russland in solchen Kategorien noch nicht denken gelernt. Jeder, der heute nach Russland fährt, spürt sofort den Unterschied zwischen den immer besseren Ausstattungen für Behinderte im Westen und dem trostlosen Zustand der russischen Invaliden. Die Olympischen Spiele bieten deshalb für Russland eine Chance, für die vielen Behinderten im Land mehr Akzeptanz und eine grundlegende Verbesserung ihrer Lebensverhältnisse zu erzielen. Daran, ob Russland diesen Mentalitätssprung in die modernere soziale Welt schafft, werden die Spiele in Sotschi im Westen unter anderem auch gemessen werden.

5 Drei Triebwerke des Wiederaufstiegs

Nur wenige werden sich daran erinnern: In vielen Analysen westlicher Thinktanks wurde seit dem Tag der Machtübernahme Putins der unumgängliche Zusammenbruch der russischen Wirtschaft vorausgesagt. Viele der Studien spotteten über die Möchtegern-Großmacht, die nur am Energietropf hängt und deren Verteidigungshaushalt bestenfalls acht Prozent des amerikanischen Militäretats ausmacht. Putins Säbelrasseln sollte lange ignoriert und der Lächerlichkeit preisgegeben werden. Doch langsam vergeht vielen Ostexperten das Lachen.

Kaum hatte Putin seine erste Amtszeit im Mai 2000 angetreten, versammelte er seine neue Regierung zu einer Sondersitzung. Er blickte in die Runde. Vor ihm saß fast die gesamte Mannschaft des früheren Oberbürgermeisters von Sankt Petersburg, Anatoli Sobtschak. Putin hatte von 1990 bis 1996 als Sobtschaks Stellvertreter gearbeitet und, da er in Moskau niemandem vertraute, seine alten Kollegen in einer Nacht-und-Nebel-Aktion kurzerhand alle nach Moskau herübergeholt. Nun erhielten sie den Auftrag, Russland von Grund auf zu erneuern.

Der Präsident gab die Losung aus: Korrektur der Reformpolitik von einer liberalen zur sozialen Marktwirtschaft – Rückkehr der Staatsmacht als Lenker der Transformationsprozesse – rationaleres Nutzen des Ressourcenexports zum Füllen der Staatskasse. Der neue Wirtschaftsminister German Gref legte einen Strategieplan für die nächsten zehn Jahre vor. Russland sollte in eine funktionierende Marktwirtschaft übergeführt und in der Welthandelsorganisation WTO verankert werden. Doch Putin verlangte mehr. In der Vergangenheit lagen die Gründe für die Unfähigkeit Russlands, sein Haus in Ordnung zu bringen, in permanenten Machtkämpfen, mangelnder Professionalität und fehlender politischer Perspektive. Jetzt musste Russland eine nüchterne Bilanz seines noch vorhandenen Potenzials ziehen und daraus geeignete Werkzeuge schmieden, um den verlorenen Großmachtstatus zurückzugewinnen.

Das war leichter gesagt als getan. Zehn Jahre nach dem Zerfall der Sowjetunion hatte Russland seine industrielle Basis verloren. Der Verschleißgrad der Industrieanlagen lag bei über 50 Prozent. Die technologische Ausstattung hinkte gegenüber westlichen Standards um 20 bis 30 Jahre hinterher. Nur ein Drittel der Industrieanlagen hatte westlichen Standard. Ein Drittel der Anlagen war unbrauchbar. Die Industrie litt an zu niedrigen Standards, schlechter Managementführung und dem Fehlen jeglicher umweltschonenden Technologie.

Vom Modernisierungsschub in den Kernbereichen Energie, Rüstung und Transport erhoffte sich die russische Führung einen Impuls für die Gesamtwirtschaft. Rückblickend auf die Amtszeit Putins kann vermerkt werden, dass diese Modernisierungsstrategie aufging. Die drei wichtigsten Säulen der Wirtschaftspolitik – Energie-, Rüstungskomplex sowie Transportwesen – erfüllten ihre Funktion als Motoren für den Wiederaufbau des Landes. Sie füllten die Kriegskasse des Kremls für künftige Großprojekte, die in der zweiten Amtszeit Putins angegangen wurden.

Putin verstand es, den stetig steigenden Energiepreis auf dem Weltmarkt für seine Ziele zu nutzen. Er durfte den katastrophalen Fehler der Sowjetführer nicht wiederholen: Sie hatten es nicht verstanden, in Zeiten höherer Energiepreise die Wirtschaft zu sanieren. Natürlich durfte er auch nicht dem Beispiel des Energieexporteurs Nigeria folgen, der seine verdienten Milliarden im Korruptionssumpf ertränkte.

Der Kreml richtete einen speziellen Präsidentenfonds ein, in den zusätzlich eingenommene Erlöse aus dem Energiegeschäft, am offiziellen Staatsbudget vorbei, transferiert wurden. Aus dem Fonds, der von den Geheimdiensten streng bewacht wurde, sollten nur außerordentliche nationale Projekte von strategischer Bedeutung finanziert werden. Der Fonds füllte sich ständig mit neuen Petrodollars. Der Energiepreis stieg derweil katapultartig nach oben, bedingt durch die wachsende Energieträgernachfrage bei den Wirtschaftsriesen China und Indien sowie den sich in die Länge ziehenden Krieg im Irak. Später wurde aus dem Präsidentenfonds der Stabilitätsfonds, aus Teilen des Stabilitätsfonds ein Innovationsfonds. Gegen Ende der Putin-Ära waren die Fonds mit 200 Milliarden US-Dollar prall gefüllt. Diese Summe sollte in den nächsten 20 Jahren in die Modernisierung der Industriestruktur des Landes fließen. Der russische Energieriese war für die kommenden globalen Höhenflüge gerüstet.

Motor I: Der Energiekomplex

Während die Sowjetunion ihre Energieressourcen vornehmlich mit ihren osteuropäischen Satellitenländern teilte, erkannte Putin die historische Chance, Russland zum wichtigsten Erdöl- und Erdgasexporteur für die EU und Asien aufzubauen und über den Faktor Energie die notwendige Wirtschaftskraft wiederzuerlangen. Dem Kreml war bekannt, dass Europa, um sein gewünschtes Industriewirtschaftswachstum zu erhalten, schon im nächsten Jahrzehnt seine Erdölimporte um 40 Prozent und seine Erdgasimporte um 50 Prozent steigern musste. Die Erdgasfelder an der Nordsee würden aber Ende 2020 ausgeschöpft sein. Die EU müsste danach 80 Prozent ihrer benötigten Energieträger importieren. Das Erdöl hätten die EU-Staaten relativ einfach auf dem Weltmarkt erstehen können. Mit internationalen Tankflotten konnte das schwarze Gold aus jedem Produzentenland in kürzester Zeit nach Europa geschafft werden. Das ökologisch saubere Erdgas konnte dagegen noch nicht so einfach als Flüssiggas in Spezialtankern die Weltmärkte erreichen. Bei Erdgas war man weiterhin auf Pipelines ausgerichtet.

Der Kreml vergaß die Europäer nicht daran zu erinnern, dass Russland die größten Erdgasreserven der Welt besaß, die zudem vor Europas Haustüre lagen. Alternativ könnte die EU natürlich ihr Erdgas aus Nordafrika, Irak, Iran und Zentralasien beziehen. Mit Russland hatte sich jedoch die EU in den vergangenen 30 Jahren eine solide Partnerschaft im Gassektor aufgebaut und sich über ein weit gestrecktes Pipelinesystem vernetzt. Was sprach also gegen den Ausbau dieser Energieallianz?

Neben zahlreichen politischen Argumenten für eine Diversifizierung der Energieimporte aus Russland, die in den nächsten Kapiteln ausführlich behandelt werden, befürchteten die Europäer, dass Russland seinen Lieferverpflichtungen nicht nachkommen könnte. Erstens wären die sibirischen Gasreserven relativ schwer zu fördern und benötigten Investitionen in Milliardenhöhe. Russland würde kapitalträchtige ausländische Energiekonzerne aber nur begrenzt zur Kooperation heranziehen.

Zweitens würde Russland angesichts seines eigenen rasanten Wirtschaftswachstums das gewonnene Erdgas bald selbst benötigen. Heute sind zwei Drittel der in Russland geförderten Energieträger für den Export bestimmt. Doch die rasant wachsende russische Industriewirtschaft mit ihrem Energieverbrauch steigert die Nachfrage auf dem Binnenmarkt. Weder massive Energieeinsparungen noch die Modernisierung der veralteten Industrieanlagen oder der Ausbau von Transportkapazitäten können verhindern, dass Russland objektiv gezwungen sein wird, seine Energieträger für das eigene Wirtschaftswachstum einzusetzen. So jedenfalls die Analysen westlicher Experten.

Drittens könnte Moskau beabsichtigen, neben dem europäischen auch den asiatischen Markt zu beliefern. Tatsächlich würden heute schon zwei Drittel des BIP der Weltwirtschaft im asiatisch-pazifischen Raum generiert. Doch der Energieheißhunger der asiatischen Tigerstaaten müsste letztendlich Russlands Lieferkapazitäten nach Europa mindern. Während heute Russland 88 Prozent der gesamten Erdgasausfuhren und 58 Prozent der gesamten Erdölausfuhren nach Europa exportiere, würde es in 15 Jahren zwei Drittel seiner Erdgasexporte und drei Viertel seiner Erdölexporte nicht in die EU, sondern nach Asien und in die USA ausführen. Der Gasimport aus Russland in die EU würde von 32 Prozent auf 20 Prozent sinken. So weit die Rechnung des renommierten deutschen Erdgasexperten Roland Götz von der Stiftung Wissenschaft und Politik.

Derselbe Roland Götz saß vor gut einem Jahr mit anderen westlichen Experten mit Putin beim Mittagessen, als der Präsident solche Ängste der Europäer verwarf. Auch für eine zweigleisige Energieexportpolitik hätte Moskau ausreichend Kapazitäten.

In Wirklichkeit begannen aber die russischen Energiestrategen nervös zu rechnen: Wie lange würde eine Umstellung der westlichen Energiewirtschaft auf alternative Energieressourcen wie Atom-, Solar- oder Windenergie dauern? Wahrscheinlich 15 bis 20 Jahre. Andererseits: Je mehr die Industrieländer über erneuerbare Energien sprechen werden, umso dosierter wird die OPEC ihre Exportpolitik betreiben. Das bedeutet: Die Öl- und Gaspreise werden unter keinen Umständen sinken. Wie lange würden Erdöl und Erdgas noch die bevorzugtesten Energieträger für die Industrienationen bleiben? Antwort: Vermutlich 20 bis 30 Jahre, denn bis 2030 soll, einer Studie der Internationalen Energieagentur zufolge, der Primärölverbrauch um

50 Prozent ansteigen! 70 Prozent davon würden von den Entwicklungsländern konsumiert werden, die ihre Energiehaushalte kaum auf alternative Ressourcen umstellen können.

Falls diese Analyse stimmte, machte es für Russland keinen Sinn, seine Erdöl- und Erdgasfelder als strategische Reserven für die zweite Jahrhunderthälfte zu bunkern. Jetzt, und nur jetzt konnte Russland an der Förderung und am Export seiner Hydrokarbonate das große Geschäft tätigen, sich das nötige Finanzpolster für künftige Innovationen anlegen und mittels seiner Energiemuskeln den Sprung an die Weltspitze schaffen.

Drei wesentliche Probleme standen im Vordergrund. Erstens musste die Versorgungskapazität für die angestrebte Verdopplung von Energieexporten nach Europa sowie der Verfünffachung von Energielieferungen nach Asien geschaffen werden. Das bestehende Pipelinenetz in Osteuropa aus den 70er- und 80er-Jahren erwies sich für die künftig zu transportierenden Gasmengen nach Westen als unzureichend. Nach Asien führten bislang überhaupt keine Pipelines. Russland hatte keine andere Wahl, als sofort die notwendige Transportinfrastruktur Richtung Osten zu legen, ansonsten würden sich die asiatischen Staaten mit den arabischen Staaten am Persischen Golf oder mit Zentralasien vernetzen.

Der hohe Energiepreis rechtfertigte die hohen Investitionen in neue, teilweise exotisch anmutende Pipelineprojekte, wie quer durch Sibirien, die Wüste Gobi oder über den Nordpol.

Als ersten Schritt zur Konsolidierung des Energiesektors ließ Putin die russischen Terminals in den Regionen Leningrad (Ostsee), Noworossijsk (Schwarzmeer), Machatschkala (Kaspisches Meer) und Primorje (Pazifik) modernisieren und in Murmansk (Barentssee) auf Flüssiggastransporte (LNG) umrüsten. Solange die notwendigen Pipelines noch fehlten, sollten Erdöl und künftig Erdgas per Tanker transportiert werden. Gleichzeitig begann 2000, unter großem Aufwand, der Bau neuer Mammutpipelines. Er erinnerte den Beobachter an frühere Megaprojekte in Russland wie den Bau der Baikal-Amur-Eisenbahnstrecke oder der Neulandgewinnung in den 50er-Jahren des vergangenen Jahrhunderts.

Um Öltransporte durch den Nordkaukasus sicherer zu machen, wurde Ende der 90er-Jahre um Tschetschenien herum eine Ölpipeline verlegt. Gasprom baute 2003 entlang des Grun-

des des Schwarzen Meeres eine Gasverbindung in die Türkei.
2005 begannen die Arbeiten an der Ostseepipeline für Gaslieferungen nach Deutschland und an einer Doppelpipeline für Erdgas und Erdöl nach China und Japan.

Das zweite Problem war die Konsolidierung des nationalen
Energiegesamtkomplexes. In den 90er-Jahren hatte die erste
Reformregierung Russlands den nationalen Ölsektor praktisch
in private Hände gelegt. Die neuen Besitzer der Ölressourcen
wurden durch Exportgewinne schnell zu Milliardären, aber dem
Staat, der zudem noch im Ausland tief verschuldet war, entging
der Gewinn. Putin meinte, dass die russischen Konzerne wie
Lukoil und Gasprom zu sehr eigene kommerzielle Interessen
im Kaspischen Meer verfolgten. Sie schlossen auf eigene Faust
Kooperationsverträge mit ausländischen Regierungen und internationalen Ölmultis, ohne die geopolitischen Interessen des
Kremls zu berücksichtigen. Beispielsweise war Lukoil einem
US-geführten Konsortium für den Bau einer Pipeline von Baku an die türkische Mittelmeerküste beigetreten; Jukos plante
eigene Pipelineverlegungen von den Ölfeldern Sibiriens nach
China. Putin befahl, den Staat wieder in den Mittelpunkt aller
strategischen Entscheidungen im Energiebereich zu stellen.

Das russische Pipelinetransportsystem war in den 90er-Jah-
ren nicht privatisiert worden und gehörte weiterhin staatlichen
Monopolisten. Doch der Ruf nach einer radikalen Liberalisierung der gesamten russischen Energiewirtschaft – besonders
vom Westen propagiert – ertönte immer lauter. Die Oligarchen
bedrängten den Kreml, nach dem Ölsektor nun auch die Gaswirtschaft zu privatisieren. Gasprom hätte in mehrere Einheiten
zerstückelt und entmonopolisiert werden sollen. Der damalige
Premierminister Michail Kasjanow und einige an der Macht
verbliebene liberale Reformer favorisierten diesen Plan. Doch
Putin setzte sich mit seiner Idee des Wirtschaftszentralismus
durch.

Die Zukunftspläne des Kremls sahen folgendermaßen aus.
Auf der Grundlage des Gasmonopolisten Gasprom sollte ein
neuer transnationaler Konzern gegründet werden, dem sich sogar die privatisierten Ölkonzerne wieder anschließen könnten.
Die Erdgas- und Erdölkonzerne sollten wieder eine Einheit bilden. Der neue nationale Energiekonzern wäre zum Aushängeschild der neuen Energiemacht Russland geworden. Kreml-

hörige Oligarchen, wie Roman Abramowitsch, verstanden die
Ziele der Macht und verkauften ihre Konzerne zurück an den
Staat. Chodorkowski, der sich den Spielregeln des Kremls nicht
unterordnen wollte und sogar selbst Versuche unternahm, Gasprom zu erstehen, kam hingegen ins Gefängnis.

Auch westliche Energiekonzerne, die in den 90er-Jahren
vorteilhafte Abkommen mit der russischen Regierung über Öl-
und Gasförderungsrechte abgeschlossen hatten, wurden gezwungen, ihre Kontrollpakete in den Konsortien an Gasprom
abzutreten und sich in eine Art Juniorpartnerschaft zu begeben.
2006/2007 begann der Kreml, die Regeln auf dem russischen
Energiemarkt umzuschreiben. In- und ausländische Energiekonzerne mussten die nationalen Interessen der Staatsmacht befolgen. Im Falle von BP bedeutete dies beispielsweise, dass der
britische Energiekonzern seine angepeilten Gasexporte nach
China nicht mehr selbst tätigen durfte, sondern an Gasprom abtreten musste.

Die dritte Aufgabe, die Putin seiner Führungsmannschaft
für das Erreichen seiner ambitionierten globalen Pläne stellte,
war die Wiederherstellung der Kontrolle über ehemalige, sich
jetzt in ausländischer Obhut befindliche Teile des ehemaligen
gigantischen sowjetischen Energiekomplexes. „Russland muss
heute für entsprechende Marktpreise alles zurückkaufen, was
uns schon einmal gehört hatte", summierte der Stellvertretende
Gasprom-Chef, Alexander Medwedew, die Befindlichkeiten an
der Konzernspitze.

Russland zielte darauf ab, die Abhängigkeit der Öl- und Gas-
exportländer wie Kasachstan, Turkmenistan und Aserbaidschan
vom russischen Pipelinesystem zu erhalten. Dabei ging es nicht
zimperlich vor. Notfalls schürte Moskau ethnische Konflikte im
Südkaukasus und versuchte so, die von den USA forcierte Verlegung von alternativen Pipelines zu verhindern. Andererseits
forderte Russland von den GUS-Staaten erhöhte Transittarife
und öffnete ihnen nur beschränkt die russischen Pipelines. Der
ein oder andere vergrämte GUS-Nachbar orientierte sich nun
erst recht in Richtung USA.

Motor 2: Der Rüstungskomplex

Russlands Weltmachtansprüche basieren heute nicht auf militärischer Stärke. Bestenfalls das nuklearstrategische Arsenal ist noch auf Supermachtniveau. Es spielt aber bei regionalen Konflikten keine Rolle. Die Umrüstung der Streitkräfte und die Militärreform sind nach Ansicht westlicher Experten gescheitert. In den russischen Streitkräften können nur 20 Prozent aller Waffensysteme als modern eingestuft werden. Die russischen Streitkräfte sind zu Beginn des 21. Jahrhunderts nur noch ein Schatten vergangener Zeiten.

Als Putin an die Macht kam, war die U-Boot-Flotte auf neun Schiffe geschrumpft, der Bestand der Marine reduzierte sich um 20 Prozent, Moskaus Bombergeschwader befanden sich nur noch auf zwei Luftstützpunkten. 80 Prozent der mobilen Interkontinentalraketen hatten ihre Gebrauchsgrenzwerte überschritten. Experten sprachen von gravierenden Lücken im Frühwarnsystem. Ein amerikanisches Expertenteam bescheinigte, dass Russland militärisch am Ende war. Es gab kein Gleichgewicht des Schreckens mehr. Die USA, so stand es in dem Bericht, könnten mit ihren neuen Präzisionswaffen einen Krieg gegen Russland gewinnen, ohne Angst vor Vergeltung zu haben.

Putin war Pragmatiker genug, um kein neues Wettrüsten mit den Amerikanern anzustreben. Das hätte Russland wirtschaftlich ruiniert. Amerika technologisch einzuholen erschien ausgeschlossen. Der US-Verteidigungshaushalt war ungleich größer als der russische. Das stolze Modernisierungsprogramm Moskaus konnte daran wenig ändern. Die vielen Raketentests über Sibirien, die immer regelmäßiger stattfindenden Seemanöver und Aufklärungsflüge über den Weltmeeren sollten in Wirklichkeit nicht darüber hinwegtäuschen, dass Putins eigentlicher Modernisierungsplan darauf gerichtet war, den Rüstungskomplex als Triebwerk für den Wiederaufstieg Russlands zu einem Hochtechnologieland zu nutzen.

Auf die Frage, warum gerade der militärisch-industrielle Komplex auserwählt wurde, antwortete der Kreml: Dieser Sektor exportiert die Hälfte der in Russland produzierten Maschinenanlagen; in ihm sind 70 Prozent aller nationalen Forschungsinstitutionen vereint; dort arbeitet die Hälfte aller Wissenschaftler. Alle Wissenschaftler, die in der Sowjetzeit in geheimen Militärstätten Waffen entwickelten und nach dem Zusammenbruch der UdSSR arbeitslos wurden, mussten in den Arbeitsprozess wieder eingegliedert werden. Andererseits befand sich die Mehrheit der Rüstungsbetriebe in einer katastrophalen Lage. 75 Prozent der Fertigungsanlagen waren, so Berichte von Experten, faktisch bankrott. Das Allerschlimmste: Ein Drittel des Militärhaushaltes wurde regelmäßig gestohlen. Von 1992 bis 2002 waren Rüstungsgüter im Werte von zehn Milliarden US-Dollar spurlos aus den Beständen der Armee verschwunden.

Bei der Reaktivierung des Rüstungskomplexes konzentrierte sich die russische Führung zunächst auf die Steigerung des Exports. Schon immer gehörte der Waffenexport zu den größten Einkommensquellen des Landes. Aber in der Jelzin-Ära verlor Russland viele seiner traditionellen Rüstungsmärkte. Russland war zwar immer noch in der Lage, Militärtechnologien auf Weltniveau zu entwickeln. Doch führten der Zusammenbruch sowie die Dezentralisierung des sowjetischen Rüstungskomplexes zu Engpässen bei der Auslieferung, Wartung und Entwicklung von Ersatzteilen für die Wehrtechnik. Zudem wanderten viele junge Wissenschaftler aus den schlecht bezahlten und vergessenen Rüstungsbetrieben in die Privatwirtschaft ab.

Kaum war Putin Präsident, da ließ er die beiden bislang gegeneinander konkurrierenden Rüstungskonzerne Promexport sowie Roswooruschenie zusammenlegen und die unter Jelzin fortgeschrittene Privatisierung des militärisch-industriellen Komplexes anhalten. 2000 war der Rüstungskomplex zur Hälfte privatisiert; 2007 hatte der Staat zwei Drittel der Waffenschmieden wieder unter seine Kontrolle gebracht. Die Rüstungsexporte wuchsen von 1998 bis 2006 von 2,6 Milliarden US-Dollar auf 6,3 Milliarden US-Dollar an. Dieser strategische Industriezweig verbuchte ein überdurchschnittliches Wirtschaftswachstum von sieben Prozent. Der eigentliche Militärhaushalt stieg – ausschließlich dank der Waffenverkäufe und nicht des Energieexports! – um das Vierfache: von acht Milliarden US-Dollar auf 31 Milliarden US-Dollar. Die Auftragsbücher vergrößerten sich um 70 Prozent. 2005 verdrängte Russland Frankreich vom zweiten Platz und liegt seitdem dicht hinter der führenden Rüstungsexportnation USA. Putin ging selbst auf ferne Reisen, teils in exotische Länder, um den Rüstungsexport seines Landes zu steigern. Heute beliefert Russland ungefähr 50 Staaten mit seiner Waffentechnologie. Wiedererobert wurde vor allem die asiatisch-pazifische Region.

In Bezug auf Länder wie Syrien und Algerien erfolgte eine Restrukturierung der sowjetischen Altschulden. Im Gegenzug für das Abschreiben der Schuldenlast von 15 Milliarden US-Dollar mussten diese beiden Staaten sich allerdings zu Waffenimporten aus Russland verpflichten. Mit Algerien und Venezuela wurden Lieferabkommen in Höhe von elf Milliarden US-Dollar abgeschlossen. Russland verkaufte Raketenabwehrsysteme an Syrien und den Iran, Kampfjets nach Algerien, Jagdflugzeuge sowie Kalaschnikows nach Venezuela, Helikopter in den Sudan. In Europa fand sich mit Griechenland ebenfalls ein Interessent für moderne russische Kampftechnik.

Waffenlieferungen nach Syrien und Venezuela entzürnten die USA. Sanktionen gegen Rosoboronexport waren die unangenehme Folge. Doch Russland schlug mit gleicher Wucht zurück und stellte seine Kooperation mit dem amerikanischen Flugzeughersteller Boeing infrage. Ein verschnupfter Putin teilte den USA mit, Washington könne Moskau den Waffenhandel nicht ernsthaft verbieten. Sollte Russland seine Marktanteile aufgeben, würden andere Staaten sie sofort übernehmen.

Die größten Abnehmer für die russische Militärtechnik blieben China und Indien. Auf sie allein entfielen 70 Prozent der gesamten Rüstungsexporte. Beide Länder orderten moderne Panzer vom Typ T-90C sowie Jagdflieger von Suchoi und MIG. Über die Rüstungsexportschiene verstärkte Moskau auch seine außenpolitische Annäherung an die beiden mächtigsten Staaten des asiatischen Kontinents.

Zu Beginn seiner zweiten Amtszeit ernannte Putin seinen Kollegen und Freund aus gemeinsamer Agententätigkeit in der DDR, Sergei Tschemesow, zum Chef von Rosoboronexport. Der KGB-Mann hatte in den 80er-Jahren die geheime Industriespionageorganisation in der ehemaligen DDR unter dem Codenamen „Lutsch" geleitet. Tschemesow und Putin treffen sich regelmäßig zu Waldspaziergängen. Der Rüstungsmanager erhielt den Auftrag, auf der Basis des erneuerten Militärindustriekomplexes eine künftige gigantische staatliche Industrieholding zu gründen. Die 1700 Rüstungsbetriebe des Landes sollten in 36 neue Holdings integriert werden. Durch die Zusammenlegung der Strukturen sollen die Waffenproduzenten noch mehr exportieren und den erwirtschafteten Gewinn verstärkt in Forschung und neue moderne Rüstungstechnologien investieren.

Natürlich sah Moskau für sich die Perspektive, den hohen Rohölpreis auch für den Wiederaufstieg seiner Streitmacht zu nutzen. Ein ambitioniertes Raketen-, Luftwaffen- und Flottenbauprogramm rückte durchaus in den Bereich des Möglichen. Anfang 2007 konnte der für die Rüstungsindustrie an oberster Stelle zuständige Erste Vizepremier Sergei Iwanow verkünden, dass das Verteidigungsministerium nach langer Durststrecke endlich wieder Rüstungsaufträge vergeben konnte. In den nächsten acht Jahren will das Militär 50 strategische Fernbomber vom Typ TU 160 und TU 95, 50 mobile Interkontinentalraketen vom Typ Topol M, 31 Kampfschiffe sowie acht neue Atom-U-Boote für insgesamt 190 Milliarden US-Dollar herstellen lassen. Russland hätte nach Ansicht westlicher Experten noch zehn bis 15 Jahre Zeit, die Lage der Streitkräfte zu verbessern. Ansonsten müsste es damit rechnen, schon 2030 seinen geopolitischen Status in der Weltpolitik zu verlieren.

Motor 3: Der Transportkomplex

Wer Russland erfolgreich regieren will, muss das Transportwesen, heutzutage Logistik genannt, beherrschen. Dieses Land umfasst elf Zeitzonen. Sibirien ist ein Kontinent für sich. Hätten die russischen Zaren dieses Territorium nicht erobert, gäbe es dort heute eine riesige islamische Großmacht, die sowohl Asien als auch Europa dominieren würde. So aber bleibt das heutige Sibirien mit all seinen Bodenschätzen im Einflussgebiet Europas, und wenn es in den nächsten Jahrzehnten neu besiedelt werden sollte, dann eher durch eine Emigration aus dem Westen als aus China.

Putins strategisches Ziel war es, Russland als Brücke zwischen Europa und Asien zu verankern. Russland sollte von seiner geografischen Schlüsselposition profitieren und zur Drehscheibe des Güter- und Transportverkehrs zwischen den wirtschaftlich prosperierenden Kontinenten werden. Doch zunächst musste die unterentwickelte Verkehrsinfrastruktur verbessert werden.

Der Gedanke, sich als Brücke zwischen Europa und Asien anzubieten, war keineswegs neu. Die Anrainerstaaten des Kaspischen Meeres waren mit dieser Idee in den 90er-Jahren nach Brüssel gekommen. Damals entstand der Begriff der Neuen Seidenstraße. Entlang der Route dieser alten Handelskarawane, die seit der Antike zwischen Westeuropa und China so lange verkehrte, bis der Seeweg nach Indien gefunden wurde, sollte eine moderne Kommunikationsstruktur entstehen. Die EU entwickelte groß angelegte Projekte für den Bau neuer Transitwege und Pipelines (INOGATE, TRACECA), die jedoch aufgrund finanzieller Restriktionen der EU und Streitereien unter den potenziellen Profiteuren nur langsam realisiert wurden.

Putin versuchte den Europäern einen Strich durch die Rechnung zu machen. Er bot Russland als Alternative zum kaspischen Raum an und einigte sich schnell mit der EU über die Errichtung von drei paneuropäischen Transportkorridoren durch russisches Territorium nach Asien. Insbesondere die Containerzüge Eastern Wind (Berlin–Moskau) und Russia Express wurden zu Zugpferden des europäischen Links. Der Anschluss dieses Korridors an die Transsibirische Eisenbahn in Jekaterinburg kreierte eine wettbewerbsfähige Alternative zum Schiffstransport zwischen der EU und dem asiatisch-pazifischen Raum. Der Aufbau der paneuropäischen Korridore sah ferner die Konstruktion einer multifunktionalen Eisenbahnfähre für Personen- und Frachttransport zwischen Sankt Petersburg, Kaliningrad und deutschen Ostseehäfen vor. Zwischen Helsinki, Sankt Petersburg und Moskau sollte künftig ein Hochgeschwindigkeitszug verkehren.

So sehr die Transsibirische Eisenbahn die Erschließung Sibiriens auch fördern sollte, so wenig wurde für die nördlichen Regionen Russlands geleistet. Dort fehlte jegliche Infrastruktur. Zur Erschließung der rohstoffreichen polaren Regionen im nördlichen Ural und auf Jamal musste die Regierung ein 15 Milliarden US-Dollar umfassendes Investitionsprogramm stemmen. Straßen und Heizwerke sollen errichtet werden. Durch Infrastrukturprojekte in diesem Teil Russlands könnte die Gesamtwirtschaftsleistung um 50 Milliarden US-Dollar innerhalb eines Jahrzehnts angehoben werden.

Pläne wurden nicht nur für eine Brücke von West nach Ost entwickelt. In Moskau entstand die Idee eines Nord-Süd-Transportkorridors, der Russland mit Ländern wie Indien, Oman und – über den Kaukasus – Iran und Syrien verbinden würde. Nach seiner Fertigstellung soll dieser Transportkorridor eine wettbewerbsfähige Alternative zur Schifftransportroute durch den Suezkanal bieten. Heute wird ein 20-Fuß-Container für 3500 US-Dollar aus Deutschland nach Indien verschifft. Die Kosten auf der Schiene könnten 30 Prozent weniger betragen und das Ziel könnte schneller erreicht werden. Das Frachtvolumen auf dieser Strecke würde von derzeit 15 auf 20 Millionen Tonnen pro Jahr steigen.

2007 verzeichnete Russland einen Zuwachs von zwei Millionen Pkw. Schleunigst musste das Straßenverkehrsnetz in den Städten ausgebaut werden. Noch wurden 80 Prozent des Personenverkehrs per Eisenbahn befördert. Was dem in die russische Provinz reisenden Ausländer dieser Tage besonders auffällt, sind die modernisierten und renovierten Bahnhöfe, ob in Nowosibirsk, Kasan oder anderen Städten. Der Ticketverkauf ist nach westlichem Maßstab computerisiert, die Informationstafeln sind übersichtlicher, der gesamte Bahnhofsbetrieb ist kundenfreundlicher geworden.

Die Transsibirische Eisenbahn verbindet längst nicht mehr nur Moskau und Wladiwostok auf 10 555 Kilometern. Die offizielle paneuropäische Transportstrecke beginnt in Berlin und verläuft über Budapest, Kiew nach Russland und von dort nach Astana, Ulan-Bator, Pjöngjang, Seoul und Pusan. Die Transsib ist in der Tat zur bedeutendsten eurasischen Brücke geworden. Die Eisenbahnstrecke ist modernisiert, doppelgleisig und elektrifiziert. Entlang ihr könnten jährlich bis zu 100 Millionen Tonnen Fracht transportiert werden. Mit einer Geschwindigkeit von etwa 1000 Kilometern am Tag kann der Hochgeschwindigkeitscontainerzug die Strecke Berlin–Pazifik in zwölf Tagen zurücklegen.

Aber die Brücke von Europa nach Asien sollte noch breiter gestaltet werden. Vom kommerziellen Standpunkt her wurde die Vernetzungsstrategie zunehmend interessanter. Der Konzern Russische Eisenbahn erwirtschaftete 2004 einen Gewinn von 21,5 Milliarden US-Dollar. Neben der Transsibirischen Eisenbahn gewann die Baikal-Amur-Magistrale (BAM) im Hinblick auf den Transport nach Fernost an Bedeutung. Über sie sollte in den kommenden Jahren der Transport sibirischer Rohstoffe nach China abgewickelt werden. In der zweiten Amtszeit Putins stellte die Regierung eine Milliarde US-Dollar für die Konstruktion der Transbaikal-Eisenbahn vom Baikalsee bis an die chinesische Grenze zur Verfügung.

Von der Transsibirischen Eisenbahn wird auch eine transkoreanische Magistrale an die nordkoreanische Grenze gebaut. Von Wladiwostok verläuft die Strecke nach Chazan und überquert von dort die Grenze nach Nordkorea. Die Baukosten betrugen drei Milliarden US-Dollar. Nun müssen sich Nord- und Südkorea über die Fortsetzung der Strecke durch ihre Territorien noch einig werden. Sollte der Anschluss gelingen, könnte die Transportzeit für Güter aus Korea nach Europa von gegenwärtig 40 auf 15 Tage sinken. Im Falle einer Wiedervereinigung der beiden Staaten, an der Moskau politischen Anteil hätte, könnte Russland zum wichtigsten Handelspartner des neuen Groß-Koreas aufsteigen. Der nordkoreanische Diktator Kim Jung Il wurde eingeladen, mit der Transsibirischen Eisenbahn von der Ostgrenze Russlands bis nach Moskau zu fahren, um sich von den Vorzügen dieser Strecke zu überzeugen.

Wer sollte die neue russische Transportstrategie verwirklichen? Das Projekt war ambitioniert genug. Neue Flughäfen, Wasserwege, Häfen gingen in Konstruktionsplanung. Bis 2010 sollten 384 000 Kilometer an Straßen und 6800 Kilometer an Eisenbahnschienen gelegt oder repariert werden. Am Ende müsste die eurasische Brücke 275 Millionen Tonnen an Gütern jährlich transportieren können. 2003 wurde aus dem früheren Eisenbahnministerium die Föderale Eisenbahntransportagentur Russische Eisenbahn geschaffen. Um sie herum entstanden 30 weitere Tochtergesellschaften. Der neue Konzern blieb im Staatsbesitz. Netzbetriebslizenzen konnten aber verkauft und Servicedienstleistungen ausgegliedert werden. Stromversorgung und Kommunikationsvorrichtungen gehörten weiterhin dem Staat.

Zum Präsidenten des Konzerns Russische Eisenbahn wurde Putins Freund Wladimir Jakunin ernannt. Jakunin begann seine Karriere im sowjetischen Außenhandelsministerium, arbeitete später an der Ständigen UN-Vertretung der UdSSR in New York und wurde in der zweiten Hälfte der 90er-Jahre von Putin in die Präsidialadministration geholt. Vermutlich stand er in den Diensten des KGB. Jakunin wurde zunächst Vizepräsident der neuen Eisenbahnholding, erst 2005 stieg er zum Präsidenten des Konzerns auf. Lange wollten die Gerüchte nicht verstummen, dass er Putins Geheimfavorit für die Präsidentschaftsnachfolge war.

Die Europäer erklärten sich bereit, dem Ausbau der Transsibirischen Eisenbahn durch Russland Priorität über den kaspischen Korridor einzuräumen. Als gemeinschaftliches Investitionsprojekt konnte die Transsibirische Eisenbahn allemal dienen. Der Cargotransport konnte tatsächlich um 20 Prozent gesteigert werden, die Transportkosten konnten um 30 Prozent gesenkt werden. Russland benötigte Finanzmittel in Höhe von 150 Milliarden US-Dollar, um neue Straßen, Eisenbahnstrecken, Flughäfen, Terminals und andere Infrastrukturprojekte zwischen den Kontinenten zu errichten. Das Geld sollte zu zwei Dritteln aus dem russischen Staatshaushalt bereitgestellt, der Rest über die Privatisierung der Eisenbahn herangezogen werden. An der Privatisierung durften auch westliche Investoren partizipieren. Die Weltbank lobte die erfolgreiche Reformierung des Eisenbahnsektors. Von den deutschen Unternehmen engagierte sich Siemens am stärksten im Konzern Russische Eisenbahn, indem es Hochgeschwindigkeitszüge im Wert von 1,7 Milliarden Euro nach Russland verkaufte.

Als eine der ersten Maßnahmen musste die russische Regierung die Sicherheit entlang des Transportsektors wiederherstellen. In den 90er-Jahren waren ganze Züge auf der Transsibirischen Eisenbahnstrecke spurlos verschwunden. Neuwertige Militärtechnik aus den Waffenschmieden am Ural fand sich plötzlich im Besitz tschetschenischer Separatisten wieder. Jetzt wurden alle Züge mit den Navigations- und Ortungssystemen GLONASS und GPS ausgestattet, sodass sie nicht mehr unterwegs verschwinden konnten. Für Grenzüberquerungen mussten die Zollformalitäten vereinfacht werden.

Putin fehlt es nicht an Visionen: 2007 ließ er das russische Wirtschaftsministerium verkünden, dass Russland gemeinsam mit den USA und Kanada einen Tunnel unter der Beringstraße errichten wolle. Die Bauzeit soll bis zu 15 Jahre betragen. So würden beide Kontinente miteinander verbunden. Durch den Tunnel sollte eine Hochgeschwindigkeitszugstrecke, eine Autobahn sowie diverse Pipelines und Fiberglaspipelines gelegt werden. Der Tunnel würde insgesamt zehn bis zwölf Milliarden US-Dollar kosten, die gesamte Verkehrsanbindung würde weitere 54 Milliarden US-Dollar verschlingen.

Die beiden Häfen in Murmansk und am Pazifik wurden ausgebaut. Putin ließ ebenfalls prüfen, wie die Schiffsroute entlang der nördlichen Eismeerküste für Warentransporte zwischen den Kontinenten kommerzieller gestaltet werden könnte. Transneft, Rosneft, Lukoil und andere staatliche Konzerne, die in Nordsibirien neue Häfen und Verladeterminals bauten, um Öl durch die Barentssee nach Europa zu verschiffen, hätten dann die Möglichkeit, Öl auch per Schiff über die nördliche Seeroute nach Asien zu transportieren. Im Blickpunkt der strategischen Überlegungen stand die Diversifizierung eigener Energieexporte nach Westen.

Im Zuge der Verwirklichung seiner Strategie im Transportsektor führte Moskau ein Novum in der zivilen Flugfahrt ein und verlangte von den ausländischen Fluggesellschaften seit den 90er-Jahren Transitgebühren für die Überquerung seines Territoriums. Den westlichen Fluglinien blieb nichts anderes übrig, als zu zahlen, denn die Routen in Umgehung des russischen Territoriums erwiesen sich aufgrund des höheren Kerosinverbrauchs als teurer. Als die Lufthansa im November 2007 einmal in Zahlungsverzug geriet, wurden der deutschen Fluggesellschaft kurzerhand die Überflugsgenehmigung entzogen. Russland zwang Lufthansa Cargo auch, das alternative Drehkreuz für den Güterflugverkehr im kasachischen Astana wieder zu schließen und das Drehkreuz ins sibirische Krasnojarsk zu verlegen. Eiskalt berechnend nutzte Russland sein Transitterritorium, um seine Staatskasse weiter zu füllen. Dabei benahm es sich nicht anders als seine direkten Nachbarstaaten, die ihr Territorium in der Frage des Energietransports ebenfalls als „strategisches Asset" gewinnbringend einzusetzen vermochten.

Fallbeispiel Kaliningrad

Bevor Russland seine Transportinfrastruktur in Sibirien und Fernost reparieren konnte, wurde es mit einem politischen Logistikproblem an seiner Westgrenze konfrontiert. Nach der EU-Osterweiterung auf Polen und die baltischen Staaten musste Moskau erkennen, dass es auf dem Landweg von seiner Exklave Kaliningrad (Königsberg) abgetrennt war. Zum ersten Mal verspürte Russland die negativen Auswirkungen der EU-Osterweiterung am eigenen Leib. Vergebens pochte Moskau in Brüssel für eine Westberliner Lösung, also einen visumfreien „Korridor". Dann schlug Putin den Europäern eine Abschaffung aller Visumbarrieren zwischen Russland und der EU vor. Das Transitproblem wäre damit gelöst. Hätte Gorbatschow diesen Vorschlag Ende der 80er-Jahre gemacht – er wäre wohl zum zweiten Mal mit dem Friedensnobelpreis prämiert worden. Jetzt kam aus der EU nur betretenes Schweigen.

Die EU hatte gehofft, über Sonderbeziehungen zu Kaliningrad Russland näher an Europa zu führen. Über Pilotprojekte sollte sich die europäische Wirtschaft stärker in der Region engagieren können. Doch der Kreml schöpfte den Verdacht, dass der Westen Russland die Region Kaliningrad abspenstig machen wollte. Statt westliche Investitionen zu Sonderkonditionen nach Kaliningrad hineinzulassen, tat Moskau genau das Gegenteil. Die Bande zwischen Brüssel und Kaliningrad wurde gekappt und Russland investierte aus eigenen Mitteln in die Infrastruktur der Region.

Heute spricht niemand mehr von einem Abdriften Kaliningrads von Moskau. Mitten in Königsberg erhebt sich majestätisch eine frisch gebaute orthodoxe Kathedrale – sie verdrängt langsam den alten Königsberger Dom als Wahrzeichen der Stadt. Den russischen Dom schmückt eine alte Ikonostase, die aus einer Emigrantenkirche in Deutschland stammt. Putin und der Patriarch kamen zur Einweihung der Kathedrale nach Kaliningrad. Am gleichen Tag wurde die tägliche Fährverbindung von Kaliningrad nach Sankt Petersburg für den Gütertransport eröffnet.

Um den Transit zu erleichtern, etablierte der Kreml eine eigene neue Fluglinie, die KD Avia, die Kaliningrad mit den wichtigsten Flughäfen Russlands und Westeuropas verband. Die

Idee war hervorragend. Kaliningrad hat eine ideale geografische Lage. Von dort fliegt man in der Regel rund eine Stunde zu allen deutschen Flughäfen. Die KD Avia eroberte mit ihrer Boeing-Flotte mehrere Flugziele in Europa. Der Flughafen von Kaliningrad wurde zu einer Drehscheibe für den Flugverkehr zwischen der EU und Russland ausgebaut.

Kaliningrad war plötzlich nicht mehr arm und auf Auslandsinvestitionen angewiesen. Auf Anweisung des Kremls investieren russische Oligarchen zielstrebig in die lokale Industrie. Der Warentransport wurde von den Eisenbahnschienen über EU-Land auf grenzfreie Fährverbindungen verlagert. Dadurch entfielen Zollgebühren und lästige Grenzkontrollen. Im Falle einer weiteren Verschlechterung der Beziehungen zum Westen drohte Sergei Iwanow unverhohlen mit der Aufstellung eines Raketenabwehrsystems im Gebiet Kaliningrad.

Nachfragen an Putin

Der Weg aus Moskau zur Regierungsdatscha Nowo-Ogarewo führt über die berühmte Rublewskaja-Chaussee. Hier hat sich die neue russische Elite ihre Villen gebaut. Hier leben die Reichsten der Reichen. Ihre Grundstücke sind jeweils durch hohe hässliche Zäune getrennt. Die schmale, kurvenreiche Straße markieren Supermärkte, Kirchen und Nobelrestaurants. Der Wagen biegt in eine Seitenstraße. Rechts liegt ein leer stehendes zweistöckiges Haus, wohlversteckt hinter einer hohen Mauer. „Hier wohnte Chodorkowski", flüstert der russische Begleiter. Keine drei Minuten später hält der Wagen vor einem großen Tor. Der Besucher muss aussteigen, seinen Pass abgeben und warten. Ein Wachposten, begleitet von einem Cockerspaniel, kontrolliert den Ankömmling. Das Eingangstor geht langsam auf, man darf in das Allerheiligste hineinfahren.

Beeindruckend an Nowo-Ogarewo ist der riesige Park, bestehend aus hohen Tannen und Birkenbäumen. Eine typische russische Landschaft. Hier empfängt der Präsident seine Gäste. Der Besucher wird aufgefordert zu warten. Drinnen, im Eingangsbereich, steht ein riesiger Billardtisch. Ob Putin hier in den Stunden der Muße die Kugel schiebt? Eine freundliche Bedienung serviert Fruchtsaft und Wasser. Die Mitglieder des

Waldai-Klubs sind die Prozedur schon gewöhnt. Die westlichen Russlandexperten, die jedes Jahr hierher zum Mittag- oder Abendessen mit Wladimir Putin eingeladen werden, sind aufgeregt. Wer darf die kritischste Frage an den Präsidenten stellen? Wer darf in seiner Nähe sitzen? Die Spannung steigt.

Plötzlich steht Putin mitten im Raum. Wie aus dem Nichts ist er aufgetaucht. Freundlich schüttelt er allen Gästen die Hand. Mit manchen Bekannten wechselt er ein paar Worte. „Lasst uns ein wenig essen", lädt er die angereisten westlichen Experten ein. „Glauben Sie, ich werde zurücktreten?", fragt er schelmisch den Franzosen Thierry de Montbrial. Der Direktor des Thinktanks Ifri antwortet: „Zu 80 Prozent werden Sie abtreten, zu 20 Prozent …" Putin unterbricht und kommt gleich zur Chefsache: Der Westen soll verstehen, dass Russland kein Exportweltmeister für Energieträger sein möchte. Sein Land, so Putin, möchte eine eigene chemische Industrie aufbauen und das geförderte Öl im Land selbst verarbeiten. Russland wird in den nächsten Jahren seine Exportstruktur völlig ändern. Um als Industrienation anerkannt zu werden, muss es Fertigprodukte verkaufen und nicht nur als Rohstoffanhängsel des Westens fungieren. Russland legt seine neuen Pipelines an den Pazifik nicht, um sein gesamtes Öl nach Japan oder China zu exportieren, sondern um im Fernen Osten Ölraffinerien aufzubauen, die das Öl veredeln sollen. Russland wird demnächst 40 Atomreaktoren bauen, denn der Atomstrom soll den Gasverbrauch im Inland ersetzen. Der Energieverbrauch im Inland wäre aufgrund des enormen Wirtschaftswachstums tatsächlich um 60 Prozent höher ausgefallen, als in der Energiestrategie vor vier Jahren prognostiziert.

Endlich stellt der älteste Teilnehmer, der Amerikaner Marshall Goldman, eine kritische Frage nach den Geheimdienstleuten in den Aufsichtsräten der wichtigsten Wirtschaftszweige des Landes. „Im Aufsichtsrat der staatlichen Holdings sitzen höhere Beamte", belehrt Putin die Anwesenden: „Sie beaufsichtigen das Geschäft, rühren aber das Firmenkapital selbst nicht an. Sie sind vom Staat temporär eingesetzt und können jederzeit abberufen werden. Im Übrigen werden die staatlichen Konzerne auf der Börse höher gehandelt als die privaten. Entscheidend ist nicht der Eigentumstitel, sondern die Effektivität des Konzerns."

Später wird Putins Wirtschaftsberater, Igor Schuwalow, entsprechend nachsetzen: „Russland darf nicht allein von den hohen Energieexportgewinnen leben. Diese hindern die Regierung, die notwendigen Reformen durchzuführen. Russland verfügt in Wirklichkeit über mehr Bodenschätze, als die offiziellen Statistiken aussagen. Viele Bodenschätze sind geologisch noch nicht erfasst worden. Der jetzige Stand des Exports kann noch 50 Jahre aufrechterhalten werden. Um diese hochgesteckten Ziele zu erreichen, muss der Staat eine globale Energiestrategie implementieren, die im Verhältnis zum Rest der Wirtschaft kompatibel wird. Dazu musste der auseinanderfallende Energiesektor erst einmal wieder konsolidiert werden. Russland will im Energiedialog die Führungsrolle übernehmen.

Irgendetwas ist völlig schiefgelaufen in den Beziehungen zwischen Russland und dem Westen. In der ersten Amtszeit schien Putin das liberalste Wirtschaftsreformmodell der russischen Geschichte zu implementieren. Nach einigen Jahren wären eine solide Marktwirtschaft und ein funktionierendes Rechtssystem entstanden. Doch in seiner zweiten Amtszeit entfernte sich Russland von den liberalen Reformabsichten. Eine neue staatliche Machtvertikale wurde errichtet. Warum?

Kritiker meinen, der Kremlchef hätte in seiner ersten Amtszeit noch zwischen Liberalen, Oligarchen, Gouverneuren und dem Westen lavieren müssen. In der zweiten Amtszeit löste er sich von allen Abhängigkeiten und baute seine Macht nur noch auf den ihm ergebenen Geheimdiensten auf. Putins Vertraute sehen die Entwicklung naturgemäß differenzierter: In Russland werde zu viel gestohlen, heißt es. Putin musste die wichtigsten Industriezweige wieder unter staatliche Obhut stellen, damit sie von Korruption gesäubert werden könnten. Eine Renationalisierung war erforderlich, um die Privatisierung der 90er-Jahre zu korrigieren. Nach einer generellen Flurbereinigung sollten, so die Aussagen führender russischer Experten, die unter staatliche Kontrolle gestellten Betriebe wieder privatisiert werden. Die zweite, korrigierte Privatisierung würde dann keine Ausplünderung der Ressourcen und Betriebsanlagen bedeuten.

Russland hat seine Triebwerke angeworfen. Die Ökonomie Russlands boomt. Die Selbstsicherheit russischer Eliten wächst. Gegenwärtig scheint die „Kreml AG" zunehmend die Lust an einem WTO-Beitritt zu verlieren. Nach westlichen Regeln will

Moskau jedenfalls nicht mehr spielen. EU-Außenpolitiker schweigen betreten: Ein Nichtbeitritt Russlands zur WTO wäre ein herber Rückschlag für die politischen und wirtschaftlichen Beziehungen. Ohne WTO-Mitgliedschaft wären Eigentumsrechte in Russland langfristig nicht geschützt. Den Weggang von Wirtschaftsminister Gref, dem bedeutendsten Verfechter eines WTO-Beitritts aus der Regierung im September 2007, interpretieren viele im Westen als böses Omen.

6 Tankstellen entlang der Seidenstraße

Ex-Präsident Bill Clinton wurde im Sommer 2007 im Rahmen der Tagung der Yalta European Strategy im ukrainischen Schwarzmeerkurort Jalta, zu der er auf Einladung seines Freundes und ukrainischen Oligarchen Viktor Pintschuk erschien, nach der strategischen Bedeutung der Ukraine gefragt. Bereitwillig antwortete er: „Einmal bat ich meine Berater, mir die drei wichtigsten Länder für die US-Politik in Europa zu nennen. Mir wurde empfohlen, den Fokus auf Polen, Türkei und Ukraine zu legen." Für die transatlantische Sicherheitsarchitektur haben diese Länder eine Scharnierfunktion. Polen ist zum wichtigsten Juniorpartner der USA in der erweiterten NATO aufgerückt. Die Türkei soll die strategische Brücke in den Großen Mittleren Osten bilden und die Ukraine muss Russland an der Wiederaufrichtung seines Imperiums hindern.

Wenn Putin seinen Kremlstrategen eine ähnliche Frage nach den drei Schlüsselländern für seine Außenpolitik gestellt hätte, wären ihm die Ukraine, Kasachstan und Deutschland genannt worden. Die europäische Nichtatommacht Berlin bleibt der anerkannte Anwalt Russlands im Westen. Die beiden größten Nachfolgerepubliken der ehemaligen Sowjetunion nach Russland, Ukraine und Kasachstan, beeinflussen Moskaus Orientierung nach Westen oder Osten. Ohne die Ukraine und Kasachstan funktioniert kein Reintegrationsmodell im postsowjetischen Raum. Ohne die Ukraine kann Russland seine Idee einer EU-Ost nicht verwirklichen, ohne Kasachstan wird Russland den ehemaligen sowjetischen Energiekomplex nicht wieder errichten. Die Ukraine ist Russlands Tor nach Europa, Kasachstan das nach Asien.

Die Ukraine und Kasachstan werden natürlich auch in der EU als Schlüsselstaaten für die europäische Nachbarschaftspolitik betrachtet. Sie sind die beiden Pfeiler im Projekt „Seidenstraße des 21. Jahrhunderts". Was ist das für ein Szenarium der Seidenstraße, über das in den Medien spekuliert wird? Und was ist das für eine neue Karawane, die den alten historischen Handelsweg, der in der Antike schon Europa mit Asien verband, heute entlangzieht? Entlang der neuen Handelsroute lauern nicht weniger Gefahren. Die neue Seidenstraße hat einen besonderen Geruch: Öl und Gas.

Das moderne Great Game

Amerikaner und Russen spielen seit zwei Jahrzehnten die Hauptrollen im neuen Great Game – einem politischen „Spiel" um Rohstoffe und Macht. In den 90er-Jahren blieben die Auseinandersetzungen um die Aufteilung der ehemaligen sowjetischen Einflusszone auf den kaspischen Raum begrenzt. Im 21. Jahrhundert breiteten sich die geopolitischen Rivalitäten auf die umliegenden Regionen – den Großen Mittleren Osten (Afghanistan und Iran) und die Schwarzmeerregion (Türkei, Griechenland, Bulgarien) aus. Wie der Streit um die Zukunft des Kosovo zeigt, konkurrieren der Westen und Russland inzwischen wieder auf dem Balkan. Die Auswirkungen des Energiestreits sind aber auch in Europa zu spüren.

Die kaspischen Anrainer

In der kaspischen Region lagern riesige Erdöl- und Erdgasvorkommen, die für Europa und Asien die einzigartige Alternative zum Import von Energierohstoffen aus dem Persischen Golf, Nordafrika und Russland sind. Die Reichtümer in der Region sind ungleichmäßig verteilt. Exportländer wie Kasachstan und Turkmenistan schwimmen in Petrodollars, ihre rohstoffarmen Nachbarn Kirgisien und Tadschikistan kämpfen ums Überleben. Ein ähnliches Bild ergibt sich im Kaukasus: Aserbaidschan erblüht als einer der neuen großen eurasischen Erdöl- und Erdgasproduzenten, während seine unmittelbaren Nachbarn, Georgien und Armenien, eher arm sind.

Als der Südkaukasus und Zentralasien noch fester Bestandteil der Sowjetunion waren, wurde dort russisches Erdöl und Erdgas in Raffinerien verarbeitet, aber die einheimische Energiegewinnung nicht befördert. Der Kreml erachtete die kaspischen Energieressourcen als seine „strategische Reserve", die erst dann angetastet werden sollte, wenn die Rohstoffe Sibiriens verbraucht waren. Geologische Karten über die vermuteten Bodenschätze wurden als geheim eingestuft. An einen Zerfall der

UdSSR und ein Auseinanderbrechen des sowjetischen Energiekomplexes dachte niemand im herrschenden Politbüro. Wenn
es schon kein Interesse in der Sowjetära gab, kaspisches Erdöl
und Erdgas zu fördern, brauchte man auch keine Pipelines für
den Transport dieser Energieträger ins Ausland. Als die Sowjetunion kollabierte, fanden sich die Anrainer des Kaspischen Meeres zwar als Eigentümer der riesigen Rohstoffreserven auf ihren
Territorien wieder, waren aber praktisch von der Außenwelt und
den Weltenergiemärkten abgeschnitten.

Der eigentliche Sinn und Zweck des neuen Great Game bestand darin, dass die USA den eingeschlossenen neuen Staaten
den Marktzugang nach Westen ebnen wollten, während Russland sie weiterhin in Abhängigkeit und Isolation zu halten versuchte. Washington bemühte sich, Moskau die Kontrolle über
die Energieförderung und den Energietransport in der kaspischen Region zu entreißen, und Russland tat alles, um die Amerikaner von der Region fernzuhalten. Der Westen entschied,
eine moderne Seidenstraße zwischen Europa und Asien über
den Schwarzmeerraum, kaspischen Raum und Zentralasien zu
legen. Die Türkei wurde zu einem Schlüsselland für den Westen. Russland wetterte dagegen und baute seinerseits an einer
Nord-Süd-Vertikale, die Moskaus Vorherrschaft über die südlichen Teile der ehemaligen Sowjetunion für die nächsten Jahrzehnte absichern sollte. Iran wurde dabei zu einem wichtigen
russischen Verbündeten.

Während die Republiken der Sowjetunion friedlich den Weg
in die Unabhängigkeit antraten, wurde der Zerfall des Sowjet-
imperiums im Kaukasus von Kriegen begleitet. Im Kaukasus gab
es durchaus Parallelen zum Blutvergießen auf dem Balkan. Bei
den Kriegen in Berg-Karabach, Abchasien, Südossetien und
Tschetschenien ging es nicht zuletzt auch um die Kontrolle über
die Energieressourcen der Gesamtregion. Russland unterstützte
die beiden separatistischen Republiken Abchasien und Südossetien in ihren Bemühungen, sich von Georgien zu lösen, aus
einem geostrategischen Grund: Ein fragiles Georgien hätte
nicht die Kraft aufbringen können, Russlands Einfluss im Südkaukasus tatsächlich infrage zu stellen. Im armenisch-aserbai-
dschanischen Konflikt um Berg-Karabach profilierte sich Moskau als Schutzmacht von Jerewan, um Bakus Rolle als regionale
Energiemacht am Kaspischen Meer zu schwächen.

Die USA und die EU dachten aber nicht daran, Russland den Kaukasus als traditionelle Hemisphäre zu überlassen. Die EU nahm die drei kaukasischen Republiken in den Europarat auf. Mit Georgien und Aserbaidschan schloss die NATO besondere Partnerschaftsabkommen. Mitte der 90er-Jahre wurde die erste Pipeline für den Erdöltransport aus Aserbaidschan in Umgehung des russischen Territoriums an die georgische Schwarzmeerküste gelegt. Den entscheidenden Sieg verbuchten die USA 2005, als durch die Inbetriebnahme der Erdölpipeline von Baku in die türkische Mittelmeerstadt Ceyhan das russische Pipelinemonopol im Südkaukasus ausgehebelt werden konnte.

In Zentralasien konnte Russland, trotz der Bemühungen Washingtons, diese Region in das neue amerikanische Konzept für den Großen Mittleren Osten zu integrieren, die Oberhoheit über die Exportmagistralen zunächst wahren. Die USA zeigen Interesse, Öl- und Gaspipelines aus Zentralasien über Afghanistan an den Indischen Ozean zu legen. Die instabile politische Lage in Afghanistan und im Irak hat diese Pläne vorerst auf Eis gelegt.

Türkei im Spiel

Das Great Game wird längst auch außerhalb des postsowjetischen Territoriums gespielt. Das Hauptaugenmerk der Konflikte um künftige Pipelinerouten liegt heute auf der Schwarzmeerregion. In den 90er-Jahren ersann der Westen den Plan, die Türkei zum wichtigsten Transitland für Erdgas und Erdöllieferungen aus dem kaspischen Raum aufzubauen. Die Ceyhan-Pipeline wurde zum Schmuckstück dieser Strategie. Eigentlich möchte der Westen diese strategische Pipeline sogar in östlicher Richtung erweitern. Warum sollte sie nicht entlang des Grundes des Kaspischen Meeres Kasachstan und Aserbaidschan verbinden? Kasachisches Öl könnte, statt über Russland nach Westen zu fließen, in die existierende Ceyhan-Pipeline gespeist werden!

Doch die Pipelineverlängerung ließ sich nicht ohne Weiteres realisieren. Bis heute ist der Rechtsstatus des Kaspischen Meeres ungeklärt. In der Zeit der Sowjetunion war das Gewässer faktisch zwischen der UdSSR und dem Iran aufgeteilt. Nach dem Entstehen neuer Anrainerstaaten musste über den Status neu verhandelt werden. Die neuen unabhängigen Länder Kasachstan, Aserbaidschan und Turkmenistan erwirkten, dass der Grund des Kaspischen Meeres zwischen allen fünf Anrainerstaaten aufgeteilt wurde, damit jedes Land seine eigene Ölförderung auf dem Meeresschelf vornehmen konnte und nicht, wie von Moskau und Teheran verlangt, die Bohrrechte nur nach dem Einverständnis aller beteiligten Seiten vergeben werden sollten.

Allerdings verhinderten Moskau und Teheran die rechtliche Aufteilung des Gewässers über dem Meeresboden. Das bedeutete in der Praxis: Allen Anrainerstaaten wurde gestattet, die Ressourcen in ihrem jeweiligen nationalen Sektor zu fördern. Doch eine Pipelineverlegung über den Meeresgrund bedurfte weiterhin der Zustimmung aller Anrainer. Moskau hatte sich mit dieser Rechtslage einen strategischen Hebel gesichert, westliche Pläne vom Pipelinebau von Kasachstan nach Aserbaidschan zu unterbinden.

In ihrem Bemühen, sich aus der Energieabhängigkeit von Russland zu lösen, planten westliche Staaten, entlang der fertiggebauten Öltrasse Baku–Ceyhan, eine zusätzliche Gasleitung zu bauen. Russland kam diesem Vorhaben zuvor und legte in kürzester Zeit, mit Unterstützung des italienischen Konzerns ENI, eine eigene Gaspipeline – die Blue Stream – über den Grund des Schwarzen Meeres in die Türkei, sodass Ankara heute ausreichend mit Gas versorgt ist und als „Tankstelle" Europa nicht mit aserbaidschanischem, sondern russischem Gas versorgt.

Die Türkei ist ein selbständiger Akteur im Great Game. Sie profitiert von ihrer geopolitischen Lage als Transitland. Schon Ende der 90er-Jahre limitierte Ankara die Durchfahrt für schwere Öltanker durch den Bosporus und die Dardanellen, einerseits aus der verständlichen Angst vor Umweltverschmutzung, andererseits aber auch, um dem Projekt Ceyhan-Pipeline Nachdruck zu verleihen. Daraufhin begannen die Russen Pläne für Pipelineverlegungen über Griechenland und Bulgarien – in Umgehung der türkischen Meeresengen – zu schmieden. Der Diversifizierungsgedanke setzte sich letztendlich durch. Seit 2004 sind die Türkei und Griechenland durch eine Gaspipeline verbunden.

China will auch

Neu ins Great Game eingetreten ist China. Peking entwickelte größte Begehrlichkeiten nach kaspischen Hydrokarbonaten. Der energiehungrige Riese scheut keine Mittel, um sich in die Energiekomplexe der zentralasiatischen Länder einzukaufen und Mammutpipelines aus Kasachstan und Turkmenistan in östlicher Richtung zu legen. China benötigt für seine Wirtschaftsentwicklung dringend neue Energieträger aus der eurasischen Region – also des asiatischen Russlands und Zentralasiens. Es kann sich nicht mehr alleine auf die Importe aus dem Persischen Golf verlassen. Außerdem möchte China unbedingt zur Drehscheibe für russisches und zentralasiatisches Öl und Gas nach Asien werden.

Ukraine und Kasachstan im Spiel

Spätestens seit den Energiekonflikten Russlands mit seinen westlichen Transitländern Ukraine, Belarus, Polen und den baltischen Ländern hat die Energiegeopolitik auch die EU in ihren Bann gezogen. Auch die EU strebt über eine von Deutschland konzipierte Zentralasienstrategie nach Eurasien. Sie hat die Diversifizierung russischer Energielieferungen zur Priorität der europäischen Energiesicherheitspolitik erklärt und entwickelt das Projekt Nabucco – eine alternative Gaspipeline aus dem kaspischen Raum über die Türkei und den Balkan nach Österreich.

Als Polen und die baltischen Staaten den Energietransit und die russische Nutzung ihrer Ostseeterminals mit politischen Forderungen verknüpfen wollten, diversifizierte Russland jedoch die Erdgas- und Erdöllieferungen direkt über die Ostsee. Die Ukraine, die bislang das eigentliche Transitmonopol für russische Erdgasexporte nach Westen beanspruchte, sich aber oftmals dem Vorwurf des Diebstahls der Energielieferungen bezichtigen lassen musste, wurde durch das neue Ostseepipelineprojekt am heftigsten berührt. Russland baut diese Ostseepipeline North Stream nach Deutschland und will sich dadurch von den Transitstaaten unabhängig machen. Russland bietet kooperationswilligen Ländern an, eine Drehscheibenfunktion für die künftige Verteilung seines Erdgases auf dem europäischen

Markt zu übernehmen. Polen lehnte einen ersten Vorschlag 2002 ab – dafür war Ungarn bereit, diese lukrative Tankstellenfunktion zu übernehmen.

Immer wieder stoßen Energiestrategen auf die Länder Ukraine und Kasachstan als die eigentlichen Bausteine der künftigen Seidenstraße für Energie. Von den Kasachen hängt ab, ob der ehemalige sowjetische Energiekomplexteil im Süden der GUS an Russland zurückfällt, sich nach China orientiert oder sich unmittelbar dem Westen öffnet.

Vom künftigen Verhalten der Ukraine, über die 80 Prozent der russischen Gasexporte nach Europa verlaufen, hängt es weitgehend ab, ob die europäischen Energieabhängigkeiten von Russland diversifiziert werden können. Die Ukraine muss entscheiden, ob sie mit der Türkei um den Status der strategischen Brücke in die kaspische Region konkurrieren möchte. Der ukrainische Präsident Viktor Juschtschenko wäre nicht abgeneigt, die moderne Seidenstraße in seinem Land beginnen zu lassen, entlang der Know-how, Waren und demokratische Werte weiter gen Osten in die Region Schwarzmeer/Kaspisches Meer und von dort nach Zentralasien und Afghanistan transportiert werden könnten. In umgekehrter Richtung sollten dann die begehrten Energieträger nach Westen fließen.

Fragen der Energieaußenpolitik

Die Welt wird Zeuge eines neuen Zeitalters sein – das der Energieaußenpolitik, Energiesicherheitspolitik und der Renaissance der strategischen Ressourcen. Die Erdöl- und Erdgasreserven des Kaspischen Meeres werden in der künftigen Energiesicherheitsarchitektur des Westens eine immer bedeutendere Rolle spielen. Wie wird Moskau reagieren, wenn es vom Westen eingedämmt wird, EU und NATO aber gleichzeitig sich in der Region des Kaspischen Meeres festsetzen werden? Wie kann Moskau überhaupt verhindern, dass die Länder Zentralasiens, wie zuvor die kaukasischen Staaten, sich gegenüber dem westlichen Energiemarkt öffnen und das bislang dominierende russische Pipelinemonopol zerstört wird? Oder ist Russland stark genug – vielleicht im Verbund mit den Chinesen – westliche Begehrlichkeiten auf die Energiereserven im Süden der GUS einzudämmen? Über welche Instrumente – offener und verdeckter

Art – verfügen Russland, die USA, die EU und China, um ihre Interessenpolitik durchzusetzen?

Möglicherweise werden die gegenwärtigen geopolitischen Auseinandersetzungen um Energietransportfragen als „europäischer Pipelinekrieg" in die Geschichte eingehen.

Zweiter Zerfall des Imperiums

Nach dem Zerfall der Sowjetunion kristallisierten sich auf dem Territorium der untergegangenen Supermacht unterschiedliche Prozesse heraus. Russland, Ukraine und Belarus initiierten die Auflösung des Zentralstaates, um als Dreiergruppe leichter nach Europa zu schlüpfen. Als Anfang Dezember 1991 die sogenannte ostslawische Gemeinschaft Unabhängiger Staaten gegründet wurde, verweigerten Moskau und Kiew den zentralasiatischen Ländern den Zutritt zur neuen Organisation. Sie wurden als Ballast beim Bemühen der westlichen Nachfolgerepubliken angesehen, sich vom schweren politischen und wirtschaftlichen Erbe der kommunistischen Sowjetunion zu trennen. Wer erinnert sich heute noch daran, dass es die Anführer der zentralasiatischen Staaten selbst waren, die lauthals gegen ihren Ausschluss aus der GUS protestierten und ihren Anschluss an die GUS erzwangen.

Damals war Russland zum ersten Mal in seiner Geschichte tatsächlich imperiumsmüde. Die gesamte sowjetische Infrastruktur, inklusive des Rüstungs-, Energiekomplexes und Bankwesens, wurde unter den einzelnen Nachfolgerepubliken aufgeteilt. 1993 drängte Moskau die GUS-Staaten aus dem gemeinsamen Währungsraum, um die volle Souveränität über seine Währung zu erhalten. Was blieb, war die Zusage Moskaus, die Nachfolgerepubliken der UdSSR mit billigen Energieträgern weiter zu versorgen. Als Gegenleistung verlangte Russland von ihnen außenpolitische Loyalität, Präferenzen im Wirtschaftshandel und Offenheit für ein neues Reintegrationsmodell auf postsowjetischem Raum in ferner Zukunft.

Die Gemeinschaft Unabhängiger Staaten blieb aber von Anfang an eine Totgeburt. Die meisten ihrer Mitglieder betrachteten sie als einen reinen Scheidungsmechanismus, als Konkursverwalter der Erbmasse Sowjetunion oder als ein Kon-

sultationsgremium für anstehende Problemlösungen im postsowjetischen Raum. Als das langsam wieder erstarkende Russland die neuen unabhängigen Staaten in ein Verteidigungsbündnis aufsammeln wollte, bekam es nur von knapp der Hälfte
der früheren Sowjetrepubliken die Zusage. In den 90er-Jahren
wurde die Ukraine zum größten Problemfall der Russen. Diese
zweitgrößte Nachfolgerepublik der UdSSR begann eine Orientierung ihrer Interessen Richtung EU und NATO durchzusetzen. Die Auseinandersetzung um den Status der Krim, der russischen Schwarzmeerflotte und schließlich um den Gastransit
durch die Ukraine belasteten permanent das Verhältnis zwischen Moskau und Kiew.

In der zweiten Hälfte der 90er-Jahre entstand im postsowjetischen Raum ein alternatives Bündnis – die GUAM. Diese Organisation, benannt nach den Anfangsstaaten seiner Mitgliedsländer Georgien, Ukraine, Aserbaidschan und Moldawien,
konstituierte sich nach dem Prinzip: weg von Moskau hin zum
Westen. Die GUAM wollte sich um die Verlegung alternativer
Energietransportrouten in Umgehung Russlands bemühen.
1997 schloss das Bündnis eine Kooperationsvereinbarung mit
der NATO ab. Für kurze Zeit trat auch Usbekistan der Staaten-
gruppe bei. Die GUUAM oder GUAM blieb allerdings zu
schwach, um eine Alternative zur GUS spielen zu können. Darüber hinaus erhielt sie nicht die erhoffte Unterstützung aus dem
Westen.

EU-Ost

1991 zerfiel die Sowjetunion unter anderem wegen der niedrigen Energieweltpreise. Konnte das alte Imperium jetzt aufgrund der hohen Energiepreise eine Wiederauferstehung feiern? Als Putin 2000 an die Macht kam, blieb zunächst in der
russischen GUS-Politik alles beim Alten. Zunächst konzentrierte sich Putin darauf, die Russische Föderation wirtschaftlich
wiederaufzurichten. Erst danach wollte er eine Wiederannäherung mit den wirtschaftlich schwächeren und politisch instabi-
len GUS-Staaten ins Auge fassen. In den russischen Eliten
wurde jedoch der Verlust der Sowjetrepubliken als temporärer
Verlust angesehen. Inwieweit Putin sich diesen Standpunkt zu
eigen machte, ist bis heute unklar.

Hellhörig wurden die Beobachter im Juni 2002, als Putin plötzlich seinem weißrussischen Kollegen Alexander Lukaschenko unverblümt den Vorschlag einer sofortigen Wiedervereinigung unterbreitete. Nach einem Referendum sollten die weißrussischen Regionen sich als neue Subjekte der Russischen Föderation Russland angliedern. Lukaschenko protestierte gegen einen solchen Anschluss. Sieben Jahre lang hatte der Autokrat die Russen mit der Perspektive eines gemeinsamen Unionsstaates hingehalten. Tatsächlich wollte er niemals die nationale Währung gegen den Rubel eintauschen und sich auch nicht unter die Herrschaft des Kremls begeben. Die Wiedervereinigung wurde somit zu einer Fiktion. Andererseits konnte Lukaschenko auf die Nähe Moskaus nicht ganz verzichten. Der Kreml war für ihn eine Art Schutzpatron in seinen ständigen Auseinandersetzungen mit dem Westen.

Was Moskaus Strategie betraf, so forcierten weder Jelzin noch Putin die Wiedervereinigung mit Belarus, weil sie die Ukraine nicht abschrecken wollten. In den russischen Eliten herrschte die einhellige Meinung vor, dass früher oder später wenigstens die drei slawischen Republiken Russland, Belarus und die Ukraine sich enger zusammenschließen könnten. Allerdings musste dafür zunächst eine solide finanzielle und wirtschaftliche Basis errichtet werden. Doch nachdem die Ukraine Moskau die kalte Schulter gezeigt hatte, begann Russland sich nach einem alternativen Reintegrationsmodell umzusehen. Einen Partner dafür fand Russland in Kasachstan.

Noch in seiner ersten Amtszeit versuchte Putin, den Ländern des „Nahen Auslands" die Idee eines „Einheitlichen Wirtschaftsraumes" schmackhaft zu machen. Im Prinzip bot Russland den reintegrationswilligen Ex-Sowjetrepubliken eine Zollunion und eine „Freie Wirtschaftszone" an. Der Kreml erfand dafür den harmlos klingenden Begriff einer EU-Ost. Aus russischer Sicht sollte der Einheitliche Wirtschaftsraum für die nach Westen orientierten GUS-Länder die Vorstufe zur Vereinigung mit der richtigen EU werden. Zwar durchschauten die einzelnen Republiken den Plan Moskaus, sich zum dominanten Pol in der eurasischen Region zu etablieren. Doch die Perspektiven einer engeren wirtschaftlichen Verflechtung mit dem wirtschaftlich immer attraktiver werdenden Russland waren nicht von der Hand zu weisen. Kasachstan und Belarus erklärten sich bereit, zusammen mit Russland mit dem Bau der EU-Ost zu beginnen. Jetzt musste nur noch die Ukraine zum Beitritt überredet werden.

Die Affäre Kutschma

Während das neue Reintegrationsprojekt heranreifte, wurde die Ukraine noch von Präsident Leonid Kutschma regiert. Der ehemalige Raketenkonstrukteur aus Dnjepropetrowsk war 1994 als prorussischer Kandidat der Ostukraine zum Präsidenten gewählt worden. In seine Amtszeit fielen schwere Konflikte mit Moskau, vor allem stritt man sich um den Status der russischen Schwarzmeerflotte in Sewastopol. 1999 wurde Kutschma als Präsident wiedergewählt – diesmal aber schon als prowestlicher Politiker mit den Stimmen der Westukrainer. In seiner zweiten Amtszeit versuchte Kutschma zunächst sein Land stärker an den Westen heranzuführen. Er ernannte den Chef der Nationalbank Viktor Juschtschenko zum Ministerpräsidenten und die Erdgasunternehmerin Julia Timoschenko zur Energieministerin. Die Ukraine entwickelte ein radikales Wirtschaftsreformprogramm, das allerdings durch die mächtigen Oligarchen, die, wie im benachbarten Russland, über große Teile der ukrainischen Wirtschaft herrschten, torpediert wurde.

Ende 2000 platzte eine Bombe. In der Ukraine tauchten Kassetten mit stundenlangen Aufzeichnungen von vertraulichen Gesprächen aus dem Büro des Präsidenten auf. In einem Gespräch mit seinen Sicherheitsministern schimpfte Kutschma in einer wüsten Kasernensprache über den regimekritischen Journalisten Georgi Gongadse und wünschte sich, dass dieser „irgendwo in Tschetschenien versickern würde". Kurze Zeit später tauchte die geköpfte Leiche Gongadses in einem Waldstück bei Kiew auf und Kutschma musste sich des Vorwurfs erwehren, er hätte die Ermordung angeordnet. Die Opposition forderte den sofortigen Rücktritt des moralisch angeschlagenen Präsidenten, der Westen behandelte Kutschma wie einen Aussätzigen.

Einen westlichen Besucher lud Kutschma ein, unter das berühmte Sofa zu schauen, wo vermutlich die illegale Abhöranlage von seinem später nach Westen übergelaufenen Leibwächter installiert worden war. Kutschma: „Das war eine Provokation aus dem Ausland." Der Kassettenskandal führte dazu, dass Kutschma sich gezwungen sah, aufgrund fehlender Alternativen sich wieder in Moskaus ausgestreckte Arme zu begeben. Der ukrainische Präsident akzeptierte Putins Plan von der Schaffung eines Einheitlichen Wirtschaftsraums und stoppte frühere Versuche, die dramatischen Energieabhängigkeiten seines Landes gegenüber Russland zu diversifizieren.

Russland offerierte seinem ukrainischen Bruder eine weitreichende Kooperation in allen möglichen Industriesektoren. Moskau drängte die Ukraine gleichzeitig zum Verkauf ihrer Pipelinetransportsysteme. Die Kontrolle über den Transit der russischen Energieträger nach Europa schien das letzte Faustpfand zu sein, welches Kiew gegenüber Moskau noch in der Hand hielt. Wenn es Gasprom gelungen wäre, das ukrainische Pipelinenetz in der damaligen Schwächeperiode der Ukraine zu privatisieren, hätte der russische Gasmonopolist nicht nur den Transitpreis für das nach Westen zu exportierende Erdgas drücken, sondern auch die ukrainische Außenpolitik beeinflussen können. Allerdings hätte Russland durch die Kontrolle über das ukrainische Transitnetz auch den Diebstahl seiner Energieexporte durch ukrainisches Territorium stoppen können. Angesichts der auf zwei Milliarden US-Dollar gestiegenen Verschuldung der Ukraine forderte Moskau eine schnelle Lösung.

Da Putin eine Wiederannäherung mit Weißrussland nicht gelang, richtete er seine Integrationsstrategie auf die Ukraine. Die Ukraine war immer der wichtigere Baustein im künftigen Integrationsmodell gewesen. Kutschma musste um jeden Preis noch vor Beendigung seiner Amtszeit zum Beitritt in den Einheitlichen Wirtschaftsraum und zur endgültigen Absage an das Ziel einer Mitgliedschaft in der EU und NATO gedrängt werden. Die strategische Odessa-Pipeline, die zunächst kaspisches Öl unter Umgehung Russlands nach Polen transportieren sollte, wurde kurzerhand umgepolt und pumpte plötzlich russisches Öl aus Russland über die Ukraine ans Schwarze Meer. Der Westen ärgerte sich, dass die Odessa-Pipeline zu einer starken Konkurrenz für die Ceyhan-Pipeline wurde. Die Ukraine, die sich zuvor immer für eine Diversifizierung russischer Energielieferungen ausgesprochen hatte, half mit dieser Maßnahme, das russische Transportmonopol zu festigen.

Die Ukraine war desillusioniert. Sie hatte auf eine Beitrittsperspektive zur EU und NATO gehofft. 2004 wurde die EU tatsächlich um zehn neue Mitgliedsstaaten in Mittelost- und Südosteuropa erweitert, doch die Ukraine mit der Variante einer vagen Nachbarschaftsstrategie abgespeist. Kutschmas dramatischer Schwenk Richtung Russland war eine Art Rache an der EU und der NATO für die Vernachlässigung seines Landes.

Die Ereignisse vom 11. September 2001 wirkten sich auf die Entwicklungen in der GUS aus. Der vormals russische „Hinterhof" in Zentralasien musste den USA und der NATO für ihre Militäreinsätze gegen den islamistischen Extremismus in Afghanistan weit geöffnet werden. Zum ersten Mal in der Geschichte Zentralasiens eröffnete die NATO dort ihre strategischen Stützpunkte. Der russische Einfluss wurde massiv zurückgedrängt. Das gemeinsame Bündnis mit Moskau im Kampf gegen die El Kaida und Taliban in Afghanistan brachte die Amerikaner jedoch keinesfalls von ihren strategischen Plänen in Bezug auf die Schwarzmeerregion und den Südkaukasus ab. Die Eindämmung des „russischen Neoimperialismus" in dieser wichtigen Region fand ihre Fortsetzung mit den nun folgenden Ereignissen.

Der Streit um Moldawien

Die strategische Bedeutung der sowjetischen Nachfolgerepublik Moldawien wird von der internationalen Gemeinschaft verkannt. Kaum ein westlicher Staatschef verirrt sich in das zwischen Rumänien und der Ukraine eingebettete Land. Dabei ist Moldawien ein direkter strategischer Nachbar der EU und NATO. Das Land ist jedoch gespalten. Auf dem Gebiet östlich des Flusses Dnjestr bis zur ukrainischen Grenze erstreckt sich die selbst ernannte Republik Transnistrien. In diesem Quasistaat herrscht ein altkommunistisches Regime, welches aufgrund der dort angesiedelten Industrie über ein eigenständiges Wirtschaftspotenzial verfügt. In der autonomen Region lagern größere Waffenarsenale aus der ehemaligen UdSSR. Die Bevölkerung Transnistriens besteht größtenteils aus Ukrainern und Russen, die sich seit 1991 nicht mit dem Hauptteil Moldawiens vereinigen möchten, auch aus Angst, dass Moldawien irgendwann einmal den Anschluss an Rumänien suchen könnte.

Nach dem Zusammenbruch der Sowjetunion erlebte Moldawien einen Bürgerkrieg zwischen den beiden Bevölkerungsteilen. Seitdem bildet Russland in der Region die Friedensmacht, die beide Konfliktparteien trennt und den Status quo garantiert. Der Westen fordert einen Abzug der russischen Militärs aus Moldawien, doch Moskau lässt sich nicht hinausdrängen. Für die russische Verteidigungsstrategie bildet die eigene Streitmacht an der Grenze zwischen Transnistrien und dem zentralen Moldawien den „Schutzwall" gegen eine Ausdehnung der NATO von Rumänien auf die Ukraine und den Schwarzmeerraum. Westliche Versuche, die russischen Truppen in Moldawien durch ukrainische zu ersetzen, schlugen fehl.

Im Herbst 2003 legte Russland plötzlich einen politischen Regulierungsplan für die geteilte Republik Moldawien vor. Der fragile Staat sollte sich zu einer Dreierkonföderation formieren, bestehend aus dem hauptsächlichen Teil Moldawiens mit der Hauptstadt Chisnau, der Teilrepublik Transnistrien sowie des autonomen Gebietes der türkischen Volksgruppe der Gagausen. Die Intentionen waren klar ersichtlich: Moskau würde als Garant für die Stabilität der Republik fungieren und seinen politischen und wirtschaftlichen Einfluss in der kleinen Schwarzmeerrepublik aufrechterhalten. Der von Putins Sonderbevollmächtigtem Dimitri Kosak ausgearbeitete Konföderationsplan hätte später als Modell für die ähnlich aufgesplitterte Republik Georgien dienen können. Über die Legalisierung der separatistischen Republiken Transnistrien, Abchasien und Südossetien hätte sich Russland die Option weiterer Reintegrationsschritte in der Region für die Zukunft offengehalten. Der verschreckte Westen setzte alle Hebel in Bewegung, um die Realisierung des Kosak-Plans zu unterbinden. Vor dem Präsidentenpalast in Chisnau versammelte sich eine Protestbewegung. Der moldawische Präsident Wladimir Woronin wandte sich von Moskau nach Westen ab. Daraufhin versperrte Putin Moldawien den Weinexport nach Russland.

Rosenrevolution

Moskau hatte sich von der brüskierenden Ablehnung seines Friedensplans für Moldawien durch den Westen noch nicht richtig erholt, da wurde russischen Reintegrationsbemühungen auf dem postsowjetischen Territorium der nächste Schlag versetzt. Im Dezember 2003 erstürmte der 36-jährige ehemalige Justizminister Michail Saakaschwili, Absolvent mehrerer Hochschulen im Westen und in den USA aufgewachsen, mit einer Gruppe von Oppositionspolitikern das georgische Parlamentsgebäude, um gegen die Fälschung der gerade stattgefundenen Wahlen zu protestieren. Das alte Regime von Eduard Schewardnadse kollabierte. In den nächsten Wochen strömten amerikanische Wirtschafts- und Militärberater nach Georgien, Saakaschwili hielt vorgezogene Präsidentschaftswahlen ab, die er mit einem Rekordergebnis von 96 Prozent für sich entschied. Der Revolutionsheld verkündete einen unnachgiebigen Kampf gegen die Korruption im Land, holte in einem Überraschungscoup die abtrünnige Provinz Adscharien unter seine Kontrolle und versprach, Georgien so schnell wie möglich mit den anderen beiden separatistischen Regionen, Abchasien und Südossetien, wiederzuvereinen. Unterstützt von den USA propagierte er einen schnellen Beitritt zur NATO. Im Westen wurden Erinnerungen an die „sanften Revolutionen" in Osteuropa 1989 wach, als in den ehemaligen Warschauer-Pakt-Staaten die kommunistischen Herrschaftsregime nacheinander zusammenfielen. War die georgische Revolution der Beginn einer ganzen Reihe von demokratischen Umstürzen gegen die alten Herrschaftsformen im postsowjetischen Raum?

Im Kreml läuteten die Alarmglocken. Im Nu war Russland von der Kontrolle über die Energietransitströme von Baku nach Europa abgeschnitten. In den vergangenen zwölf Jahren hatte Russland über seinen Einfluss auf die Separatisten in Abchasien und Südossetien Georgien in einem dauerhaften Schwächezustand zu halten vermocht. Ein zersplittertes Georgien konnte kaum Anspruch auf eine NATO-Mitgliedschaft stellen und blieb wirtschaftlich von Moskau abhängig. Als der ehemalige Präsident Schewardnadse Mitte der 90er-Jahre die erste alternative Ölpipeline in Umgehung Russlands über sein Territorium an das Schwarze Meer legen ließ, wurde er fast Opfer eines Mordanschlags. Sein deutscher Mercedes-Panzerwagen rettete ihm das Leben.

Auf größten internationalen Druck musste Russland nun die verbliebenen Militärbasen in Georgien räumen. Die Rosenrevolution läutete das Ende der jahrhundertelangen Vorherrschaft Russlands im Südkaukasus ein. Hatten westliche Geheimdienste am georgischen Umsturz einen Anteil? Verfolgten die USA die

Strategie der vollkommenen Hinausdrängung Russlands aus dem Süden des postsowjetischen Raumes wie in den 90er-Jahren vom Balkan? Im Kreml bestanden diesbezüglich keine Zweifel.

Orangenfarbene Revolution

Die Ukrainer sind ein friedens- und freiheitsliebendes Volk. Im zaristischen Russland hatten sie keine Leibeigenschaft erfahren, der westliche Teil des Landes – Galizien, Lemberg – gehörte im Verlauf seiner geschichtlichen Entwicklung nicht zum russischen, sondern zum Habsburger Reich. Der Osten war dagegen Teil des Zarenreichs, im 19. Jahrhundert sicherlich europäischer geprägt als die Westukraine, und entwickelte sich im Zuge der Industrialisierung in Russland zu einem industriell geprägten Gebiet mit einem hohen Anteil der russischen Arbeiterbevölkerung.

Die historische Spaltung des Landes, die sich im Laufe des 20. Jahrhunderts nicht überwinden ließ, blieb auch nach der Unabhängigkeit der Ukraine 1991 erhalten. Der Staat, der sich nach dem Zusammenbruch der UdSSR neu konstituierte, musste die Nationenbildung improvisierend vorantreiben. Der Großteil der Bevölkerung hoffte auf einen Anschluss an die EU und NATO. Anders der Osten des Landes. Die Bevölkerung der Ostukraine war ein erklärter Gegner der ukrainischen Mitgliedschaft in der NATO. Seine wirtschaftliche Zukunft sah die Ostukraine in enger Anlehnung an Russland, ohne jedoch wieder dessen fester Bestandteil zu werden.

Seit der Unabhängigkeit der Ukraine ergibt sich immer wieder das gleiche Bild: Der Westteil hält sich an die liberalen Prinzipien in der Politik und Wirtschaft, der Osten steht nach wie vor der sozialistischen Idee offen gegenüber. Die Eliten von Ost und West misstrauen sich und sind miteinander verfeindet. Politiker aus dem Ostteil des Landes trauen sich nicht in den Westteil und umgekehrt. Dabei ist der Westteil der Ukraine vom Osten wirtschaftlich abhängig. Etwa 80 Prozent der nationalen Industrieproduktion befinden sich in den ostukrainischen Industriezentren. Den westukrainischen Eliten missfällt die korrupte Führung und Schattenwirtschaft in den östlichen Regionen, dabei hebt man gerne hervor, dass die Existenz dieser

Betriebe in hohem Maße von staatlichen Subventionen aus Steuergeldern aus dem Westteil abhängig ist. Ein anderer wichtiger Streitpunkt ist die Beibehaltung der russischen Sprache als einer Muttersprache im Ostteil. Religion und Sprachnationalismus sind zum Gegenstand der politischen Diskurse geworden.

Wäre die Ukraine nicht stabiler aufgehoben in einer Föderation? Oder warum konnten Ost und West nicht getrennte Wege gehen? Die Westukraine hätte sicherlich ihre Chancen auf einen Beitritt zur EU und NATO ohne den Ballast Osten erfolgreicher verwirklichen können. Die tiefe politische, religiöse, kulturelle und wirtschaftliche Kluft wäre überwunden! Doch ein Auseinanderbrechen eines solch großen Landes wie die Ukraine hätte fatale Folgen für die Gesamtstabilität Europas. Ein mögliches Szenario einer Wiedervereinigung der Ostukraine mit einem antiwestlichen Russland wäre für die EU und NATO eine „geopolitische Katastrophe".

Kiew, Jahresende 2004. Der amtierende Ministerpräsident und Vertreter der Ostukraine, Viktor Janukowitsch, und der als prowestlich geltende Ex-Premier Viktor Juschtschenko, lieferten sich bei den Präsidentschaftswahlen ein Kopf-an-Kopf-Rennen. Janukowitsch gewann, aber das Ergebnis war offensichtlich von der Staatsmacht gefälscht worden. Daraufhin strömten Tausende von Ukrainern auf den zentralen Platz des Majdan in Kiew, um bei eisigem Winterwetter gegen die Wahlfälschung zu protestieren. Juschtschenko, Julia Timoschenko und ihre liberalen Mitstreiter, harrten, die Hälse in orange Schals gewickelt, tagelang auf der Tribüne aus und riefen die Menschen zum Widerstand auf. Die Großdemonstration, die in die Geschichte als die Orangenfarbene Revolution eingegangen ist, war zunächst erfolgreich. Im Beisein von hochrangigen Vermittlern aus der EU einigten sich Janukowitsch und Juschtschenko auf eine Wahlwiederholung. Moskau hatte in einer erschreckend deutlichen Fehlkalkulation bis zuletzt Janukowitsch die Stange gehalten. Kurz vor Jahresende stand Juschtschenko nach einer dritten Wahlrunde endlich als neuer Präsident fest.

Im Westen brach ein Triumph aus: Nach Georgien war auch in der Ukraine die korrupte und autoritäre Macht von spontanen Massenprotesten aus dem Amt gefegt worden. Und Russland hatte in seinen Bemühungen um eine Wiederherstellung seiner Hegemonie über die Ukraine eine herbe Niederlage erlitten. Die neue ukrainische „orangenfarbene Koalition" stoppte sofort alle Schritte Richtung Integration in den Einheitlichen Wirtschaftsraum und appellierte an den Westen, das Land in der NATO und EU zu verankern. Die Überschriften der westlichen Medienberichte feierten den „Sieg der Freiheit über die Despotie" fast zu überschwänglich. Dass die Ukraine den Gang in die Tiefen Eurasiens ablehnte und den Weg nach Europa suchte, war erfreulich. Der Kiewer Mittelstand erteilte mit der Revolution dem arroganten ostukrainischen Oligarchenkapitalismus eine Abfuhr. Doch in der Jubelstimmung vergaß man, dass die andere Hälfte der Bevölkerung im Osten der Ukraine die Revolution abgelehnt hatte und sich mit den Idealen der Revolution nicht anfreunden konnte.

Der polnische Präsident Alexander Kwaśniewski, mit seinem Land gerade vor einem halben Jahr in die EU aufgenommen, zeigte plötzlich Ambitionen, den deutsch-französischen Motor als traditionellen Gestalter der EU-Ostpolitik durch einen polnischen zu ersetzen. In Polen hieß es, Kiew wäre endlich wieder näher an Warschau als an Moskau. Die in Polen und den baltischen Staaten unverhohlen demonstrierte Schadenfreude über das „Ende der russischen Vormachtstellung in der Ukraine" riss im Verhältnis zwischen Russland und der erweiterten EU alte Wunden auf. Ein erzürnter Putin muss in diesen Stunden für sich die Entscheidung getroffen haben, der Ukraine jegliche Subvention bei der Gasversorgung zu entziehen. Moskau konnte nicht akzeptieren, dass die Ukraine russisches Gas weiterhin für ein Sechstel des westeuropäischen Preises erhielt, sich aber außenpolitisch gegen Russland positionierte.

Für den Kreml war die Orangenfarbene Revolution nichts anderes als eine Farce, eine Spezialoperation amerikanischer Geheimdienste. Dass westliche und amerikanische Stiftungen operativ an der Organisation der Protestaktionen beteiligt waren, ließ sich nicht leugnen. Als Antwort auf die Orangenfarbene Revolution verschärfte Moskau seine Gesetze gegen den vermeintlichen „Extremismus". Die übernervös reagierende Kremlführung warf den USA vor, auch in Russland mit dem Ziel eines Regimewechsels eine Revolution anzetteln zu wollen. Nichtregierungsorganisationen mit Kontakten zum Westen wurden in Russland über Nacht zu „westlichen Spionen". Der Kreml schuf sich eine breite patriotische Jugendorganisation –

„Die Unseren" – um im Falle von Unruhen in der Lage zu sein, sofort eine Massendemonstration gegen die Protestbewegung in Gang zu setzen. So entstand die neue politische Ideologie einer „souveränen Demokratie".

Tatsächlich veränderte die Orangenfarbene Revolution in der Ukraine die politische Lage kaum. Die zweitgrößte sowjetische Nachfolgerepublik blieb gespalten und fragil. Die Koalition der Sieger der Orangenfarbenen Revolution zerstritt sich schon nach einem halben Jahr. Timoschenko führte nach ihrer Ernennung zur Regierungschefin eine Wirtschaftspolitik des Populismus durch und stürzte sich in einen Umverteilungskampf von Ressourcen und Vermögen der Oligarchen. Sie war in den 90er-Jahren selbst die berühmte ukrainische „Gasprinzessin" gewesen, die durch den Handel mit russischem Gas ein Milliardenvermögen erwirtschaftet hatte. Unter Kutschma saß sie sowohl als Vizepremierministerin in der Regierung als auch im Gefängnis. Während der orangenfarbenen Revolution stärkte sie Juschtschenko zunächst den Rücken, um in seinem Windschatten ihre Machtambitionen auf die Präsidentschaft zur Geltung zu bringen.

Der von Timoschenko gedrängte Juschtschenko sah für sich die weitere Überlebenschance nur in einer Koalition mit seinem Erzrivalen Janukowitsch. Doch nun versuchte Janukowitsch den Präsidenten zu entmachten, sodass nach einem Jahr auch diese Koalition scheiterte. Vorgezogene Neuwahlen spülten Julia Timoschenko als neue Führerin der orangenfarbenen Koalition nach oben. War also die Orangenfarbene Revolution doch eine Fortsetzung des 1991 begonnenen Zerfalls des postsowjetischen Raumes?

Die Energieschraube

Russland reagierte auf die Westdrift der Ukraine mit der Erhöhung des Gaspreises. Falls die Ukraine Teil des Westens werden möchte, muss sie auf die Subventionspreise für Gas- und Öllieferungen aus Russland verzichten – so der Kreml. Ein Jahr nach der Orangenfarbenen Revolution wurde Kiew das erwartete Ultimatum gestellt. Viktor Juschtschenko musste entweder der Erhöhung des Gaspreises von 40 auf 100 US-Dollar pro

1000 Kubikmeter zustimmen, oder sich auf die Einstellung der Energielieferungen gefasst machen. Die Ukraine versuchte in ihrer verzweifelten Lage, in der EU um Schutz nachzusuchen. Als Anfang Januar 2006 Moskau Kiew den Gashahn aufgrund unbezahlter Rechnungen zudrehte, entnahm die Ukraine die benötigten Mengen aus der Transitpipeline, die russisches Erdgas über ukrainisches Territorium nach Westen beförderte. Die EU-Staaten stellten die Drosselung der Energielieferungen sofort fest und attackierten nicht etwa die Ukraine, sondern Russlands „Energieimperialismus". Im Bewusstsein westlicher Staaten hatte sich die Meinung verfestigt, Russland müsste die ehemaligen Sowjetrepubliken mit billigen Energieträgern subventionieren – als eine Art „Kompensation" für die vergangene sowjetische Kolonisierung. Dass die EU von Russland als Voraussetzung für den Beitritt zur WTO seit Jahren immer wieder verlangt hatte, die Energiepreise im In- und Ausland marktwirtschaftlichen Kriterien anzugleichen, spielte im Konflikt mit der Ukraine plötzlich keine Rolle mehr.

Dabei hatten die anderen GUS-Staaten die Gaserhöhung und den Übergang auf marktwirtschaftliche Preise akzeptiert. Georgien bezahlte fast schon den gleichen Preis wie Deutschland – 235 US-Dollar pro 1000 Kubikmeter. Armenien und Moldawien erhielten Erdgas für 110 beziehungsweise 170 US-Dollar.

Moskau und Kiew konnten sich auf eine etappenweise Anhebung des Gaspreises einigen. Der Ukraine blieb nichts anderes übrig, als Russlands Konditionen zuzustimmen und den Preis von 130 US-Dollar zu akzeptieren. Das Land war völlig von russischen Energieträgern abhängig, hatte nach der Katastrophe von Tschernobyl auf Druck des Westens seine Atomindustrie zurückgefahren und hatte es sträflich versäumt, seine Industrie auf energiesparende Technologien umzurüsten. Alternativ hätte die Ukraine Erdgas aus Turkmenistan beziehen können – dafür fehlten jedoch die notwendigen Pipelines. Kiew erwarb zwar nach dem Energiekonflikt mit Moskau mehr Erdgas aus Turkmenistan, doch erhielt es diesen dringend benötigten Energieträger nur über russische Transportnetze.

Nach den ukrainischen Parlamentswahlen im September 2007, als die orangenfarbene Koalition wieder die Macht im Lande erringen konnte, kam es zum erneuten Gaskonflikt zwischen Moskau und Kiew. Russland forderte von der Ukraine die sofortige Begleichung der Schulden aus nicht bezahlten Gasrechnungen von 1,3 Milliarden US-Dollar. Der Energiekonflikt zwischen Moskau und Kiew drohte zu einer unendlichen Geschichte zu werden. Jetzt verstanden die Westeuropäer den tieferen Sinn der Ostseepipeline. Nach ihrer Inbetriebnahme wäre die EU nicht mehr vom Transportmonopol der Transitländer abhängig!

Nein, Russland ließ sich aus seiner traditionellen Hemisphäre nicht zurückdrängen. Falls die Europäer die Energiefrage weiter politisieren sollten, drohte Moskau unverhohlen mit der Verlegung einer eigenen „Seidenstraße" nach Asien. Schon das vergangene Kapitel hatte verdeutlicht, wie sich Putins „Triebwerke" in östlicher Richtung zu drehen begannen.

7 Energiesupermacht

Januar 2007. Klirrende Kälte in Minsk, der Hauptstadt von Belarus. Im Präsidentenamtssitz des Autokraten Alexander Lukaschenko herrscht Hochbetrieb. Das ostslawische Land steht möglicherweise vor einer dramatischen Umorientierung seiner Außenpolitik. Wie ein Jahr zuvor der Ukraine hat Moskau gerade Belarus den Energiehahn aufgrund unbezahlter Rechnungen und illegaler Entwendung russischer Öltransitlieferungen für einige Stunden zugedreht. Vor wenigen Jahren noch wollten sich Moskau und Minsk zu einem gemeinsamen Staat wiedervereinigen. Doch nach der Ölkrise droht Lukaschenko Putin mit einer außenpolitischen Neuorientierung seines Landes. Freundlich empfängt er den Gast aus Deutschland, der diesmal im Auftrag der Zeitung *Die Welt* nach Minsk gereist ist. Lukaschenko gewährt nur selten Vertretern aus dem Westen Interviews.

Seit dem Zusammenbruch der Sowjetunion hatte Belarus Erdgas und Erdöl zu einem äußerst niedrigen Preis aus Russland erhalten. Moskau subventionierte den Export des Erdgases aus seinem Budget. Russlands kleinerer Bruderstaat verarbeitete das russische Öl in seinen Raffinerien und verkaufte es als Fertigprodukt zu Weltmarktpreisen ins Ausland. Russland tolerierte dieses Verhalten, weil es Belarus für eine spätere Wiedervereinigung gefügig halten wollte. Das Modell Belarus sollte vor allem der Ukraine demonstrieren, welche wirtschaftlichen Vorteile eine Reintegration im postsowjetischen Raum mit sich bringen konnte. Belarus war auch Mitglied des verkleinerten „Kollektiven Verteidigungsbündnisses" auf dem Territorium der ehemaligen Sowjetunion. Lukaschenkos Treue wurde durch solche Dotationen abgegolten. Belarus durfte schließlich am Transit von 20 Prozent des russischen Gastransportes über sein Territorium nach Westen verdienen.

Die weißrussische Volkswirtschaft lebte von der Energiekooperation mit Moskau. Für Lukaschenko gab es keinen Grund, diese Allianz zu verändern. „Der Herrgott hat Russland mit märchenhaften Bodenschätzen ausgestattet", erklärt er seinem westlichen Interviewer: „Aber er hat auch Belarus eine geografische Lage im Herzen Europas geschenkt, die wir strategisch für unsere nationalen Ziele einsetzen werden." Im Westen fühlten sich die Fürsprecher der Ostseepipeline nun bestätigt. Warum sollte sich die EU vom Transitmonopol der ehemaligen Sowjetrepubliken abhängig machen, wenn dieses Problem unter Umgehung des belarussischen Staatsgebietes gelöst werden konnte?

Lukaschenko sah sich dagegen in der Opferrolle. Er drohte Putin weiter über die westlichen Medien. Sollte Russland Belarus weiter drangsalieren, würde sich Minsk an die GUAM anlehnen, aserbaidschanisches statt russisches Öl über sein Territorium nach Westen transportieren. Minsk würde die Energiesupermacht Russland von der EU einfach abschneiden.

Dafür benötigte er natürlich westliche Unterstützung. Spekulierte Lukaschenko auf einen Beitritt zur EU? Lukaschenkos Augen funkelten: „Man solle niemals nie sagen." Doch die EU verlangte von Lukaschenko demokratische Reformen und die Freilassung von Regierungskritikern. Am Ende wurde der russisch-belarussische Energiestreit schneller als erwartet beigelegt. Lukaschenkos Charmeoffensive in Richtung Westen erwies sich als taktisches Manöver. Russland setzte seine Interessen durch: Für einen Kompromiss in der Preisfrage musste Belarus russischen Unternehmen die Tür zu seinen strategischen Industriezweigen öffnen.

Das Gaskartell

Putin verwandelte die russische strategische Nachbarschaftspolitik in der GUS immer mehr zu einer Energiegeopolitik. Die früheren wirtschaftlichen Abhängigkeiten vom Westen glaubt Moskau angesichts der steigenden geopolitischen und wirtschaftlichen Bedeutung von Erdöl und Erdgas abschütteln und sogar umkehren zu können. Fossile Energieträger und ihr Transport auf die Weltmärkte werden zum alles dominierenden Faktor der Weltpolitik der nächsten Jahre. Spätestens 2015 will Russland als weltgrößter Energielieferant neben Saudi-Arabien die Weltmarktpreise bestimmen. Kremlstrategen glauben, dass dann die EU mit den USA und asiatischen Mächten um die Energiepartnerschaft mit Russland konkurrieren wird.

Wie im vergangenen Kapitel erwähnt versucht der Kreml den zerbrochenen sowjetischen Energiekomplex wieder zusammenzuschweißen. Das ist leichter gesagt als getan. Nachdem Russland das Abdriften der Ukraine und des Südkaukasus Richtung Westen nicht verhindern konnte, konzentriert es seine Bemühungen darauf, wenigstens die rohstoffreichen Länder Zentralasiens nicht zu weit aus der russischen Hemisphäre zu entlassen. Geschickt griff Putin die Idee des kasachischen Präsidenten Nursultan Nasarbajew von einer „Eurasischen Union" auf, um Kasachstan zum zweiten Triebwerk der Reintegrationsprozesse im postsowjetischen Raum zu machen.

Kasachstan, Kirgisien und Tadschikistan bilden nach dem Zerfall der Sowjetunion ein „Kollektives Verteidigungsbündnis" mit Russland (ODKB). Dem Militärbündnis gehören noch Usbekistan, Belarus und Armenien an. Die zentralasiatischen Staaten streben weder in die NATO, noch sehen sie für sich eine Chance, EU-Mitglieder zu werden oder dem Europarat anzugehören. Den einsetzenden westlichen Demokratietransfer tolerieren sie nur, solange er nicht an ihrem Machtmonopol rüttelt. Die im März 2005 stattgefundene „Tulpenrevolution" in Kirgisien – erfolgt nach dem Muster von Georgien und der Ukraine – führte weder zu einer Demokratisierung noch einer Westöffnung in Zentralasien. Im Mai 2005 brach in der usbekischen Provinz Andischan ein Aufstand aus, den die Machthaber mit Panzern unterdrückten. Der Westen verhängte daraufhin Sanktionen gegen Usbekistan. Als Reaktion auf die westliche Kritik schloss sich Taschkent enger an Moskau an.

Die zentralasiatischen Länder gingen auf Distanz zur Türkei und zum Iran. Der Grund: Von diesen Regionalmächten konnten sie keine größere finanzielle Unterstützung für ihren Wirtschaftsaufbau erwarten. Russland bleibt ihre Schutzmacht. Die Eliten der zentralasiatischen Staaten sind noch stolz auf ihre sowjetische Prägung. Sie wollen ihre historischen Verbindungen zu Russland nicht zugunsten anderer, zweifelhafter und unberechenbarer Bündnisse in der islamischen Welt preisgeben.

Andererseits betrachten sie sich keineswegs als Vasallen Moskaus. Im Gegensatz zur Ukraine und Belarus sind sie auch nicht von russischen Energielieferungen abhängig. Moskau besitzt also kaum Druckmittel, um die zentralasiatischen Staaten zu disziplinieren. Deshalb konzentriert sich die Kremlpolitik in der Region hauptsächlich darauf, Pipelineprojekte, die das russische Territorium umgehen könnten, hinauszuzögern oder ihren Bau ganz zu verhindern. Kasachstan und Turkmenistan transportierten bis vor Kurzem ihre Energieträger mangels Alternativen ausschließlich über das russische staatliche Pipelinenetz. Heute versucht die EU, diese Länder für alternative Gaspipelineprojekte durch das Kaspische Meer nach Westen zu gewinnen. Das Projekt „Nabucco-Pipeline" liegt auf dem Tisch. Die USA und die NATO haben außerdem der Organisation GUAM neuen Atem eingehaucht. Die westliche Strategie scheint darauf hinauszulaufen, Kasachstan und Turkmenistan in die GUAM einzubinden und Länder wie die Ukraine, Georgien und Aserbaidschan an die NATO heranzuführen.

In Russland wird diese westliche Strategie als „Schachbrettspiel Brzezinskis" bezeichnet. Das Schachbrett wird jetzt umgestoßen, die Figuren werden anders aufgestellt. Auch die Spielregeln werden verändert. „Das Gerede der EU von einer Diversifizierung russischer Gasimporte ist höchst eigenartig", sagt der Energieexperte der Moskauer Diplomatenschule MGIMO, Igor Tomberg. Seiner Meinung nach entscheiden nicht mehr die Konsumländer wie die EU, sondern die Exportländer wie Russland über Fragen der Diversifizierung des Gasexports.

Wichtige Schalthebel für die Lenkung der globalen Energiepolitik befinden sich heute im Kreml. In Russland lagern knapp 27 Prozent aller bekannten Gasreserven der Welt, Turkmenistan und Usbekistan besitzen je zehn Prozent und der südliche Nachbarstaat Iran 15 Prozent. Nicht umsonst sprechen Moskau und Teheran von einer immer enger werdenden strategischen Partnerschaft im Energiebereich. Beide Länder wollen ihre Energietransportnetze miteinander verkoppeln. Damit würden sie den gesamten Energietransit in Asien kontrollieren. Russland, Zentralasien und der Iran kontrollieren mehr als die Hälfte aller Weltgasreserven. Wenn sie wollten, könnten sie ein Gaskartell gründen, das von seiner Bedeutung her der OPEC (die 40 Prozent der Weltölreserven kontrolliert) gleichwertig wäre.

Russland plant die eigenen Gasreserven in Sibirien und im nördlichen Sektor des Kaspischen Meeres vorerst nicht zu fördern, um sie langfristig als strategische Reserve zu behalten, wenn Gas auf den Weltmärkten rar wird und der Preis weiter nach oben steigt. In der Zwischenzeit wird Russland versuchen, die Reserven seiner zentralasiatischen Nachbarn auszusaugen und über die russische Vermarktung des zentralasiatischen Erdgases im Westen seine Monopolstellung auf dem eurasischen Gasmarkt zu stärken. Erst wenn die Lagerstätten der südlichen Nachbarstaaten zur Neige gehen werden, würde Russland die eigene Gasexploration in Sibirien vorantreiben.

Solange Russland das Transportnetz Eurasiens kontrolliert, könnte diese Rechnung aufgehen. Moskau ist bereit, jeden Preis dafür zu entrichten, damit alternative westliche Pipelines verhindert werden. Der Hauptgedanke hinter der Idee einer Gas-OPEC ist der Transport des Erdgases ausschließlich über russische Pipelines nach Westen. Außerdem will Russland sich nach Aussage des Vorsitzenden des Energie- und Transportausschusses der Duma, Valeri Jasew, mit den anderen Erdgasproduzenten über eine gemeinsame Linie bei den Preis- und Lieferverhandlungen mit der EU absprechen.

Noch gelingt das nicht immer. Im Gaskonflikt zwischen Moskau und Kiew schaffte es die Ukraine, das russische Gaskartell zu durchbrechen: Die Ukraine bezieht Gaslieferungen aus Turkmenistan (wenn auch über russische Pipelines) zu einem billigeren Sondertarif. Moskau versteht sehr gut, dass auch Kasachstan sein Öl nicht ewig über russisches Territorium transportieren wird. Um Kasachstan und Turkmenistan aber kurzfristig an Russland zu binden, musste Putin akzeptieren, dass Aschchabad und Astana ihr Erdgas an Russland ebenfalls für einen marktgerechten Preis verkaufen werden.

Der Westen spielte die OPEC-Idee zunächst herunter. Die Öl- und Gasmärkte ließen sich nicht vergleichen. In der Ölpolitik könne man den Markt regulieren und Preisabsprachen treffen, bei Gas würde dies so lange nicht funktionieren, bis Gas im flüssigen Zustand als LNG per Tanker zu allen möglichen Terminals der Welt transportiert werden könnte. In der globalen Gaswirtschaft existierten Langzeitlieferungsverträge, die könnten Produzenten nicht einfach umgehen.

Doch die Idee der Gas-OPEC nahm in der russischen Energieaußenpolitik immer bedeutendere Konturen an. In den letzten Monaten unternahm Putin mehrere Auslandsreisen in Länder, die vor ihm kein russischer Herrscher jemals besucht hatte. Der Kremlchef begann offensichtlich an einer breiten Allianz mit weiteren Erdgasproduzenten der Welt, wie Venezuela, Bolivien, Algerien, Bahrain, Brunei und Katar, zu schmieden. Diese Ländergruppe dominiert heute den Weltmarkt für Flüssiggas (LNG). Sie an die Gas-OPEC anzugliedern wäre der Coup des Jahrhunderts.

Putin überredete Algerien, Gasprom auf dem italienischen Markt den Vortritt zu lassen und algerische Erdgaslieferungen nach Italien zu reduzieren. Im Gegenzug wird Gasprom in der Sahara an der Gasförderung beteiligt werden und algerisches Flüssiggas für den russischen Markt kaufen.

Transnationale versus staatliche Konzerne

Den Erdgas exportierenden Ländern schien 2007 der Zeitpunkt gekommen, die Konsumenten mit der veränderten Interessenlage und unbequemen Forderungen zu konfrontieren. Im Verlauf des 20. Jahrhunderts hatten vor allem die Konsumländer die Spielregeln auf den Energieweltmärkten bestimmt. Das Kernstück westlicher Energieversorgungssicherheit bildete bekanntlich die Energiecharta. Dieses Dokument, das den EU-Konsumenten eine Art Kontrollmechanismus über die Energietransportpipelines außerhalb Europas sichern sollte, hatte Moskau Anfang der 90er-Jahre unterschrieben. Damals war der Westen politisch und wirtschaftlich so stark wie nie zuvor. Liberale Regeln für die Globalisierung der Weltwirtschaft wurden von niemandem infrage gestellt. Jetzt verwarf Russland das damalige Regelwerk für die gegenseitigen Beziehungen.

Auch die Rechte ausländischer Ölmultis in der Energieförderung Russlands und Kasachstans wurden praktisch über Nacht eingeschränkt. Putin drohte dem Westen sogar mit der Gründung einer eigenen WTO, falls die USA und EU das gegenwärtige Regelwerk des liberalen Handels nicht an die Interessen der neuen Wachstumsländer wie Russland und China anpassen würden.

Der russische Energiekonzern Gasprom verfügt über fast 30 Billionen Kubikmeter oder 17 Prozent der weltweiten gewinnbaren Gasreserven. Unter Putin erhielt Gasprom das ausschließliche Recht für den russischen Gasexport. Der Trend zur staatlichen Kontrolle im Energiegeschäft zeigte sich aber nicht nur in Russland. Denn zu Beginn des 21. Jahrhunderts begann auf der ganzen Welt die Macht der transnationalen Konzerne ähnlich zu schwinden wie in den 70er-Jahren nach der Nationalisierung der Ölindustrie in den arabischen Staaten. Die westlichen Ölmultis wurden gezwungen, sich mit der Staatsmacht in den jeweiligen Ländern zu arrangieren und Juniorpartnerschaften mit nationalen Staatskonzernen zu akzeptieren. Andernfalls drohte ihr Geschäft zu platzen.

Unlängst schrieb die *Financial Times*, dass derzeit mehr als 90 Prozent aller Weltgasreserven kontrolliert würden durch Staatskonzerne wie Saudi Aramco, die venezolanische PDVSA oder Gasprom. Riad, Caracas und Moskau diktieren die Lizenzvergabe. Nicht staatliche Unternehmen in Houston, London oder Paris müssen sich anpassen, um überhaupt an die Ressourcen zu gelangen. Unter den zehn weltgrößten Produzenten sind sieben Staatskonzerne. Enteignungen, Verstaatlichungen, Steuerschrauben, einseitige Vertragskündigungen und Erklärung von Öl- und Gasreserven zu strategischen Reserven, an denen Ausländer nicht beteiligt werden, gehören inzwischen zur Standardpraxis in Lateinamerika, Eurasien und im Mittleren Osten. Die Staaten haben aufgrund der steigenden Ölpreise genügend eigenes Kapital, um zu fördern, und sind nicht mehr wie früher auf die teure Technologie der Ölmultis angewiesen.

Früher galt die allgemeine Regel: Die nationalen staatlichen Konzerne verfügten über Ressourcen, aber nicht über den Markt. Die transnationalen Korporationen besaßen Marktzugänge, aber keine Ressourcen. Solange die Situation ausbalanciert werden konnte, blieben die Weltenergiemärkte ruhig. Doch nun sieht es ganz danach aus, als ob die transnationalen Konzerne ihr Transportmonopol der strategischen Rohstoffe auf die Weltmärkte verlieren. Für die Situation auf dem russischen Markt bedeutet dies, dass der private britisch-russische Konzern TNK-BP selbst keine Entscheidung darüber fällen darf, ob er beispielsweise die geförderten Gas- und Ölmengen von Kowykta nach China oder Japan verkaufen kann.

Die Entwicklungen im russischen Energiekomplex sind Teil der globalen Veränderungen auf den Energiemärkten. Die geopolitischen Rivalitäten einzelner Akteure um den Zugang zu

Rohstoffen werden zunehmen. Kann der Westen die Situation zu seinen Gunsten verändern?

NATO-Generalsekretär Jaap de Hoop Scheffer brachte kürzlich in diesem Zusammenhang das westliche Verteidigungsbündnis ins Spiel. Aus amerikanischen Sicherheitskreisen verlautete, russisches Öl und Gas hätten plötzlich die Rolle der ehemaligen Atomraketen eingenommen. Senator Richard Lugar unterstützte die polnische Idee einer Energie-NATO. Wenn ein Land mit der Energiewaffe bedroht würde, sei dies ein Fall für die Anwendung des Artikels 5 der NATO! Der US-Kongress empfahl im Juli 2007 vor amerikanischen Gerichten, solche Staaten rechtlich zu verfolgen, die an einer Gas-OPEC mitwirken. Sie wendeten sich ausdrücklich gegen Russland, den Iran und Venezuela.

Der russische Außenminister Lawrow konterte mit dem nüchternen Vorschlag, die OSZE, die momentan von den USA und den Europäern einseitig im Sinne des Demokratietransfers nach Osten genützt würde, zu einem Konsultationsmechanismus für Energiesicherheitspolitik umzurüsten.

Asiatische Optionen

Geologen vermuten riesige Energievorkommen in östlichen Teilen Sibiriens. Die asiatische Hälfte Russlands ist bislang nicht genügend erforscht worden. Gerade die ostsibirischen Rohstoffe betrachtet Moskau, nach dem Verlust des Kaspischen Meeres, als seine strategische Reserve. Sie soll dann ausgebeutet werden, wenn in anderen Teilen der Erde die Energiequellen nicht mehr sprudeln und die Weltmarktpreise drastisch steigen. Dann erst lohnt sich die Förderung in klimatisch schwer zugänglichen Regionen, etwa in der Arktis.

Russland könnte dann eine Energieallianz eingehen: nicht mit Europa, sondern mit Asien. Westsibirisches Gas, das bisher für den EU-Markt vorgesehen war, könnte künftig in größeren Mengen China zugutekommen. Anders als die EU buhlen die asiatischen Länder förmlich in Moskau um den Ausbau der Transportinfrastruktur.

Im Allerheiligsten der Energiesupermacht

Eine gute Stunde fährt man aus der Moskauer Innenstadt durch den permanenten Stau zum Stabsquartier von Gasprom. Früher ragte der Büroturm des wichtigsten Konzerns im Staat hoch über den Dächern der Hauptstadt. Inzwischen ist er von anderen Hochhäusern eingedeckt worden. Gasprom sucht für sich eine neue Bleibe und möchte künftig Quartier in Sankt Petersburg beziehen. Pläne für den Bau eines Riesenbüroturms an der Newa sind im Endstadium. Doch nicht allen gefällt das neue „Wahrzeichen" der zweiten Hauptstadt Russlands. Die UNESCO hat gedroht, im Falle des Turmbaus Sankt Petersburg den Status des Weltkulturerbes zu entziehen.

Das Management von Gasprom geht mit der Kritik, die dem Konzern von allen Seiten entgegenschlägt, gelassen um. Westliche Besucher des Moskauer Stabsquartiers müssen in die sogenannte Schaltzentrale des Monopolisten geführt werden. In einem fensterlosen Raum, der äußerlich an das Weltraumkontrollzentrum Houston erinnert, befindet sich eine riesige Leinwand, auf der alle Gastransportpipelines zu sehen sind. Der Raum wird erleuchtet durch das permanente Blinken zahlreicher bunter Lämpchen. Zwei Techniker kontrollieren den Fluss des begehrten Energieträgers aus den Tiefen Sibiriens nach Westen. Falls Störungen gemeldet werden, greifen sie sofort zum Hörer oder drücken die entsprechenden Tasten. Der westliche Gast kann seine Faszination schwer verbergen, obwohl er sich schon mehrmals in diesem Kontrollraum aufgehalten hat.

Auf der Vorstandsetage empfängt der groß gewachsene Alexander Medwedew die westlichen Gäste. Der 50-Jährige spielt in seiner Freizeit Eishockey. Überhaupt sind im heutigen Russland, in dem Präsident Putin zwei Stunden täglich Sport treibt, alle Managementgrößen durchtrainiert, ihre Körper wirken muskulös. Wodkatrinken ist in diesen Kreisen verpönt. Diese Männer und Frauen symbolisieren die neue aufstrebende Energiesupermacht Russland.

Medwedew kann seine Enttäuschung über das Verhalten der EU kaum verbergen. Heftig wettert er gegen europäische Pläne, die alternative Nabucco-Pipeline aus dem Iran und Zentralasien nach Westeuropa legen zu wollen. Russland, so der zweitmäch-

tigste Mann von Gasprom, wird sein Gas über drei neue Haupt-
pipelines auf den Weltmarkt befördern. 27,5 Milliarden Kubikmeter sollen pro Jahr durch die Pipeline North Stream nach
Deutschland fließen. Diese Pipeline wird von Wintershall und
Eon gebaut. Zweitens wird die Pipeline South Stream durch das
Schwarze Meer nach Bulgarien errichtet. Von Bulgarien aus
würde sie über den Balkan nach Österreich und Italien verlaufen. Moskau möchte Serbien die Funktion einer der europäischen Drehscheiben für russisches Gas übertragen. Über Bel-
grad will Russland zurück auf den Balkan.

Kooperationspartner bei diesem Projekt ist die italienische
ENI. Mit ihr hatte Gasprom schon die Gaspipeline in die Türkei gebaut. Schließlich sollen 30 Milliarden Kubikmeter Gas
über die Pipeline Altai nach China transportiert werden. Der
chinesische Gasverbrauch ist seit 2000 um 80 Prozent gestiegen. Medwedews Optimismus wird durch den Energiehunger
der rapide wachsenden Wirtschaften Chinas, Indiens und anderer asiatischer Staaten genährt.

In Europa und Asien war ein heftiger Streit um die Verlegung von Pipelines aus Russland ausgebrochen. Die Erregung
der mittelosteuropäischen Länder war nachvollziehbar: Durch
die Diversifizierung russischer Exporte auf andere Pipelines
mussten sie finanzielle Einbußen und einen Verlust ihres bisherigen Transitmonopols für russische Energieträger hinnehmen.
In Asien war die Situation komplizierter. Dort stritten sich
China und Japan um die Verlegung der Haupttransportader für
russisches Erdgas aus Sibirien auf den asiatischen Markt. China
wollte – wie Deutschland in Europa unter Schröder – die Rolle
der Hauptdrehscheibe des russischen Erdgases für andere asiatische Länder erlangen.

Russland war in dieser Frage zurückhaltend. Warum sollte
gerade China zum wichtigsten Energiespeicher Asiens aufsteigen? Diesen geostrategischen Preis wollte der Kreml nicht bezahlen. Daher entschied Gasprom sich zunächst für den Bau der
ersten Pipeline nach Nachodka, an die pazifische Küste. Dort
sollen künftig russische Energieträger von einem russischen
Terminal aus nach Japan und in andere asiatische Länder wei-
tergeleitet werden. Russland will die Kontrolle über die Ener-
gieströme auf die asiatischen Märkte so weit wie möglich in
eigener Hand behalten.

Das Kreuz Eurasiens

Wie im vergangenen Kapitel beschrieben, kann Russland nur zusammen mit Kasachstan, wo die größten Erdölfunde der letzten 30 Jahre vermutet werden, seine Energiegroßmachtambitionen realisieren. In diesem südöstlichen Nachbarstaat boomt die Wirtschaft stärker als in jedem anderen postsowjetischen Staat. Jedes Jahr steigt dort die Öl- und Gasförderung. Im Jahre 2010 will Kasachstan drei Millionen Barrel pro Tag produzieren und damit die Ölexportgiganten Nigeria, Kuwait, Norwegen, Mexiko und Iran überholen. Außenpolitisch hat sich Kasachstan aufgrund seines Rohstoffreichtums unabhängig gemacht.

Astana, die neue Hauptstadt des unabhängigen Kasachstans, wird gerne mit Dubai verglichen. Im Sommer ist die in der Steppe versammelte Landeselite einer Mückenplage, häufigen Sandstürmen und brütender Hitze bei über 40 Grad ausgesetzt. Im Winter wehen eiskalte Winde über das flache Land. Schneestürme jagen über Astana hinweg. Die Temperaturen sinken auf minus 40 Grad. In den ausgefallenen Hotels mit glitzernden Fassaden spüren westliche Besucher wenig von den Außentemperaturen. Für Ausländer und die Geschäftswelt bietet die Stadt allen erdenklichen Komfort, teure Restaurants, Fitnessklubs, eine riesige Pyramide und sogar ein Haifischbecken. Der prunkvolle Präsidentenpalast steht alleine auf einem großen offenen Platz. Vor ihm ragen zwei gleich geformte Gebäudekomplexe in den Himmel empor – der Regierungs- und der Parlamentssitz. Das markanteste Hochhaus der Metropole ist – natürlich – das Energieministerium. Hier werden die Reichtümer des ehemaligen Nomadenvolks verwaltet.

Sogar Bundespräsident a. D. Richard von Weizsäcker, der mit der Körber-Stiftung zu den Bergedorfer Gesprächskreisen in die exotischsten Länder dieser Welt reist, kann das architektonische Stadtbild eine echte Bewunderung entlocken. Hier, in Astana, ist das historische Fundament für das Entstehen eines neuen Eurasiens gelegt worden, lautet ein oft gehörtes Urteil westlicher Besucher über dieses Denkmal, das sich Nasarbajew zu Lebzeiten gesetzt hat.

Die in Kasachstan entdeckten Ölvorkommen, Tengiz und Kaschagan, sind die weltweit größten Funde der letzten 20 Jahre. Zu Beginn der 90er-Jahre war das Land noch auf ausländische Investoren angewiesen. Ein Drittel der ausländischen Investitionen floss in die Öl- und Gasbranche. Heute agiert Astana in Bezug auf ausländische Investoren genauso wie Moskau. Die kasachische Seite möchte die Verträge mit den Ölmultis, die in den 90er-Jahren unterschrieben wurden, einer Überprüfung unterziehen.

Wie im Falle von Gasprom in Russland soll künftig der kasachische staatliche Konzern KazMunaiGas die Führungsrolle bei internationalen Förderprojekten auf kasachischem Boden übernehmen. Astana bemängelt wie der Kreml gegenüber ausländischen Firmenbeteiligungen in Russland, dass die Verträge aus den 90er-Jahren dem Land zu niedrige Erlöse aus dem Energieexportgeschäft garantieren. Laut Verträgen können Kasachstan und Russland nur dann mit einer vollwertigen Beteiligung am Gewinn rechnen, wenn die internationalen Konzerne ihre Erschließungskosten gedeckt haben. Das ausländische Argument für eine Verschiebung von Ölförderarbeiten und einen Anstieg der Kosten löst in Astana in Bezug auf das Ölfeld Kaschagan eine ähnlich negative Reaktion aus wie das in Moskau vorgetragene Argument der Ölmultis im Fall der Ölgewinnung auf Sachalin. Um die ausländischen Konzerne gefügig zu stimmen, werden sowohl in Kasachstan als auch in Russland „ökologische Gründe" für die Veränderung von Spielregeln vorgebracht. Auch die Zollschraube wird als Folterwerkzeug hervorgeholt.

In den gegenwärtigen Analysen westlicher Thinktanks wird behauptet, dass die Abkehr Russlands und Kasachstans von den in den 90er-Jahren mit internationalen Konzernen geschlossenen „Gemeinsamen Produktionsvereinbarungen" (Production Share Agreements) unter Putins Geheimdiensten ihren Lauf nahm. Tatsächlich hatte schon Präsident Jelzin im Jahre 1995 eine Strategie für wirtschaftliche Sicherheit unterschrieben, in der eine Übernahme strategisch wichtiger Industriezweige durch Ausländer als Gefahr für die Souveränität Russlands eingestuft wurde. Zwei Jahre später nannte derselbe Jelzin das zwischen den russischen Ölfirmen Lukoil, Rosneft und dem aserbaidschanischen Ölkonzern Socar geschlossene Abkommen zur gemeinsamen Ölgewinnung im kaspischen Raum einen Fehler, da der Vertrag offenbar nicht mit dem Kreml abgestimmt worden war.

In der Außenpolitik zeigt sich Astana nach allen Seiten offen und dokumentiert seinen Ruf als Stabilitätsanker der kaspischen Region. Die USA würden Kasachstan lieber heute als morgen in den Block der protürkischen und proukrainischen Länder einschließen, um mit deren Hilfe alternative Pipelines in Umgehung Russlands zu konzipieren. Mit den USA wurde ein NATO-Aktionsplan zur Bekämpfung des internationalen Terrorismus erarbeitet. Kasachische Ölkonzerne strecken, in Konkurrenz zu Russland, ihre Fühler nach den zum Verkauf stehenden Ölraffinerien in Mittelosteuropa aus. KazMunaiGas erwarb unlängst 75 Prozent der Aktien der zweitgrößten rumänischen Ölgesellschaft Rompetrol.

Derweil haben sich chinesische Staatskonzerne einen privilegierten Zugang zu den kasachischen Rohstoffen geschaffen (Kontrolle über zwölf Prozent der kasachischen Ölförderung). Inzwischen bootet China sogar russische Konzerne vom kasachischen Markt aus. China ist heute der größte Abnehmer für kasachisches Erdöl und investiert viel Geld in den Ausbau der zentralasiatischen Pipelineinfrastruktur. Es will bei den Energieimporten nicht nur von Russland abhängig sein. Falls der russische Druck gegenüber China zu groß wird, könnte Peking die benötigten Energierohstoffe auch aus Zentralasien – unter Umgehung Russlands – beziehen. Peking hat größere Summen in den Upstream- und Downstream-Bereich in Zentralasien investiert als Russland. China möchte heute den Energieimport aus Russland über Kasachstan diversifizieren. Ende 2005 wurde eine 1000 Kilometer lange Pipeline zwischen dem kasachischen Atasu und dem westchinesischen Grenzort Alaschankou in Betrieb genommen. Die Pipeline galt als zweiter Akt der Emanzipation von Russland nach der Inbetriebnahme der Baku-Ceyhan-Pipeline im selben Jahr. Die energiepolitische Landschaft Asiens verändert sich laufend.

China betreibt eine sehr aktive Energiepolitik. Es verharrt nicht in einer Art Abhängigkeitsrolle. Peking versucht, die Energiegeopolitik Asiens auf seine Weise zu dominieren. Während für die zentralasiatischen Staaten die Transportwege auf die westlichen Märkte vorerst verschlossen bleiben, kann China ihnen die alternativen Exportmöglichkeiten unter Umgehung Russlands bieten. Während auf dem europäischen Markt die Konsumenten gerade ihren Einfluss gegenüber den Produzenten verlieren, zwingt China Russland und die zentralasiatischen Staaten zu einer Konkurrenz um den chinesischen Konsummarkt. Peking ist in der einzigartigen Lage, den Gaspreis zu bestimmen. Russland kann China in der Energiepolitik nicht respektlos als „kleinen Bruder" behandeln. Um nicht aus dem großen Spiel gedrängt zu werden, möchte sich Gasprom jetzt selbst am Bau alternativer Pipelines aus Turkmenistan und Kasachstan nach China beteiligen.

Nasarbajew zeigt ebenfalls großes Interesse am indischen Energiemarkt. Bei den Überlegungen, Pipelines aus Zentralasien ans Indische Meer zu legen, spielt die geostrategische Lage Kasachstans eine Schlüsselrolle.

Noch ist völlig unklar, wohin sich Zentralasien in den nächsten Jahrzehnten orientiert, ob in der Region englisch, russisch, chinesisch oder arabisch gesprochen wird. Präsident Nursultan Nasarbajew forciert gemeinsam mit Russland – dem Land, mit dem Kasachstan durch die längste ununterbrochene Landesgrenze der Welt verbunden ist – eine Reintegrationspolitik im postsowjetischen Raum. Das kasachisch-russische Handelsvolumen ist genauso groß wie das russisch-chinesische – zwölf Milliarden US-Dollar. Das neu entstehende Eurasien wird seinerseits zum Nukleus der emporsteigenden Schanghaier Organisation für Zusammenarbeit (SOZ), die unter russischer und chinesischer Führung steht. Bald könnte sie neben Kasachstan auch Indien, Pakistan und den Iran aufnehmen.

SOZ und die Multipolarität

Zwar kann der Westen zufrieden sein, wenn die Atommächte China und Indien ihren Energiehunger in Russland stillen und sich nicht politisch und militärisch im Mittleren Osten oder noch stärker in Afrika einmischen. Doch was sich momentan in Eurasien zusammenbraut, kann die Energieversorgungssicherheit Europas gefährden. Die seit gut einem Jahrzehnt bestehende Schanghaier Organisation für Zusammenarbeit (SOZ) kann zu einem Vehikel für die neue Gas-OPEC werden. Innerhalb dieser Institution treffen sich die Interessen der Atommächte Russland, China und Indien mit denen von Regionalmächten wie Kasachstan, Pakistan, Usbekistan oder Iran. In der

SOZ sind drei der vier sogenannten BRIC-Staaten (Brasilien, Russland, Indien, China) versammelt, die 15 Prozent des BIP der Weltwirtschaft, 15 Prozent des Weltenergieverbrauchs und 20 Prozent aller globalen Auslandsinvestitionen ausmachen.

Die SOZ kann zum wichtigsten regionalen Staatenbund der Welt aufsteigen. Ihre Vollmitglieder China, Russland und die zentralasiatischen Staaten repräsentieren schon jetzt mehr als ein Viertel der sechseinhalb Milliarden Menschen auf dieser Welt. Indien, Pakistan und der Iran sind derzeit nur Beobachter der SOZ. Nach einer Vollmitgliedschaft würde die SOZ eine Organisation sein, die mehr als 40 Prozent der Weltbevölkerung repräsentiert.

Die SOZ bündelt die Interessen von zwei regionalen Wirtschaftsbündnissen: die Eurasische Wirtschaftsgemeinschaft (EURASEC) und die Organisation für Wirtschaftliche Zusammenarbeit (ECO) – eine von Pakistan, Iran und der Türkei mit den zentralasiatischen Ländern gegründete Interessengemeinschaft. Die SOZ scheint das einzige zukunftsträchtige Integrationsmodell für die vereinigungswilligen früheren Sowjetrepubliken zu sein.

Was alle diese Länder eint, ist der Faktor Energie. Russland und Kasachstan bieten China, Indien, Pakistan und anderen potenziellen Beitrittsländern (Türkei) eine sichere und weitreichende Versorgung mit den notwendigen Rohstoffen an. Der 11. September 2001 hat der SOZ den nötigen sicherheitspolitischen Schub gegeben. Nachdem die Belieferung der Weltmärkte mit Energieträgern aus den Ländern des Persischen Golfes und der alten OPEC durch die steigende Gefahr des islamistischen Terrorismus unsicherer geworden ist, präsentiert sich die neue OPEC um Russland und den kaspischen Raum als einzige Alternative zur Energieversorgung der Industriestaaten Europas, Amerikas und Asiens.

Die SOZ zeigt Ambitionen, den künftigen Weltgasmarkt zu gestalten. Die Perspektive eines einheitlichen Energiegasmarktes ist nach Ansicht des russischen Energieexperten Igor Tomberg real. Im Gegensatz zur EU könnten sich in Asien die Produzenten, Transitländer und Konsumenten auf gemeinsame Spielregeln einigen. Unter der Oberaufsicht der SOZ könnte also im 21. Jahrhundert ein eurasischer Gasmarkt von der Ostsee bis zum Pazifik und Indischen Ozean entstehen. Im Energieklub des SOZ werden auch Pipelineprojekte besprochen. Zum Beispiel könnte eines Tages eine Megaölpipeline vom Iran über Pakistan und Indien nach China verlaufen. Indien soll diesen Vorschlag unterbreitet haben.

Der Energieklub der SOZ plant auch gemeinsame Projekte in der Atomenergie. Die Staaten wollen ein internationales Zentrum für Kernbrennstoffzyklen errichten, gemeinsam Atomkraftwerke bauen und eine einheitliche Stromversorgung garantieren. Die Wasservorräte der zentralasiatischen Staaten wie Tadschikistan und Kirgisien würden hier Verwendung finden. Damit wäre die asiatische Energieallianz institutionalisiert!

Japan möchte in die Pläne eingeweiht werden und liebäugelt mit einem Beobachterstatus in der SOZ. Letztere könnte bald zu einem globalen Akteur auf der weltpolitischen Bühne aufsteigen. Im Fall eines Konflikts mit dem Westen hätte auch die Supermacht USA nicht viel entgegenzusetzen. Die Schließung der US-Basen in Zentralasien durch die SOZ verdeutlichte die Machtverschiebung in diesem Teil der Welt. Für den Westen wird es immer schwieriger, Russland und die zentralasiatischen Staaten auseinanderzudividieren. Die bunten Revolutionen in Kiew oder in Georgien haben die Despoten in diesem Teil der Welt nachdenklich gemacht. Als sich die zentralasiatischen Autokraten vom westlichen Demokratietransfer bedroht fühlten, rückten sie innerhalb der SOZ-Strukturen enger zusammen.

Ohne dass es der Westen richtig gemerkt hat, ist in Eurasien ein neues Spannungsfeld globaler Energiepolitik entstanden. Bei der Bewertung gilt es vorsichtig zu bleiben. Der wirtschaftliche Warenaustausch zwischen China und der EU sowie zwischen China und den USA ist immer noch zehnmal höher als das Handelsvolumen zwischen China und Russland. Auch sind die Länder Zentralasiens miteinander zerstritten, ebenso Indien und Pakistan. Ob die SOZ die NATO bei der Friedenssicherung in Afghanistan ersetzen kann, wagt niemand vorherzusagen. Vor dem 11. September konnten weder Russland noch China eine wirkliche Schutzmachtfunktion für Zentralasien übernehmen.

Die SOZ ist als Resultat der Verschlechterung der Beziehungen zwischen Russland und dem Westen entstanden. Der russische Außenminister Lawrow sagte auf der Jahreskonferenz

des Rates für Außen- und Verteidigungspolitik (SWOP) im
März 2007, dass Russland und China zusammen die künftige
sichere Weltordnung garantieren müssten, auch durch das Festhalten am UN-Völkerrecht. Das westliche Konzept der globalisierten Welt sei gescheitert. Ob die heutige Energieallianz und
Waffenbrüderschaft zwischen Moskau und Peking wirklich hält,
wird wesentlich davon abhängen, wie weit der Westen Russland
nach Asien abdrängt. Was für ein markanter Unterschied zu
den 90er-Jahren, als russische Experten noch das Szenario ent-
warfen, Russland müsse seine Rohstoffvorräte in Sibirien mit
Unterstützung der NATO gegen chinesische Begehrlichkeiten
schützen.

Die chinesische Bedrohung wurde noch vor wenigen Jahren
in der russischen Presse als real bezeichnet. An der russischen
Grenzregion zu China lebten drei Millionen Russen, auf der anderen Seite in der unmittelbaren Grenznachbarschaft 100 Millionen Chinesen. China wird aufgrund seiner rasant wachsenden Wirtschaft in den nächsten Jahrzehnten neben fossilen
Energieträgern auch Kohle und Süßwasser benötigen – Schätze,
die Sibirien in Hülle und Fülle zu bieten hat. Möglicherweise
war das Näherrücken Moskaus und Pekings im Rahmen der
SOZ von taktischen Überlegungen geprägt, den eurasischen
Raum lieber gemeinsam zu kontrollieren, um eine mögliche
Gegnerschaft in Zukunft auszuschließen?

Könnte die SOZ, gestützt auf den immer stärker werdenden
weltpolitischen Machtfaktor Energie, zu einem neuen Pol in
der Weltordnung des 21. Jahrhunderts werden? War sie der
Vorbote für eine strategische Allianz Russlands mit China unter
Einbeziehung der Staaten Zentralasiens – eine OPEC auf der
Basis der SOZ? Eurasien ist zu einem Rückzugsgebiet Russlands
geworden, das sich aus Europa ausgegrenzt fühlt. Es ist die Region, in der China einen immer stärkeren Einfluss ausübt und
damit seine Weltmachtansprüche bekräftigt. Die neuen Bündnisse in Eurasien könnten auch ein Schutzschirm für den Iran
sein, das sich von den westlichen Staaten, insbesondere von den
USA, bedroht sieht. Daher bemüht sich Teheran um eine Vollmitgliedschaft in der SOZ. Eurasien ist schließlich der Groß-
raum, wohin Indien und Pakistan, die beiden Länder mit dem
höchsten Bevölkerungszuwachs, sich wenden müssen, um ihre
gewaltigen Bedürfnisse nach Energieressourcen zu stillen.

Würden Pakistan und Indien Mitglieder der SOZ, wären vier der selbst erklärten acht Atommächte auf der Welt in einer Organisation vereint. Bisher ist die SOZ kein Militärbündnis. Doch Präsident Putin hat erklärt, dass sie sich im Fall, dass die Mitglieder dies wollten, jederzeit in ein solches umwandeln könnte. Um seine Entschlossenheit zu demonstrieren, schloss Russland ein zuvor nie da gewesenes Bündnis mit China. Im Sommer 2007 wurde ein russisch-chinesisches Großmanöver im Ural durchgeführt. Ein vergleichbares Manöver fand bereits 2005 statt.

Zunächst als Zentren für den Kampf gegen den islamistischen Extremismus gedacht, bilden sich die russisch-chinesisch-indisch-zentralasiatischen sicherheitspolitischen Strukturen heute immer stärker zu einem Gegengewicht zu den USA aus. In Zentralasien, von wo NATO-Basen kürzlich verlegt wurden, entstehen russisch-indische und russisch-chinesische Militärstrukturen, die bald Einfluss auf den Mittleren Osten ausüben könnten. Entsteht hier eine NATO-Ost?

Auf der Ebene des gemeinsamen Kampfes gegen den internationalen Terrorismus könnten sich die Interessen Russlands, Chinas, Indiens und Pakistans allerdings mit denen des Westens treffen. Die heutigen Debatten über Menschenrechte und das Fehlen einer Zivilgesellschaft müssen zwar geführt werden, könnten aber früher oder später vom nüchternen Pragmatismus der Realpolitik überdeckt werden.

Am meisten interessiert den Westen die Frage, ob die SOZ das militärische Potenzial entwickeln könnte, nach dem Abzug der USA aus dem Irak und der NATO aus Afghanistan eine stabilisierende Rolle im Großen Mittleren Osten zu spielen? Länder wie Russland und China bemühen sich heute schon intensiv mit Hilfsgeldern und humanitären Lieferungen um eine Stabilisierung Afghanistans.

Falls die Lage im Irak und in Afghanistan außer Kontrolle gerät und der islamistische Extremismus in der Region wieder an Boden gewinnt, könnte gerade das Territorium der SOZ zur Angriffsfläche des Terrorismus werden. Russland und China müssten in diesem äußersten Notfall militärisch intervenieren, um die gefährlichen Kräfte im Süden rechtzeitig zu neutralisieren. Wird die SOZ die NATO im Kampf gegen den internationalen Terrorismus im Großen Mittleren Osten ersetzen?

Im Sommer 2007 rief Lawrow die ASEAN-Staaten zum gemeinsamen Aufbau einer Energieallianz auf. Er versprach, Erdöl- und Erdgaspipelines von den ostsibirischen Lagerstätten an den Pazifik zu legen. Gleichzeitig rief er zu einer Zusammenarbeit mit den Ländern der SOZ im Kampf gegen den internationalen Terrorismus auf. Kein Zweifel, Russland setzte seine Integration in die Strukturen Asiens fort. 2005 hatte Präsident Putin in der japanischen Tageszeitung *Asahi Shimbun* prognostiziert, dass in der asiatisch-pazifischen Region eine neue gerechtere sozialwirtschaftliche Ordnung entstehen würde. Auch er regte eine Vereinigung dieser Region mit der SOZ auf der Basis einer Energieallianz und von Transportprojekten an. Putin ärgerte sich darüber, dass der Dialog zwischen Europa und Asien (Asien-Europa-Treffen) ohne Russland ablief.

Justierung künftiger Energieinteressen

Am 2. August 2007 fühlten sich viele russische Fernsehzuschauer 40 Jahre in die Ära der Raumflüge und amerikanischer Mondlandungen zurückversetzt. Das staatliche Fernsehen berichtete voller Dramatik, wie zwei bemannte russische U-Boote auf den Meeresgrund am Nordpol sanken und dort eine russische Flagge hissten. Eine russische Polarexpedition eroberte den Nordpol, wenigstens symbolisch. Hinter Russlands Manövern versteckte sich ein geopolitisches Kalkül. Die Expedition sollte den Beweis erbringen, dass sich die im Nordpolarmeergebiet vermuteten Energiereserven auf einem verlängerten Schelf des russischen Kontinents und nicht, wie ursprünglich angenommen, in internationalen Gewässern befanden. Mit dem Hissen der Flagge am Boden des Nordpols will Moskau die letzten verbliebenen unerforschten Energieressourcen der Erde unter russische Oberhoheit stellen. Eine weitere Machtdemonstration der Russen, die Anrainerstaaten irritierte. Ein weiterer Indikator eines drohenden Weltkonfliktes um Energieressourcen. Ein weiterer Beweis, dass sich Russland als neue Energiesupermacht versteht.

Der Kreml möchte nicht missverstanden werden. Die russische Energiepolitik richtet sich nicht gegen den Westen. Moskau bleibt an einer Modernisierungspartnerschaft mit EU-Industriestaaten interessiert. Als Beweis dafür lud Gasprom 2007 den französischen Energiekonzern Total in das Konsortium für die Energieförderung im nördlichen Stockmann-Erdgasfeld ein. Das dort geförderte Erdgas soll ab 2009 durch die Ostseepipeline North Stream in die EU geliefert werden. Neben den deutschen Energiekonzernen Eon und Wintershall trat 2007 der holländische Konzern Gasunie dem internationalen Pipelinekonsortium bei.

Auf die Frage eines ausländischen Experten, warum Gasprom plötzlich seine Exporte drossele, entgegnet der gut gelaunte Medwedew: „Unsere Reichtümer reichen für 150 Jahre. Wenn das Defizit an fossilen Brennstoffen in 20 Jahren seinen Höhepunkt erreicht und sich der Ölpreis auf 200 US-Dollar pro Barrel einpendelt, werden diejenigen Exportstaaten die Spielregeln diktieren, die die größten Energiereserven besitzen. Wir werden aber künftig nur noch Gas fördern, wenn wir es verkauft haben. Die Zukunft liegt in den Langzeitlieferverträgen."

Auch Putin beherrscht kein anderes Thema so professionell wie die Energiepolitik. Er hat alle notwendigen Zahlen im Kopf, kennt alle Argumente im Energiestreit mit der EU. Er lässt sich den Verlauf der Pipelinetrassen an der Karte genau erklären. In einem Fall stoppte er kurzerhand mit dem Wink eines Zeigestocks den Bau der pazifischen Gaspipeline und befahl, aus ökologischen Überlegungen, sie über die andere Seite des Baikalsees zu verlegen. Ausländische Ölmultis sollten sehen, dass dem Kreml Umweltprobleme wirklich am Herzen liegen.

Bei der Projektierung der Ostseepipeline schlug Gasprom Estland, das ständig Umweltprobleme als Grund für die Ablehnung des Pipelinebaus vorbringt, vor, eine neutrale schwedische Agentur mit einer Umweltstudie zum Meeresgrund der Ostsee zu beauftragen. Estland lehnte aber jegliche Kooperation im Zusammenhang mit dem Projekt ab.

Welche Ziele verfolgt Russland mit seiner Energieaußenpolitik wirklich? Was geht im Masterhirn des Chefarchitekten der neuen Energiesupermacht vor? Gibt es in der Tat eine Art geheimen Putin-Code, den nur Eingeweihte verstehen?

8 Der Putin-Code

Die künftige Olympiastadt Sotschi an einem regnerischen Tag Anfang September 2007. Eine Gruppe westlicher Experten des internationalen Waldai-Klubs ist auf Putins Datscha am Schwarzen Meer eingetroffen, um mit dem Präsidenten über die Lage in Russland zu diskutieren. Soeben hat Putin die Regierung entlassen und das Finale des Wettlaufs um seine Nachfolge eingeläutet. Die Professoren und Redakteure werden aufgefordert, ein Spalier zu bilden. Putin wird gleich herauskommen und jedem von ihnen persönlich die Hand schütteln. Die Fernsehkameras halten die Szene fest. Plötzlich öffnet sich die Tür und heraus kommt – nicht Putin, sondern sein Labrador Conni. Am nächsten Tag erscheint das brüskierende Foto von strammstehenden westlichen Experten und Putins Hund auf den ersten Seiten der russischen Printmedien. Mit undurchsichtigem Lächeln tritt einige Sekunden später auch der Hausherr aus seinen Gemächern und bittet alle zu Tisch.

Die Gäste verspüren zunächst einen Hunger nach Informationen. „Who is Mister Subkow, der neu ernannte Premier?" Einer, der alle Finanzströme im Land kontrolliert und über Dossiers von allen Bankkonten verfügt, erklärt Putin. Ist Subkow sein Nachfolger? Vielleicht ja, aber es gibt noch fünf andere Kandidaten, deutet Putin mysteriös an. „Die einen sagen, Sie werden Premier, die anderen meinen, Sie würden Parteichef von Einheitliches Russland werden", fragt ein Amerikaner. „Beide haben recht", erwidert Putin. Der Kremlchef gefällt sich in seiner neuen Rolle. Er spielt das Spiel seines Lebens. Die ganze Welt, inklusive seiner nächsten Umgebung, versucht sich im Ratespiel. Derweilen bleibt Putin der alleinige Regisseur im Epizentrum der Macht. Der Mann weiß, was er will. Nach einer dreistündigen Diskussion beim Abendessen lädt er die westlichen Gäste zum Spaziergang entlang der Meeresküste ein. Eine gute Möglichkeit, den Kremlchef in ein persönliches Gespräch zu verwickeln.

Die Experten umringen Putin, dessen Stimme ist leise. „Der nächste Präsident wird sich mit mir arrangieren müssen", verkündet er. Putin sieht sich als eine Institution im Land. Auch nach dem Verlassen der Präsidentschaft bleiben sein politischer Einfluss und die Aura bestehen. Das Meer ist stürmisch geworden. Die starke Brandung übertönt das Gespräch. Putin hat eine Strategie für Russland und für seine persönliche Machtabsicherung nach 2008.

Alle Macht den Geheimdiensten

Seit seinem Machtanstieg hatte sich Putin auf die Geheimdienste gestützt. Monat für Monat zauberte er einen Tschekisten nach dem anderen aus dem Zylinder. Nach einer Recherche der russischen Soziologin Olga Kryschtanowskaja wurden unter Putin in der Staatsbürokratie 25 Prozent der Posten mit direkten Vertretern der Geheimdienste und zahlreiche Ämter mit verdeckten Mitarbeitern besetzt. Dass der Westen sich über die Rehabilitierung des Geheimdienstes mokierte, störte den Kreml nicht. Der FSB-General Viktor Tscherkessow veröffentlichte in der *Komsomolskaja Prawda* im Dezember 2004 einen Artikel mit folgendem Inhalt: Mit dem FSB sei ein ehrenhafter Ritterorden an die Macht gekommen, um in einer schwierigen Zeit der russischen Geschichte die heroische Aufgabe der Wiederaufrichtung Russlands zu erfüllen.

Seit den ersten Tagen des 21. Jahrhunderts liegt die Macht in Russland in den Händen einer Gruppe von Männern, die alle aus Sankt Petersburg kommen, einen ähnlichen Karrierehintergrund besitzen, sich seit 30 Jahren kennen und eine ähnliche politische Gesinnung vertreten. Sie stammen entweder aus dem Geheimdienst oder hatten eine Nähe zum ehemaligen KGB. Nach dem Zerfall der Sowjetunion begannen sie ihren Aufstieg in der Stadtverwaltung von Sankt Petersburg – unter Oberbürgermeister Anatoli Sobtschak, dem zweitbedeutendsten Reformpolitiker Russlands nach Jelzin.

Wäre Jelzin in dieser schicksalhaften Zeit als Präsident ausgefallen, wäre Sobtschak höchstwahrscheinlich in seine Fußstapfen getreten. Die Mitarbeiter Sobtschaks waren alles keine charismatischen Politiker. Keiner von Putins Mannen kletterte während des Augustputsches 1991 auf die Barrikaden, um für Freiheit und Demokratie zu demonstrieren. Im Gegenteil, sie hatten den Zusammenbruch der Sowjetunion nicht als Durch-

bruch zur Freiheit, sondern als einen Zerfall der wirtschaftlichen und öffentlichen Ordnung erlebt. Politisches Chaos und
Kriminalität waren die Folge. Niemand konnte damals ahnen,
dass sich hinter dem Rücken des großen Demokraten Sobtschak
die kommende autoritäre Machtvertikale des Landes formierte.

Sobtschak, der Idealist, hatte für das praktische Tagesge-
schäft keine Zeit. Die Verwaltungsangelegenheiten erledigte
Putin mit seinen Mitstreitern aus dem FSB. Sie mussten die
Stadt bei null wieder aufbauen, außenwirtschaftliche Kontakte
knüpfen, das Stadtvermögen privatisieren, Firmengründungen
begleiten, Lizenzen verteilen, funktionsfähige Institutionen errichten und sich gegen die Mafia zur Wehr setzen. Das einge-
schworene Team sammelte reichlich Erfahrung. Kein Wunder,
dass nach dem jähen Ende der Sobtschak-Ära in Sankt Petersburg 1996 Putin und seine Mitstreiter lukrative Jobangebote in
der neuen Administration oder im Privatsektor erhielten. Die
Männer mussten auf konspirative Art und Weise ihr Netzwerk
aufrechterhalten haben, denn nur vier Jahre später waren sie
allesamt wieder vereinigt – im Kreml. Jelzin hatte den Über-
lebenswillen des alten KGB unterschätzt, oder er hatte ihm freiwillig seine alte Machtfülle zurückgegeben.

Die engsten Putin-Vertrauten erhielten entweder direkt
CEO-Posten in den Staatskonzernen – wie Alexei Miller bei
Gasprom, Wladimir Jakunin bei der Eisenbahnbehörde und
Sergei Tschemesow bei der Rüstungsgesellschaft – oder wurden
zu Aufsichtsratsvorsitzenden der staatlich kontrollierten Industriekomplexe bestellt. Nichts sollte dem Zufall überlassen werden.

Spezoperazija

Nach Informationen von Insidern traf Putin die wichtigsten
Entscheidungen im kleinen Kreis seiner Vertrauten bei Dat-
scha-Treffen, zu denen der FSB-Chef Nikolai Patruschew, FSB-
General Viktor Iwanow, der Chef des Finanzaufklärungsdiens-
tes und spätere Premierminister Viktor Subkow, der Leiter der
inneren Kanzlei Igor Setschin und der Chef des Rüstungskon-
zerns Sergei Tschemesow als Mitglieder des sogenannten Old-
Boys-Netzwerkes eingeladen wurden.

Dort besprach Putin sogenannte „Spezialoperationen" gegen unbotmäßige Oligarchen und Systemgegner. Als typische Fälle dieser Art konnten die Zerschlagungen der Finanzimperien Most und Jukos der Oligarchen Wladimir Gussinski und Michail Chodorkowski angesehen werden. Das Vorgehen der Staatsmacht war immer gleich. Zunächst versorgte der Finanzgeheimdienstchef Subkow den Kreml mit der notwendigen Hintergrundinformation. Danach tauchte unvermittelt die Steuerpolizei unter Führung von Subkows Schwiegersohn, Anatoli Serdjukow, auf und beschlagnahmte Unterlagen aus den Firmenbuchhaltungen. Zur Abschreckung wurden die Steuerbehörden von schwerbewaffneten Truppen des Innenministeriums begleitet. Den Oligarchen wurde der Vorschlag gemacht, sich freiwillig von ihrem Besitz zu trennen. Roman Abramowitsch versuchte sich gar nicht erst zu wehren und verkaufte seine Firma für 16 Milliarden US-Dollar an Gasprom. Andere Oligarchen weigerten sich, den Forderungen nachzugeben, und wurden verhaftet oder vertrieben.

Most und Jukos existieren heute faktisch nicht mehr. Der Medienkonzern Most wurde von Gasprom verschlungen, der Ölkonzern Jukos scheibchenweise in die staatliche Ölgesellschaft Rosneft überführt. Als Rosneft die notwendigen Finanzmittel für den Aufkauf des zuvor beschlagnahmten Jukos-Besitzes benötigte, wurde ein Milliardenkredit bei westlichen Banken und in China akquiriert. Andere Spezialeinsätze im Energiesektor betrafen westliche Ölkonzerne, die gezwungen wurden, sich von ihren Mehrheitsanteilen in diversen Erdgas- und Erdölkonsortien in Sibirien und auf Sachalin zu trennen. Im Fall ausländischer Konzerne wurden keine Truppen des Innenministeriums in Gang gesetzt, sondern das Umweltministerium stellte bei den betroffenen Firmen plötzlich Verstöße gegen das Naturschutzgesetz fest.

Gegen Ende der ersten Amtszeit Putins 2003 entledigte sich der Kreml der letzten Jelzin-Vertrauten. Der Posten des Regierungschefs wurde dem völlig unbekannten früheren Außenhandelsminister Michail Fradkow übertragen. Er schien für die Rolle des „technischen Premiers" prädestiniert zu sein. Bei den Dumawahlen im Dezember 2003 erhielt die Kremlpartei Einheitliches Russland die absolute Mehrheit der Mandate. Vorsitzender des Parlaments wurde Putins Getreuer aus Sankt Petersburg, der bisherige Innenminister Boris Gryslow. Präsident der

Föderationskammer wurde ebenfalls ein früheres Mitglied der Sobtschakmannschaft, Sergei Mironow. Plätze zwei, drei und vier der Staatshierarchie waren jetzt fest in Putins Hand.

Doch kaum hatten die Petersburger ihren größten Machtzuwachs hinter sich gebracht, zerfiel der Clan in zwei rivalisierende Teile. Auf der einen Seite stand Igor Setschin. Er gehörte zu den Politikern in Putins Machtapparat, die mächtig und gleichermaßen zurückhaltend sind. Offiziell war er Vizechef der Präsidialadministration und Persönlicher Sekretär Putins. Er galt als eigentlicher Antreiber der Renationalisierungsprozesse im Ölsektor. Inoffiziell leitete er die Fraktion Silowiki (Geheimdienstlobby). Setschin erhielt im Machtgefüge einen Gegenspieler, den jungen aufstrebenden Juristen Dimitri Medwedew. Ihn beförderte Putin zum Chef der Präsidialadministration. Medwedew wurde zugleich Aufsichtsratsvorsitzender des staatlichen Gasmonopolisten Gasprom. Setschin erhielt das Amt des Aufsichtsratsvorsitzenden der staatlichen Ölgesellschaft Rosneft.

Die Rivalitäten zwischen den beiden Gruppierungen wurden offensichtlicher, als sich die Chefs von Rosneft und Gasprom nicht über eine Fusion ihrer Konzerne zu einem einheitlichen Energieriesen einigen konnten und die eigentlich schon beschlossene Entscheidung auf unbestimmte Zeit vertagt werden musste. Setschin und Medwedew entwickelten mit der Zeit auch unterschiedliche politische Ansichten. Während Setschin seinen Boss Putin auf eine harte Linie in der Innenpolitik einschwören wollte, unterstrich Medwedew die Bedeutung der Rechtsstaatlichkeit im Land. Er kritisierte das Vorgehen der Staatsmacht gegen Jukos und bedauerte in der Öffentlichkeit, dass 2003 keine der liberalen Parteien den Sprung in die Duma geschafft hatte.

Währenddessen näherte sich unaufhaltsam das Schicksalsjahr 2008. Trotz aller angewandten Überredungskünste der Kremladministration blieb Putin zunächst bei seiner am Anfang der Präsidentschaft getroffenen persönlichen Entscheidung, die existierende russische Verfassung nicht zu brechen und nach Ablauf der zweiten Amtsperiode zurückzutreten.

Operation Nachfolger beginnt

„Wer selbst andere auffordert, das Prinzip der Diktatur der Gesetze zu befolgen, darf selbst keinen Rechtsbruch begehen", sagte Putin bei jeder sich bietenden Gelegenheit. Doch auch er spürte, dass die Uhr unerbittlich ablief. Er durfte den Namen des vermeintlichen Kronprinzen nicht zu früh preisgeben, sonst wäre er selbst über Nacht zu einer „lahmen Ente" geworden. Die Eliten, die Machtapparate und das Ausland hätten sich im Nu von ihm abgewandt und sich an dem künftigen Herrscher orientiert. Putin beabsichtigte jedoch, sein Land noch bis zur letzten Amtshandlung mit der notwendigen Autorität zu regieren und den Machtwechsel geordnet vorzunehmen.

Putin verwirrte die eigene Elite und die Außenwelt mit Personalentscheidungen, die viele nicht nachvollziehen konnten. Scheinbar wurden gleich mehrere seiner Vertrauten ins Rennen um die Präsidentschaft geschickt, aber keiner von ihnen wusste, ob er der Favorit war. Putin beriet sich dabei weder mit der Partei Einheitliches Russland noch mit den führenden Mitgliedern seiner Regierung. Die oben erwähnte Soziologin Kryschtanowskaja versuchte als Erste den Putin-Code zu knacken: „Putins Ziel ist es, das System zu erhalten. Die Präsidentschaftswahl wird niemals dem Zufall überlassen. Der Kreml zerbricht sich fieberhaft darüber den Kopf, wie alle jetzigen ‚Ritter der Tafelrunde' sich so umsetzen können, dass sie alle die Macht behalten."

Doch nach und nach wurden die Konturen der „spezoperazija" verständlicher. Putin bildete an der Spitze des Staates einen Machtzirkel, der während des Wechsels der Präsidentschaft auf seinen Nachfolger die Schalthebel der Staatsmacht fest kontrollieren sollte. Es stellte sich heraus, dass die eigentlichen starken Männer an der Seite Putins sich bislang im Hintergrund, in einer Art Reserve, aufgehalten hatten. 2007 kamen sie aus der Deckung.

Der ehemalige deutsche Generalkonsul in Sankt Petersburg, Eberhard von Puttkamer, rieb sich ungläubig die Augen. In den 90er-Jahren war er ständig bei Putin im Oberbürgermeisteramt vorstellig gewesen und kannte die Büroangestellten des heutigen Kremlchefs alle persönlich. Jetzt waren diese Funktionäre

plötzlich an der Spitze des Staates aufgetaucht! Igor Setschin –
der damals im Vorzimmer Putins saß und den Gästen Tee offerierte, Viktor Subkow – Putins Stellvertreter, der für die Le-
bensmittelversorgung der Stadt Sankt Petersburg zuständig war,
Alexei Miller – neben Subkow Putins zweiter Stellvertreter und
Dimitri Medwedew – externer Berater Putins in Rechtsfragen.
Sie arbeiteten von 1990 bis 1996 in ein und derselben Abteilung
für Außenhandel des Oberbürgermeisteramtes. Jetzt spielten sie
in dem an Dramatik kaum zu überbietenden Machtpoker die
Hauptrolle.

I. Runde

Im September 2005, als Putin fast die Hälfte seiner zweiten
Amtszeit hinter sich gebracht hatte, folgte die erste personelle
Weichenstellung für die beginnende „Operation Nachfolge".
Medwedew verließ die Leitung der Präsidialadministration,
um Erster Stellvertretender Premierminister zu werden. Sergei
Iwanow, seit 2001 Verteidigungsminister, bekam eine zusätzliche Aufgabe zugewiesen: Er wurde hinter Medwedew ein-
facher Vizepremier für Fragen des militärisch-industriellen
Komplexes. Zum neuen Chef der Präsidialadministration wurde
überraschend der Gouverneur der energieressourcenreichen
Region Tjumen, Sergei Sobjanin, ernannt.
   Die arbeitslos gewordenen westlichen Kremlastrologen hatten wieder Hochkonjunktur. Alle drei – Medwedew, Iwanow
und Sobjanin – konnten als Nachfolger Putins in Betracht gezogen werden. Oder waren die Ernennungen ein Ablenkungs-
manöver und der eigentliche Auserwählte wurde versteckt, um
nicht vorzeitig zum Ziel möglicher Attacken zu werden? Die
Ernennungen zeugten von einem typischen Balanceakt, den
Putin zwischen den mächtigen Kremlclans zu vollziehen suchte.
Medwedew, von 2000 bis 2004 zweiter und von 2004 bis 2005
erster Mann in der Präsidialverwaltung, hatte die russische Bürokratie mit seinen Vertrauensleuten infiltriert. Im neu entste-
henden Machtgefüge war der 40-Jährige ein ernst zu nehmender
Politiker. Im Fall des zwölf Jahre älteren Iwanow hatten sich Beobachter schon immer darüber gewundert, warum Putin ihn in
all den Jahren nicht direkt zum Premierminister beförderte,
sondern für sechs Jahre ins Verteidigungsministerium „ver-

bannte". Iwanow stammte zwar ebenfalls aus Sankt Petersburg, war aber niemals ein Mitglied der Sobtschakmannschaft gewesen. Somit ließ er sich in das Kremlgefüge nur schwer einordnen. Seine einzige Machtressource bestand in der persönlichen Nähe zu Putin. Doch reichte die Männerfreundschaft zur Präsidentschaft? Schließlich der Provinzler Sobjanin: Er verfügte über kein eigenes Netzwerk in Moskau, sodass er als neutraler Akteur für die schwierige Balance im Kremlapparat der ideale Mann war. Als ehemaliger Gouverneur einer der energiereichsten Regionen hatte er Kontakte zur Führungsebene von Gasprom und Rosneft.

Zweiparteiensystem

Noch bevor Putin seine Präsidentschaft antrat, äußerte er seine Sympathie für ein Zweiparteiensystem in Russland. Eine konkurrenzlose Einheitspartei im Parlament würde das Land unweigerlich Richtung einer Einparteiendiktatur lenken. Auf Nachfragen konkretisierte Putin seine Vorstellung. Die Bürger Russlands sollten, wie die Bürger der anderen Großmacht USA, immer zwischen zwei politischen Alternativen wählen können. Die stärkere Partei würde regieren, die zweite eine „konstruktive Opposition" bilden. Das Zweiparteiensystem könne durchaus auf die russischen historischen Traditionen übertragen werden. Die eine Partei würde neokonservative Ideen verkörpern, die andere sollte eine echte sozialdemokratische Partei werden.

Die Kremladministration versuchte, Putins Vorgaben in die Praxis umzusetzen. Die Partei Einheitliches Russland erhielt ein konservatives, auf die Stärkung der Staatsmacht ausgerichtetes Programm. Doch welche Kraft sollte mit ihr künftig konkurrieren? Die Kommunisten, die in den Dumawahlen 1999 stärkste Partei geworden waren? Konnten sich die Altkommunisten womöglich doch, wie ihre Kollegen in den Ländern Mittelosteuropas, in eine sozialdemokratische Richtung wandeln? Die Kremladministration traute den Kommunisten nicht über den Weg. Zu sehr appellierten sie in ihrem Programm für eine Rückkehr zur Sowjetunion. Die ultrarechte Partei von Wladimir Schirinowski eignete sich noch weniger für eine konstruktive Oppositionsrolle.

Kurz vor den Dumawahlen 2003 wurde plötzlich, wie aus dem Nichts, eine neue sozialpatriotische Partei gegründet, die, unter der Bezeichnung Heimat auftretend, den Kommunisten und Nationalisten im rechten Lager sofort einige Millionen Stimmen wegnahm. Mit den charismatischen Politikern Dimitri Rogosin und Sergei Glasjew an ihrer Spitze erhielt Heimat sieben Prozent der Stimmenanteile bei den Wahlen zum Parlament und übersprang problemlos die Fünfprozenthürde. Die untereinander heillos zerstrittenen liberalen Parteien schafften dagegen den Einzug in die Duma nicht.

Anschließend aber wurden Rogosin und Glasjew für den Kreml zu einem ernsten Problem. Die vor den Dumawahlen getroffene Absprache zwischen den Anführern der Heimat-Partei und dem stellvertretenden Leiter der Administration des Präsidenten, Wladislaw Surkow, sah eine parlamentarische Oppositionsrolle der neuen politischen Gruppierung im sozialpolitischen, nicht im nationalistischen Lager vor. Glasjew brach als Erster die Vereinbarungen, als er sich, nicht ohne Unterstützung der Kommunisten, als Putins Gegenkandidat bei den anschließenden Präsidentschaftswahlen aufstellen ließ. Er fiel sofort in Ungnade.

Das putinsche Projekt eines Zweiparteienstaates sah strenge ideologische Richtlinien und Benimmformeln für die beiden künftigen Regierungsparteien vor. Sie sollten sich in der politischen Mitte bewegen und radikale Tendenzen von links und von rechts bekämpfen. Im Klartext bedeutete dies, dass der Kreml der Partei Heimat die Entfaltung von nationalistischer Programmatik verbot. Surkow kannte die Gefahr eines ungezügelten Nationalpopulismus in der Transformationsperiode. Rogosin wollte sich den Spielregeln so nicht beugen und trieb Surkow mit seinen ultranationalistischen Parolen zur Weißglut. Schließlich zog die Präsidialadministration die Notbremse. Auf Geheiß des Kremls wurde Rogosin, mitten in der Legislaturperiode, von seinen eigenen Leuten entmachtet und aus der Heimat ausgestoßen.

Aber das Projekt einer zweiten Partei war keineswegs tot. Die Rolle der konstruktiven linken Opposition übernahm ab 2006 eine wiederum künstlich geschaffene sozialdemokratische Partei – Gerechtes Russland. Reste der Partei Heimat fusionierten mit der neuen Bewegung. Chef dieser Partei wurde allerdings der Vorsitzende des Föderationsrates, Mironow – ein Verbündeter Setschins. Alles deutete darauf hin, dass Setschin die Initiative beim Aufbau einer alternativen Machtstruktur den Händen Surkows entrissen hatte.

Bei den folgenden lokalen Parlamentswahlen in mehreren Provinzen des Landes erzielte Gerechtes Russland auf Anhieb zweistellige Ergebnisse. 2007 war die Partei schon so selbstbewusst geworden, dass die den Kommunisten eine Fusion vorschlug. Das Fusionieren kleinerer Parteien mit den beiden großen könnte demnächst Mode machen. Die Hürde für den Eintritt ins Parlament liegt jetzt bei sieben Prozent. Das erklärte Ziel der Kremlstrategen ist es, kleinere Parteien zur Auflösung zu bewegen und im Land ein Zweiparteiensystem zu kreieren.

Die Regierungspartei Einheitliches Russland reagierte zunehmend nervös. Vor den Dumawahlen 2007 entwickelte sich ein rücksichtsloser Kampf zwischen den beiden Pro-Putin-Parteien um den Zugang zu den Macht- und Finanzressourcen.

2. Runde

Im Frühjahr 2007 nahm Putin erneut personelle Veränderungen in der Regierungsmannschaft vor, die Außenstehenden weitere Rätsel aufgaben. Sergei Iwanow wurde vom Posten des Verteidigungsministers entbunden und zum Ersten Stellvertretenden Regierungschef ernannt. Damit befand er sich auf derselben hierarchischen Ebene mit Medwedew. Es gab keinen Zweifel mehr: Medwedew und Iwanow waren zu dem Zeitpunkt die beiden Hauptkandidaten für die Putin-Nachfolge in einem Jahr.

Doch damit nicht genug. Ein weiterer Ex-Mitarbeiter Putins aus Sankt Petersburg, Sergei Naryschkin, stieg zum „einfachen" Vizepremier auf. Der bisherige oberste Steuereintreiber des Landes und Schwiegersohn des obersten Finanzwächters Subkow, Anatoli Serdjukow, übernahm das frei gewordene Amt des Verteidigungsministers. Der „Oligarchenjäger" Viktor Iwanow rückte zum Leiter der Obersten Antikorruptionsbehörde auf. Analytiker interpretierten die neuen Personalien als großen Sieg der Silowiki.

Von ihrer Biografie her bildeten Iwanow, Setschin und Naryschkin ein eingeschworenes Team. Alle drei hatten in den

80er-Jahren als verdeckte KGB-Agenten in sowjetischen Außenhandelsvertretungen oder in Botschaften gearbeitet: Sergei Iwanow in Finnland, Setschin in Angola, Naryschkin in Belgien. Großes Erstaunen weckte die Übergabe der Kompetenzen im Bereich Außenhandel von Wirtschaftsminister Gref an Naryschkin. Eingeweihte wussten sofort Bescheid. Alle wichtigen Finanzströme des Staates würden im beginnenden Wahlkampf nicht mehr der reformorientierten Kremlgruppierung Medwedew/Gref, sondern dem Setschin-Clan unterstehen. Naryschkin stieg zum Chefverwalter der Einnahmen aus dem Energieexportgeschäft empor und Serdjukow zum Verwalter der Gewinne aus dem lukrativen Rüstungsgeschäft.

Von September 2005 bis Februar 2007 hatten die Kremlbeobachter Medwedew im Rennen um die Präsidentschaft vorne gesehen. Jetzt schien ihn Sergei Iwanow auf der Zielgeraden abzufangen.

3. Runde: Szenario „technischer Präsident"

Im Sommer 2007 zeigte sich an diversen Reaktionen Putins, dass ihm der politische Rückzug schwerfallen würde. Teile seiner Führungsmannschaft rivalisierten miteinander, Putins Weggang drohte in Machtkämpfen der verfeindeten Clans auszuarten und die Stabilität zu gefährden. Vielleicht entschied Putin zu diesem Zeitpunkt, dass er einen Weg finden musste, um auch nach Ablauf seiner Präsidentschaft eine Art Schiedsrichterrolle spielen zu können. Es galt das Fundament seiner Außen- und Wirtschaftspolitik so zu verankern, dass die Kontinuität nach seinem Weggang gewahrt bliebe.

Setschin hatte Putin monatelang zu einer dritten Amtszeit zu überreden versucht. Da der Kremlchef davon lange Zeit nichts hören wollte, griff der gewiefte Privatsekretär zu einem neuen Plan: Putin sollte abtreten, um dann wiederzukommen! Die russische Verfassung verbot zwar eine dritte Amtszeit in Folge, erlaubte aber die Rückkehr eines vorherigen Amtsinhabers nach Ablauf einer weiteren Legislaturperiode. Setschin musste jetzt nur noch einen geeigneten Kandidaten für die Zwischenlösung finden. Die schweifenden Blicke fielen zunächst auf den farblosen Fradkow. Er hatte die Rolle des „technischen Premierministers" in der zweiten Amtsperiode Putins hervorragend ertragen. Warum konnte man ihm jetzt nicht die Rolle eines „technischen Präsidenten" übertragen?

Doch im September 2007 wechselte Putin zur allergrößten Überraschung Premierminister Fradkow gegen Viktor Subkow aus. Subkow passte besser in die Rolle eines möglichen künftigen „technischen Präsidenten auf Zeit". Er war schon 66 Jahre alt – praktisch ein Rentner. Man musste sich nur das Bild vorstellen: Putin verlässt die Bühne auf der Höhe seiner Popularität und in bester gesundheitlicher Verfassung. An seine Stelle tritt ein alter Apparatschik mit einer verrosteten sowjetischen Biografie! Subkow würde sofort dem öffentlichen Druck ausgeliefert sein, zurückzutreten und Putins Comeback zu ermöglichen, vielleicht durch vorgezogene Neuwahlen.

Subkows Ernennung zum Premierminister erfüllte noch einen anderen Zweck. In den letzten Jahren hatte Subkow die russische Finanzspionagebehörde geleitet. Er besaß praktisch ein Dossier über jeden Politiker, Oligarchen, Unternehmer. Er kannte den persönlichen Kontostand aller Mitglieder der Führungsriege im Kreml. Dieses Geheimwissen war die stärkste Waffe, mit der Subkow die Kontrolle im Staatsapparat ausüben konnte. Offensichtlich versprach sich Putin, mit der Verschmelzung der Obersten Finanzaufsichtsbehörde mit den Geheimdiensten mehr Stabilität ins fragile Machtgefüge während der bevorstehenden Parlaments- und Präsidentschaftswahlen zu bringen. Oder er schuf in der Tat das künftige Machtgefüge für die Zeit nach den Präsidentschaftswahlen, das ihm die Möglichkeit der aktiven politischen Einflussnahme sichern sollte.

Noch bevor Subkow offiziell vom Parlament als Ministerpräsident bestätigt wurde, teilte der Kandidat in seinem ersten Gespräch mit der Presse mit, dass er beabsichtige, bei den kommenden Präsidentschaftswahlen seinen Hut in den Ring zu werfen. Ohne Putins Aufforderung hätte Subkow diese Äußerung niemals getan. Einen Tag später nannte Putin zum allerersten Mal in der Öffentlichkeit den Namen Subkow im Zusammenhang mit der möglichen Nachfolge. In den Monaten zuvor hatte er weder Iwanow noch Medwedew in dieser Rolle erwähnt. Kremlastrologen durften weiterrätseln. War Subkow der geheimnisvolle dritte Mann, der bislang unter Verschluss gehalten wurde und jetzt der Öffentlichkeit präsentiert wurde? Oder war er nur ein Gralshüter des Putin-Erbes und hatte die Aufgabe, den Machtübergang von Putin zum nächsten Präsidenten zu überwachen?

Die neue Machtstruktur ließ sich schnell formieren. Subkows Schwiegersohn und Verteidigungsminister Serdjukow führte mit einem Rundumschlag eine bedeutende Säuberung der Armeespitze durch – um möglicherweise die Gefolgsleute seines Vorgängers Iwanow aus der Militärführung zu entfernen. Jedenfalls war dies ein weiterer Schritt Richtung Machtabsicherung. Der im Land unpopuläre Sozialminister Michail Surabow wurde entfernt. Gehen musste auch Wirtschaftsminister Gref, der die liberale Reformpolitik in der ersten Amtszeit Putins nach vorne gebracht hatte.

Das große Spiel

Je näher sich Russland dem großen Finale um die Präsidentschaft näherte, umso undurchsichtiger wurde die taktische Spielvorbereitung. Es schien plötzlich so, als ob der Kreml zwei Mannschaften mit jeweils zwei Torjägern ins Rennen schicken würde. Auf der einen Seite des Spielfelds befand sich die Partei Einheitliches Russland, auf der anderen die „offizielle" Oppositionspartei Gerechtes Russland. Die Kapitänsbinde der ersten Kremlmannschaft trug der Vorsitzende des Unterhauses, Gryslow; als Anführer des zweiten Kremlteams fungierte der Vorsitzende des Oberhauses, Mironow. Neben dem Spielfeld saßen die Cheftrainer. Der eine Stellvertretende Leiter der Präsidialadministration, Surkow, stellte die Mannschaft Einheitliches Russland auf, während der andere Stellvertretende Leiter, Setschin, sich um Gerechtes Russland kümmerte.

In der Ehrenloge saßen die Mäzene. Gasprom förderte Einheitliches Russland, während Rosneft, nach Vorgabe seines Aufsichtsratsvorsitzenden Setschin, Gerechtes Russland unter die Arme griff. Unklar blieb lange Zeit, für jeweils welche Mannschaft die beiden Hauptdarsteller des Spektakels antreten würden. Medwedew für Einheitliches Russland und Sergei Iwanow für Gerechtes Russland? Oder doch der neue Spieler Subkow?

Auch die Regierungsmannschaft schien gespalten. Den Sankt Petersburgern Reformern Medwedew und dem Finanzminister Aleksei Kudrin standen die Sankt Petersburger Silowiki Iwanow, Naryschkin und Serdjukow gegenüber.

Dann wurde plötzlich ein völlig unerwartetes Finale eingeläutet. Offenbar gelang es den Silowiki um Setschin, den Präsidenten im letzten Moment doch davon zu überzeugen, an der
Macht zu bleiben. Nachdem sich die Herrschaftselite zerstritten
hatte und kein Balanceakt zwischen den beiden Lagern mehr
möglich schien, musste der Kremlchef seine Taktik ändern. Entweder musste er eine der beiden Gruppen zerstören, um der anderen die Macht zu übergeben und somit für die Kontinuität
seines Systems zu sorgen. Oder er musste beide Lager gleichermaßen fördern, um über den politischen Wettbewerb einen legitimen Sieger und eine konstruktive Opposition im Staatsgefüge
zu erhalten. Und er selbst sollte als Schiedsrichter nicht das
Spielfeld verlassen.

Die Variante „technischer Präsident" unter einem starken
Premier Putin war verlockend, aber gefährlich. Zu schwach
durfte ein Präsident der Energiesupermacht Russland, wenn
auch nur als temporärer Statthalter, nicht werden.

Putins Doppel

Moskau, der 12. September 2007. Eine größere Delegation
westlicher Russlandexperten kommt wieder zum alljährlichen
Treffen des Waldai-Klubs nach Russland. Die westlichen Gäste
sitzen gerade in einem Gespräch mit dem ultranationalistischen
Politiker Wladimir Schirinowski, als plötzlich die Bombe platzt.
Die Nachrichtenticker melden: Die russische Regierung Frad-
kows ist zurückgetreten. Westliche und russische Experten
übertreffen sich in Deutungsversuchen. Schlägt jetzt die große
Stunde? Wird Putin den von ihm auserkorenen Nachfolger als
neuen Premier präsentieren? Die Spannung steigt, als die Teilnehmer des Waldai-Forums in den Bus einsteigen und zum Ge-
sprächstermin mit Sergei Iwanow aufbrechen.

Dieser sitzt in diesem Moment noch im Regierungsgebäude.
In wenigen Minuten könnte ihm Putin den Vorschlag unter-
breiten, neuer Regierungschef zu werden. Plötzlich erhält er
einen ganz anderen Anruf. Nicht er, sondern Viktor Subkow
wird neuer Premier. Für Iwanow bricht für einige Sekunden die
Welt zusammen. Er sperrt sich in sein Zimmer ein und telefo-
niert heftig. Als er wieder aus dem Raum herauskommt, wirkt er

gefasst. 15 Minuten später sitzt er mit den ausländischen Experten an einem großen Tisch und diskutiert. Noch sei die Entscheidung über die Präsidentschaft nicht gefallen. Es gibt in Russland zwei administrative Machtressourcen, mit deren Hilfe heute die Präsidentschaft errungen werden kann – der Posten des Premierministers und die Partei Einheitliches Russland. Die Ressource Premier hatte Subkow erhalten.

Eigentlich galt Iwanow seit Putins Machtaufstieg im Jahre 2000 als dessen möglicher Nachfolger. Iwanow hatte in den letzten acht Jahren eine politische Sonderrolle gespielt. Er gab offizielle Interviews zu Themen, die außer dem Präsidenten niemand kommentieren durfte. Putin schickte ihn des Öfteren auf heikle diplomatische Missionen nach Washington, Paris oder Peking. Vielen Russen erschien Iwanow wie Putins Klon. Er trug eine Generaluniform, war also ein Repräsentant der Gewaltministerien. So jemand würde in Russland weiter für Stabilität und Ordnung sorgen. Auch das Ausland würde Iwanow respektieren.

Sergei Iwanow wurde am 31. Januar 1953 in Sankt Petersburg geboren – einen Monat vor Stalins Tod. Seine Kindheit erlebte der kleine Sergei in der Tauwetterperiode, die unter Stalins Nachfolger Nikita Chruschtschow einsetzte und in der Intelligenz leichte Hoffnungen auf eine schrittweise Demokratisierung der Sowjetunion weckte. Iwanows Vater, Boris, verstarb früh und der Junge wurde von der Mutter erzogen. Kira Iwanowa arbeitete als Ingenieurin in einem Militärbetrieb. Sergei wuchs in einfachen, aber nicht armen Verhältnissen auf. Sergeis Onkel mütterlicherseits erfreute sich eines lukrativen Jobs als Kapitän auf einem Handelsschiff. Er erzählte Sergei von fernen Ländern Afrikas und Südamerikas und brachte ihm exotische Geschenke mit. Sergei beschloss Sprachen zu lernen und Diplomat zu werden, um all die Länder, von denen sein Onkel schwärmte, selbst zu bereisen. Der Onkel schenkte seinem Neffen das erste Paar Bluejeans und besorgte ihm die ersten Beatles-Schallplatten. Für Sergei begann damit die frühe Begeisterung für die westliche Kultur. Er hörte nicht nur die Musik, er lernte auch die Lieder der Liverpooler Band auswendig. Später schrieb er Gedichte in englischer Sprache.

Die ehemaligen Lehrer und Mitschüler erinnern sich auch heute noch an den hageren Sergei, der in der Schule hervorra-

gend Volley- und Basketball spielte sowie im Winter seine Freizeit beim Eishockeyspielen verbrachte. Aber der Heranwach-
sende besaß auch eine große Schwäche. Er entwickelte sich zum
Kettenraucher.

Die 60er-Jahre prägten den jungen Sergei. Um ihn herum
pulsierte das Leben. Der Lebensstandard in Sankt Petersburg,
dem damaligen Leningrad, verbesserte sich von Jahr zu Jahr.
Schon damals fühlten sich die Leningrader freier als andere
Russen. Hier entstanden zahlreiche literarische Zirkel, eine neue
Generation von poststalinistischen Schriftstellern war herange-
wachsen und rüttelte an den alten Tabus. In den 60er-Jahren erschienen die ersten ausländischen Touristen in der Stadt. Mit
den Ausländern kam, wenn auch sehr spät, die westliche Mode
an die Newa. Staunend begutachteten sie die kunstvoll dekorierten Metrostationen, gingen in die Ermitage und versuchten
einen Blick in die von Dostojewski beschriebenen Hinterhöfe
der Altstadt zu werfen. Manche Literaten hegten die Hoffnung,
dass sie mit den Machthabern kommunizieren könnten – um in
der Sowjetunion eine bessere Gesellschaft zu postulieren. Sie
wurden bitter enttäuscht.

Als Iwanow gerade elf Jahre alt war, wurde Chruschtschow
gestürzt. Der Restaurator Breschnew kam und mit ihm setzte
das Ende der Tauwetterperiode ein. Das Stadtbild wurde sofort
grau, Trostlosigkeit machte sich breit. Das kommunistische
Russland wich von der Demokratisierungspolitik völlig ab. Die
neue Führung ließ stattdessen Plattenbausiedlungen errichten.
In Leningrad entstanden die heutigen „Mikro-Rajons" – Gegenden mit hohen Wohnhäusern mit Zwei- bis Dreizimmer-
apartments. Das geistige Leben und die politischen Debatten
verlagerten sich aus der Innenstadt in die Küchen, wo man noch
leise diskutieren konnte. Doch viele Freidenker gingen in den
Untergrund, begannen im Samizdat zu veröffentlichen oder
emigrierten.

Sergei war kein Dissident. 1970 bestand er einen harten Auf-
nahmetest in eine der bedeutendsten Eliteeinrichtungen des
Staates – die Leningrader Universität. An der Philologischen
Fakultät studierte er Englisch und Schwedisch, um Dolmet-
scher zu werden. Die Dozenten mochten den aufstrebenden
Studenten, der Werbungsversuchen durch die Armee und den
KGB erlag. An der Universität wurde Iwanow Mitglied der

Kommission, die darüber entschied, ob ein Student ins Ausland fahren durfte. Er selbst fuhr 1974 zum Sprachkurs nach London. Es war seine erste Auslandsreise. Die 16 Monate an der Thames Valley University verbrachte Sergei bestimmt nicht nur mit dem Büffeln von Vokabeln.

1975 beendete er das Studium und trat in die Dienste des KGB ein, der ihn ein Jahr zuvor angeworben hatte. Seinen ersten Job erhielt er in der Abteilung für Gegenspionage des Leningrader KGB. Einige Monate später wechselte er in die Kaderabteilung des Leningrader Auslandsaufklärungsdienstes über. Diese Abteilung war damals sehr klein, doch Iwanow machte gerade dort seine wichtigste Bekanntschaft fürs Leben. Sein Bürokollege war ebenfalls ein aufstrebender junger Aufklärer, der gerade sein Jurastudium abgeschlossen hatte. Iwanow und er freundeten sich an, schliefen sogar im selben Zimmer. Der Kollege hieß Putin, Wladimir Putin.

Die nächsten Karriereschritte waren typisch für einen Geheimdienstoffizier. 1977 besuchte Iwanow die KGB-Hochschule in Minsk, dann studierte er an der Moskauer Auslandsaufklärungsakademie und besuchte auch die Diplomatenschule, um sich das notwendige Handwerk für die künftige Tarnung an den Botschaften anzueignen. Zehn Jahre lang war Iwanow im Ausland stationiert. Wo? Iwanow lächelt: „Frag doch die westlichen Geheimdienste, die haben Tonnen Material über mich gesammelt. Aber die Information, dass ich aus England verwiesen wurde, stimmt nicht. Das war ein anderer mir unbekannter Namensvetter."

Im November 1982 verstarb Breschnew. Mit Juri Andropow stieg der langjährige KGB-Chef zum Generalsekretär auf. Doch der Nierenkranke verweilte nicht mehr lange unter den Lebenden. Anfang 1984 erklomm der nächste Schwerkranke die Spitze des Staates – Breschnews persönlicher Sekretär Konstantin Tschernenko. In dessen Amtszeit wurde der 31-jährige Iwanow als Agent nach Helsinki geschickt. Von November 1984 bis August 1990 arbeitete er als „Sekretär" an der sowjetischen Botschaft.

Iwanow bezog mit seiner Familie Quartier im Zentrum der Stadt Helsinki. Als er eines Abends nach Hause kam, fand er in seinem Briefkasten eine Sendung aus München vor. Die russische Emigrantenorganisation NTS hatte ihm ein Exemplar ihrer antisowjetischen Zeitschrift *Possew* zugeschickt. Mit großen Augen las Iwanow das Begleitschreiben. Darin stand: An alle KGB-Agenten im Westen! Lesen Sie unsere Broschüre und verbreiten Sie die Wahrheit in Ihrem Land. Am nächsten Morgen übergab Iwanow das Päckchen dem Sicherheitschef an der Botschaft. „Bin ich schon am ersten Tag enttarnt worden?", fragte ängstlich der junge Agent. Der Chef in der Botschaft lächelte milde und fragte: „Haben Sie das Zeug gelesen?" Iwanow bejahte. „Ich auch", antwortete der Resident und erklärte, dass die Adresse der neuen Wohnung seines Untergebenen als Unterschlupf sowjetischer Geheimdienstagenten westlichen Nachrichtendiensten längst bekannt war.

Viele finnische Diplomaten machten damals Iwanows Bekanntschaft. Kaum jemand von ihnen zweifelte daran, dass Iwanow Spionage im neutralen Finnland betrieb. Doch der Kalte Krieg ging vorbei, die UdSSR begann unter Gorbatschow abzurüsten und sich am Westen zu orientieren. Iwanow wurde von den Finnen jetzt sogar privat nach Hause eingeladen, um dort in aller Gemütlichkeit die Mr. Iwanow interessierenden Fragen nach der Rüstungskontrolle zu diskutieren.

Der Journalist Heikki Hellman hat das Ergebnis seiner Recherchen zu „Iwanow in Finnland" in den finnischen Medien vorsorglich schon einmal veröffentlicht. Finnische Diplomaten erinnern sich noch heute schmunzelnd an den berühmten Koffer, den der junge Iwanow zu Gesprächen immer dabei hatte. Seltsamerweise verließ der Botschaftssekretär jedoch des Öfteren den Raum Richtung Toilette. Den Koffer nahm er jedes Mal mit. Die Vermutung lag nahe, dass Iwanow ein eingeschaltetes Aufnahmegerät im Koffer versteckt hielt und oft die C-90-Kassette wechseln musste.

Wie Putin zur gleichen Zeit in Dresden war Iwanow in seiner Agententätigkeit in Finnland kein russischer James Bond gewesen. Und gegen Finnland hat er auch nicht spioniert. Er selbst sagt, seine Karriere im Geheimdienst ähnele der Putins. Iwanow muss in Helsinki Informationen über den Westen gesammelt haben. Danach wurde er nach Kenia entsandt. Was in Afrika vor sich ging, wohin die Sowjetunion seit den 60er-Jahren die kommunistische Weltrevolution exportierte, interessierte in diesen dramatischen Tagen in Moskau vermutlich niemanden mehr.

Den endgültigen Zerfall der Sowjetunion erlebte Iwanow als 38-Jähriger schon im Stabsquartier des Auslandsaufklärungsdienstes in Moskau. Dort blieb er, bis die Ära Jelzin sich ihrem Ende neigte. Vier Jahre davon verbrachte er allerdings noch auf einem Auslandsposten im Westen. Wo? Das möchte er nicht preisgeben. Im Sommer 1998 erhielt er im Stabsquartier in Moskau plötzlich einen Anruf. Am anderen Apparat meldete sich eine sehr bekannte Stimme: „Hier Putin, Chef des FSB."

Jelzin hatte Putin gerade zum neuen Chef des Inlandsgeheimdienstes befördert. Putin wollte seinen Kumpel zu sich an die Lubjanka holen, doch Iwanow wollte nicht nur als „treuer Diener" zum Inlandsgeheimdienst wechseln. Putin musste Iwanow versprechen, dass er ihn als unersetzbaren Spezialisten bräuchte.

Im FSB erhielt Iwanow sofort das Amt des Putin-Stellvertreters, wurde zum General befördert und bekam dazu noch den äußerst sensitiven Posten des Direktors der Abteilung für Analyse, Prognose und Strategieplanung übertragen. Diese Position befähigte ihn dazu, den gesamten Informationsfluss zum Präsidenten zu überwachen. Die Umzingelung Jelzins mit Putins Sankt Petersburger Truppen begann.

Im August 1999 wurde Putin, der bis dahin die beiden Ämter des FSB-Chefs und Sekretärs des Nationalen Sicherheitsrates in seiner Person vereint hielt, auf den Posten des Premierministers katapultiert. Gleichzeitig erklärte Jelzin öffentlich, dass er sich Putin als Nachfolger wünsche. Nun entbrannte der Kampf um Personalien. Putin setzte bei Jelzin seine beiden Kandidaten für seine eigene Nachfolge an der Spitze des FSB und Nationalen Sicherheitsrates durch. Die Generäle Nikolai Patruschew und Sergei Iwanow traten somit, von Jelzin und den Oligarchen argwöhnisch betrachtet, dem inneren Führungszirkel Russlands bei.

Im Januar 2000 trat Putin die Nachfolge Jelzins als Präsident an. Iwanow hielt ihm als Sekretär des Nationalen Sicherheitsrates nicht nur den Rücken frei, sondern belieferte den Kremlchef mit Analysen und Informationen. Putin bat ihn auch, Probleme aus dem Weg zu räumen, beispielsweise den Oligarchen Beresowski an politischen Intrigen zu hindern.

2001 berief Putin Iwanow zum Verteidigungsminister. In den nächsten sechs Jahren konzentrierte sich Iwanow ausschließlich auf die Modernisierung des Rüstungskomplexes und die Eroberung neuer globaler Exportmärkte für russische Waffentechnologien. Der alte sowjetische Rüstungskomplex wurde revitalisiert und begann nach 20 Jahren Stillstand für den Staat wieder Gewinne abzuwerfen. Iwanow verkürzte den Wehrdienst von zwei auf ein Jahr und strich die jahrelang geltenden Sonderregelungen für Studenten, sich der Rekrutierung zum Wehrdienst zu entziehen. Seine Amtszeit war von mehreren Fehlschlägen überschattet. Völlig hilflos wirkte Iwanow beim Versuch, die ausufernde Korruption in der Armee zu bekämpfen. Er schaffte es auch nicht, der Rekrutenschinderei in den russischen Kasernen Einhalt zu gebieten. Es verging kaum ein Monat, ohne dass die russischen Medien über immer neue Fälle von Folterungen junger Soldaten durch ihre älteren Kameraden berichteten. Aus dem Munde des Ministers ertönten aber stets verharmlosende Kommentare.

Anfang 2006, Iwanow war gerade zum Stellvertretenden Premierminister aufgestiegen, schlug plötzlich in den Medien der Fall des fast zu Tode gequälten Rekruten Sytschew hohe Wellen. Der Minister geriet unter Druck. Statt offen die Missstände anzugreifen, kehrte er die Probleme unter den Teppich. Dafür wurde er noch heftiger attackiert und man sprach vom Ende seiner Präsidentschaftsambitionen. Sechs Monate zuvor hatte Iwanow den Skandal um seinen Sohn überstanden, der mit seinem Privatwagen eine Rentnerin überfahren hatte. Iwanow Junior beteuert bis heute seine Unschuld. Es kam nie zu einem Gerichtsverfahren. Beobachter äußerten den Verdacht, dass jemand in hoher Position (Setschin oder der gerade zum Ersten Stellvertretenden Premier berufene Medwedew) Iwanow durch die Medienberichte politisch zu schwächen versuchte.

Ein Jahr später beförderte Putin Iwanow zum Ersten Stellvertretenden Regierungsvorsitzenden. Einen großen Verdienst konnte sich Iwanow auf seine Fahnen schreiben: Die Armeespitze zog sich in seiner Amtszeit aus der Politik zurück. War Iwanow der richtige Mann, um die mächtigen Chefs der einzelnen Finanzgruppen nach dem Weggang Putins zusammenzuhalten? Nein, diese Funktion wollte Putin zunächst selbst weiter ausüben.

Der 1. Oktober 2007 brachte einen weiteren Schicksalsschlag für Iwanow. Gleich zu Beginn des Parteikongresses von

Einheitliches Russland ließ Putin die Bombe platzten. Er erklärte in aller Öffentlichkeit seine Bereitschaft, den Spitzenplatz auf der Parteiliste von Einheitliches Russland bei den Dumawahlen einzunehmen. Die zweite Machtressource für den Kampf um die Präsidentschaft wurde von ihm nicht aus der Hand gegeben. Gleichzeitig verkündete Putin, er könne sich durchaus vorstellen, nach seinem Abgang als Präsident den Posten des Ministerpräsidenten zu übernehmen. Schließlich sagte Putin, das Land solle in Zukunft durch ein Doppel regiert werden. Doch wer könnte Putins Partner für das Doppel werden?

9 Drei Piloten im Cockpit

Im September 2005 berief Wladimir Putin Präsidialadministration, Regierung, Parlament und alle Gouverneure zu einer historischen Sitzung in den Kreml ein. In einer kurzen Ansprache kündigte er eine radikale Veränderung der Wirtschaftspolitik an.

Die gröbsten Fehler der Ära Jelzin seien erfolgreich korrigiert. Russlands Wirtschaft wachse um durchschnittlich sieben Prozent. Der Staat stünde wieder im Mittelpunkt der strategischen wirtschaftlichen Entscheidungen. Bislang habe sich die Regierung in ihrer Fiskalpolitik darauf konzentriert, den Stabilitätsfonds mit Einnahmen aus dem Energiegeschäft zu füllen und die erwirtschafteten Gewinne sicher in ausländischen Aktien anzulegen. Sozusagen als sicheres Polster für den Fall einer neuen Wirtschaftskrise. Aus Furcht vor einer Inflation hätte das Finanzministerium die verdienten Milliarden bislang nicht in die Wirtschaftsentwicklung investiert. Jetzt sei aber die Zeit zum Umdenken gekommen. Die Buchhalter im Finanzministerium müssten ihre Bedenken gegenüber den notwendig gewordenen Investitionen aufgeben. Die künftigen Generationen würden es der gegenwärtigen Führung nicht verzeihen, wenn sie nicht zu einem Zeitpunkt, als es dem Land wirtschaftlich besser ging als zu irgendeinem anderen Zeitpunkt in der russischen Geschichte, die notwendigen Reparaturen an der Infrastruktur, am Sozialsystem und am Industriekomplex vornehmen würde. Die zweite Amtszeit sollte durch eine Sozialreform und neue Industrierevolution gekrönt werden.

Anfang 2005 wurde der Kreml durch massenhafte Rentnerproteste alarmiert. Im Zuge der Reform des Kommunalwesens, die Teil des Modernisierungsprogramms der Regierung war, wurde die bisherige kostenlose Benutzung von öffentlichen Transportmitteln für große Teile der Bevölkerung durch Geldzahlungen an Minderbemittelte ersetzt. Doch die Umsetzung wurde so schlecht vorbereitet, dass Millionen von Haushalten mit finanziellen Einbrüchen konfrontiert wurden. Um soziale Unruhen zu vermeiden, musste der Staat erstmals den Stabilitätsfonds angreifen, um mit den Petrodollars die entstandenen sozialen Löcher notdürftig zu stopfen.

Nach dem Zusammenbruch der Sowjetunion hatte der Großteil der Russen, der in einer staatlichen Wohnung lebte (im Kommunismus gab es keinen Privatbesitz), diese vom Staat geschenkt bekommen. Der Staat fühlte sich aber noch ein ganzes Jahrzehnt lang für die Instandhaltung dieser Wohnungen verpflichtet. Diese Subventionierung wollte Putin nun streichen. Nach aufflammenden Protesten seitens der Bevölkerung wurde diese Reform gestoppt. Die ärmere Bevölkerung besaß kein Geld, um für die eigene kommunale Versorgung aufzukommen. Im Zuge der geplanten Wirtschaftsreformen hätte künftig der Energiepreis für private Haushalte steigen müssen – eine weitere schwere Belastung für die an soziale Fürsorge gewöhnten Russen.

Nein, der Sozialstaat musste anders – ohne neue Schocktherapie – errichtet werden. Anders als in Europa wollte Russland für seine Sozialreform keine Steuergelder bei der Bevölkerung erheben. Der Kremlchef schickte seinen Stabschef vor. Dimitri Medwedew wurde zum Ersten Stellvertretenden Regierungschef ernannt und mit der Implementierung „nationaler Projekte" im Sozialbereich beauftragt. An Finanzmitteln sollte es Medwedew nicht fehlen. Gleichzeitig deutete Putin der Öffentlichkeit an, dass Medwedew als möglicher Nachfolger auf die Präsidentschaft gelten könnte – wenn er sich in seinem neuen Arbeitsfeld politisch und öffentlichkeitswirksam profilieren würde.

Der Sozialheimbauer

Dimitri Medwedew wurde am 14. September 1965 in Sankt Petersburg (Leningrad) geboren. Fast genau ein Jahr zuvor war Chruschtschow von Breschnew gestürzt worden. Medwedews Eltern unterrichteten als Dozenten an Leningrader Hochschulen. In Dimitris 18. Lebensjahr starb Breschnew. Dimitri war noch nicht einmal 20 Jahre alt, als Gorbatschow an die Macht kam und die Perestroika begann. Als Heranwachsender interessierte sich Medwedew zunächst wenig für Politik, er wollte Rechtswissenschaftler werden. Mit 25 Jahren promovierte er an der Rechtsfakultät der Leningrader Staatsuniversität. Seine Dissertation befasste sich mit Mischformen von staatlichem und privatem Eigentum in sowjetischen Wirtschaftsbetrieben.

Nach dem erfolgreichen Abschluss nahm Medwedew die Stelle eines Dozenten an der Rechtsfakultät an. In dieser Zeit machte er die Bekanntschaft mit dem damals 38-jährigen Putin, der gerade von seiner Agententätigkeit in Dresden zurückgekehrt war. Putin erhielt den Posten des Prorektors an der Universität. Zu seinen Aufgaben gehörte es, internationale Kontakte zu ausländischen Hochschulen zu knüpfen. Im selben Jahr 1990 erhielt Putin die Einladung des Oberbürgermeisters von Sankt Petersburg, Sobtschak, in die Stadtverwaltung überzuwechseln. Kurzerhand nahm er den jungen Medwedew in seinen externen Beraterstab mit.

Neben seinem Dozentenjob und der Beraterfunktion für Putin war Medwedew auch dem Kommerz durchaus nicht abgeneigt. Zusammen mit zwei Kommilitonen gründete er eines der ersten Kleinunternehmen der Stadt. In den Folgejahren profilierte sich der nach allen Seiten hervorragend vernetzte Medwedew als Mitbegründer weiterer Firmen, sogar mit ausländischer Beteiligung, wie beispielsweise Ilim Pulp Enterprise. Nach dem Ausscheiden von Sobtschak aus der Politik ging der 30-Jährige vollends in die Wirtschaft und wurde zu einem der einflussreichsten Manager der Holzverarbeitungsbranche seiner Heimatstadt.

1999 erhielt er den Ruf nach Moskau. Putin war zum Premierminister ernannt worden und holte sein ehemaliges Mitarbeiterteam nach Moskau. Als Putin kurze Zeit später in das Präsidentenamt überwechselte, folgte ihm Medwedew in die Kremladministration. Im Sommer 2000 ersetzte Medwedew, gerade einmal 35 Jahre alt, völlig überraschend den ehemaligen Premier Viktor Tschernomyrdin im Amt des Aufsichtsratsvorsitzenden von Gasprom. Zwei Jahre später wurde er Bevollmächtigter des Präsidenten im Nationalen Bankenrat, also zum Chefkontrolleur der russischen Staatsbanken ernannt. 2003 erklomm er den Posten des Chefs der Präsidialadministration, 2005 wurde er als Erster Stellvertretender Premier zweiter Mann in der Regierung.

Die Idee der „nationalen Projekte" als Medwedews Wahlkampfplattform zu benutzen war genial. Der Kandidat sollte die Menschen nicht mit billigem Populismus und leeren Versprechungen animieren, sondern durch konkrete Taten seine Qualifikation für den Präsidentenposten unter Beweis stellen. Im Jahre 1999 hatte der Kreml für den Präsidentschaftskandidaten Putin noch die Rambo-Variante des Tschetschenienbezwingers gewählt. Für den Sprössling einer Sankt Petersburger Professorenfamilie entwickelten die Polittechnologen eine weiche Imagevariante. In der an kostenlose Sozialfürsorge gewöhnten Bevölkerung sollte Medwedew das Bild eines am Wohl der einfachen Menschen interessierten Politikers abgeben.

Der Rechtswissenschaftler ergriff die Chance, durch eine erfolgreiche Durchführung der Sozialreformen schnell Autorität und Beliebtheit innerhalb der Bevölkerung zu erlangen. Zunächst begab er sich in ein Fitnesszentrum. In wenigen Wochen hatte er zehn Kilogramm abgenommen. Der stets jugendlich wirkende 40-Jährige mit dem Bürokratengesicht begann mit großen Delegationen von Beratern, Journalisten und Leibwächtern durch die russischen Provinzen zu reisen und das Sozialnetz zu flicken. Nach jedem Besuch eines Krankenhauses, einer Universität, eines Kindergartens oder einer Farm, der in den Fernsehnachrichten noch vor der Auslandsberichterstattung präsentiert wurde, stiegen seine Sympathiewerte. Im Sommer meldete Medwedew Putin den ersten großen Erfolg: Die Zahl der Menschen, die unter dem Existenzminimum lebten, war von 40 auf 20 Millionen halbiert worden.

Widerspenstige Oppositionsparteien, Verbände und Gewerkschaften musste Medwedew in Russland nicht fürchten. Sein Hauptgegner war die korrupte Bürokratie, vor allem auf regionaler Ebene. Medwedew musste einen Weg finden, die Finanzmittel aus Moskau in Umgehung der Regionaleliten direkt an den Adressaten zu übermitteln. Er identifizierte vier nationale Projekte, entlang derer ein modernes Sozialsystem neu aufgebaut werden sollte: Bildungsreform, kommunaler Wohnungsbau, Gesundheitswesen, Landwirtschaft.

Bei der Bildungsreform ging es darum, das hohe Niveau aus der Sowjetzeit für die Gegenwart zu erhalten, den Lehrerberuf wieder attraktiv zu machen und eine Auswanderung von Studenten ins Ausland zu unterbinden. Medwedew stellte einige Milliarden für die sofortige Computerisierung von Schulen zur Verfügung. In zwei Jahren gelang die Ausstattung aller Schulen mit Personal Computern.

Beim Wohnungsbau gestaltete sich die Reform unendlich schwieriger. Für den Wohnungsbau und den Erhalt des Wohnraumes wurden Förderungsprogramme aufgelegt. Statt moderner Luxushäuser, die in Moskau und anderen Großstädten für Reiche konstruiert wurden, sollten nun Billigwohnungen für Normalbürger entstehen. Die Förderprogramme verschlangen 40 Prozent der Gesamtsumme von fünf Milliarden US-Dollar, die für die nationalen Projekte im ersten Jahr vorgesehen waren. Für die beiden nächsten Jahre 2006 und 2007 sollten noch einmal zehn Milliarden aus dem Stabilitätsfonds fließen. Medwedew versprach kühn, dass bis 2010 ein Drittel der Bevölkerung in neuen Eigenheimen oder renovierten Wohnungen leben würde. Putin lobte Medwedew dafür, dass der Bausektor 2007 um 32 Prozent angestiegen war.

Im Sommer 1999 schrieb die amerikanische Zeitschrift *Policy Review*: „Russland ist zu krank, um ernst genommen zu werden." Nach Angaben der Weltgesundheitsorganisation lag Russland zu Beginn des 21. Jahrhunderts bei den Ausgaben für medizinische Versorgung der Bevölkerung auf dem 57. Platz, bei der Qualität der Versorgung jedoch nur auf Platz 130.

In Russland gilt die medizinische Grundversorgung als kostenfrei, in Wirklichkeit leidet das Gesundheitssystem unter Korruption. Bei 95 Prozent der Behandlungen werden Bestechungsgelder gezahlt. Die Lage kann als katastrophal bezeichnet werden. Während die medizinische Versorgung in der Sowjetunion in den 60er-Jahren mit dem Niveau Großbritanniens vergleichbar war, so ist sie heute um vieles schlechter. Überall herrscht Fachkräftemangel. In Kliniken sind die medizinischen Posten nur zu 56 Prozent belegt, 30 Prozent der Ärzte hatten seit fünf Jahren keine Fortbildung, es existiert chronischer Mangel an Diagnosegeräten, 50 Prozent der Technologie sind veraltet, im Land fehlen Medikamente und Impfstoffe. Die Lebenserwartung sank in den vergangenen Jahren, insbesondere bei Männern, auf 57 Jahre. In Russland darf man eigentlich nicht krank werden. Als ein Sankt Petersburger Mittelständler kürzlich einen Herzinfarkt erlitt, kam zwar der Rettungswagen, aber mit zwei schwächlichen Krankenschwestern ohne Trage. Der Kranke musste von hilfsbereiten Nachbarn in den Wagen gehievt werden. Im Krankenhaus wurde sofort ein zusätzliches Ärztehonorar für den Notdienst verlangt. Die Medikamente mussten die Verwandten selbst in der Apotheke besorgen, dazu noch Toilettenpapier und sauberes Wasser. Wie konnte ein solch marodes Gesundheitssystem repariert werden?

Medwedew versprach Geld, doch er wusste, dass er nur notdürftig Lösungen anbieten konnte. Er veranlasste Krankenhäuser zu modernisieren und die Gehälter des medizinischen Personals zu erhöhen. In Russland verdiente bis dahin ein Bankangestellter dreimal so viel wie ein Arzt. Vor allem aber ließ der Erste Stellvertretende Premier den landesweiten Fuhrpark an Krankenwagen erneuern. Eine Krankenversicherung wurde eingeführt.

Schließlich widmete sich Medwedew dem ebenfalls brachliegenden Landwirtschaftssektor. Die Landwirtschaftsproduktion war im Vergleich zu den 90er-Jahren um ein Drittel gesunken. Die technologische Basis des Agrarsektors schien verbraucht. Die Landwirtschaft wurde in Russland falsch privatisiert. Statt Privatbauern zu unterstützen, übergab die Regierung in den 90er-Jahren die ehemaligen Staatsbetriebe den neuen privaten Landwirtschaftsunternehmen. Die Agro-Oligarchen akquirierten jedoch keine Finanzmittel für die Modernisierung. Jetzt versprach Medwedew den Kleinbauern und Angestellten der Landwirtschaftsholdings, neue Möglichkeiten von Kreditaufnahmen und Leasing-Schemen zu schaffen.

Doch in einem extrem bürokratisierten Staat wie Russland, der ganz der Willkür der Staatsbediensteten ausgeliefert ist, konnten die nationalen Projekte kaum gedeihen, auch wenn sich der neue Sozialzar persönlich um alles kümmerte. Zunächst waren, verglichen mit dem Militärhaushalt, die Medwedew zur Verfügung stehenden Mittel von 14 Milliarden US-Dollar eher bescheiden. Zweitens sahen die an staatliche Fürsorge gewöhnten Pensionäre in ihm ohnehin nur den Geldbeutel des Kremls. Von der zynisch gewordenen Elite wurde alles wie eine PR-Kampagne aufgefasst. Der Erste Vizepremier nahm an Videokonferenzen teil, legte sich mit Bürokraten und Gouverneuren an, doch erzielte er mit seinen Projekten keinen Durchbruch.

Schließlich erkannte Medwedew, dass er sich mit dem heranwachsenden Mittelstand verbünden musste. Gerade die jungen Menschen sollten sich von der alten sowjetischen Versorgungsmentalität endlich verabschieden. Die demografischen Herausforderungen wurden zu Medwedews Lieblingsthema.

Indirekt sprach er so auch sicherheitspolitische Probleme an. Der Staat entwickelte im Rahmen der nationalen Projekte ein international einzigartiges Sozialprogramm für Familien mit mehr als einem Kind. Auch ärmeren Familien wurde endlich die Chance eingeräumt, billige Hypothekenkredite für Bauinvestitionen bei Banken aufzunehmen.

Dank der nationalen Projekte bekam die Bankreform in Russland den notwendigen Schub. Seit dem Zusammenbruch der Sowjetunion hatte es in Russland Tausende von Bankgründungen gegeben. Aber nur zehn Prozent dieser Geldinstitute operierten im traditionellen Bankgeschäft. Der Rest der sogenannten Bankhäuser waren reine Finanzabteilungen der Großkonzerne ohne Dienstleistungsfunktionen. In den Staaten Mittelosteuropas war das Bankengeschäft faktisch von ausländischen Kreditinstituten aufgebaut worden. Im Zuge der Verhandlungen über den russischen Beitritt zur WTO hatte der Westen die Öffnung des russischen Bankensektors für ausländische Banken gefordert. Der Kreml ließ ausländische Bankinstitute nur begrenzt auf den eigenen Markt, weil man ihren politischen Einfluss fürchtete. Dafür willigte Russland jedoch ein, seinen Versicherungsmarkt ausländischen Gesellschaften zu öffnen.

Die Öffnung von Kreditlinien an die eigene Bevölkerung führte schnell zu einer gefährlichen Verschuldung von Privathaushalten in Russland. Die mit Kreditaufnahmen noch völlig unerfahrene russische Konsumgesellschaft war imstande, die Banken, die selbst wenige Kapitalanlagen besaßen, in eine ernste Krise zu stürzen. Deshalb wurde Medwedew in seinen Bemühungen mit der Frage konfrontiert, ob seine Sozialreform überhaupt lange tragbar war. Experten warnten davor, dass Medwedews großzügige Geschenke spätestens 2009 eine Inflation verursachen könnten. Und Medwedew wusste, dass Russland schon 2008 – also gleich nach den Präsidentschaftswahlen – eine unumgängliche Erhöhung der Heiz- und Stromkosten ins Haus stand.

Davos und München

Anfang Februar 2007 erschien Medwedew als Ehrengast auf dem Weltwirtschaftsgipfel in Davos. Beobachter werteten seine Reise als Signal, dass sich Medwedew im Westen als Präsidentschaftsanwärter vorstellen wollte. In seiner viel beachteten Rede im verschneiten Skiressort berichtete Medwedew von den ersten Erfolgen seiner Sozialpolitik, sprach viel über die Energiewirtschaft, wies auf die neuen russischen Eliteschulen hin. Er zeichnete das Bild eines nach allen Seiten offenen Russlands. Die nationalen Projekte seien auch für ausländische Investoren offen.

Kaum war Medwedew nach Moskau zurückgekehrt, erlebte er eine böse Überraschung. Sein Chef, Präsident Putin, hatte auf der Sicherheitskonferenz in München eine Phase neuer Konfrontation mit dem Westen eingeläutet. Nach der Rückkehr aus München beförderte Putin Sergei Iwanow, Medwedews Rivalen um das Präsidentschaftsamt, ebenfalls zum Ersten Stellvertretenden Regierungschef. Medwedew und Iwanow hatten nunmehr den gleichen hierarchischen Rang und im Finallauf die gleiche Ausgangslage.

Iwanow bekam ein eigenes groß angelegtes nationales Projekt übertragen – Russland vom reinen Rohstoffexporteur zu einer Industrienation zu führen. Medwedew gelang es kaum, seine Enttäuschung zu verbergen. Insider berichteten, Putin habe ihm zuvor große Hoffnungen auf die Präsidentschaft gemacht. Die Präsidialadministration, die sich daher auf Medwedew umzustellen begann, orientierte sich sofort auf den älteren und erfahrenen Iwanow um. Der *Financial Times* erklärte Iwanow: „Dimitri Medwedew und ich sind Freunde. Man will uns künstlich auseinanderdividieren. Wir beide lachen nur darüber, was in den westlichen Zeitungen über unseren angeblichen Wettstreit geschrieben steht."

Sergei Markow, ein Insider aus dem Kreml, erklärte die Personalentscheidung so: Putin will keinen bestimmten Nachfolger, sondern seine politische Nachfolge regeln. Er beobachtet genau die Stimmung im Volk. Wenn er das Gefühl bekommt, dass die Mehrheit der Bevölkerung eine harte Ordnungspolitik bevorzugt, dann schlägt die Stunde Iwanows. Falls aber die öffentliche Meinung zwischen liberalen und autoritären Stimmungen schwanken sollte, hätte Medwedew durchaus noch eine reale Chance.

Der Technoparkdirektor

Seit Monaten hatten die wöchentlichen Sitzungen des Regierungskabinetts seltsame Züge angenommen. Der Finanzminister meldete steigende Exporteinnahmen, der Staat schwamm in Milliarden, aber keiner der Verantwortlichen äußerte sich konkret darüber, wie man das Geld sinnvoll ausgeben konnte. Der Staat hatte die Kontrolle über die Wirtschaftsprozesse zurückgewonnen. Jetzt ging es nicht darum, wie westliche Medien berichteten, eine neue Verstaatlichungspolitik durchzuführen. Die Regierung hatte nicht vor, die Privatwirtschaft zu bekämpfen. Weil aber notwendige Investitionen in strategische Industriezweige seitens der Privatwirtschaft ausblieben, musste der Staat eingreifen. Es ging um das künftige Überleben Russlands in einer bis dahin fremden, globalisierten Weltwirtschaft. Iwanow sollte die akkumulierten Gelder aus dem Staatsfonds für Innovationsprojekte in Forschung, Wissenschaft und Industrie einsetzen. Die Fehler der vergangenen Privatisierung sollten korrigiert, mit den Projekten sollte eine Wirtschaftsmobilisierung erzeugt und der Bevölkerung suggeriert werden, dass die Regierung die Gewinne aus dem Energieexport von nun an in die Verbesserung der Infrastruktur investieren würde. Die letzten Jahre hatte Russland ausschließlich Luxusdatschen für Neureiche gebaut, jetzt mussten praktisch über Nacht Atomkraftwerke, Straßen, Flugzeugwerke, Bahnstrecken, Schiffe und Hochtechnologiezentren aus dem Boden gestampft werden.

Der einzig verbliebene Liberale in der Regierung, Wirtschaftsminister Gref, protestierte: „Die Produktion von Industrieanlagen kann niemals zur Lokomotive der Wirtschaft werden!" Gref warnte Russland vor der sogenannten „holländischen Krankheit", wonach zwar der Verkauf von Rohstoffen Gelder in die Staatskasse füllte, doch ungebremst zu einer Aufwertung der eigenen Währung führte. Die anderen Industriezweige würden so dramatisch an Wettbewerbsfähigkeit verlieren. Die holländische Krankheit ließ sich nach Ansicht Putins aber gerade durch langfristige Modernisierungsprogramme vermeiden. Auch hatte sich der Präsident geschworen, nicht abzutreten, bis Russland aus der Rolle eines reinen Rohstofflieferanten in die eines modernen Industriestaates übergeführt war. Die Summe von 100 Milliarden US-Dollar, die für die Innovationsprogramme zur Verfügung stand, erschien keineswegs hoch: Den gleichen Betrag bekommen die Bundesländer Ostdeutschlands seit der Wende als jährliche Transferleistung aus Westdeutschland überwiesen.

Moskau orientierte sich an den in der zweiten Hälfte des vergangenen Jahrhunderts erprobten Industrialisierungsmodellen in Japan und Südkorea. Der Staat nahm sich vor, die einzelnen Industriezweige in zentraler Hand zu bündeln, sie umzurüsten und danach wieder teilweise zu privatisieren. Der Industrie fehlten immer mehr qualifizierte Fachleute. Dieses Problem wollte der Staat ebenfalls mit einer zentralistisch gesteuerten Gesamtstrategie in den Griff bekommen. Nicht Erdgas und Erdöl, sondern das Industriegewerbe sollte zur Lokomotive für den Aufschwung werden. Iwanow kündigte an, Russland wolle keine ausländischen Maschinen mehr einführen, sondern diese selbst produzieren.

Der erste Konflikt mit der EU folgte auf dem Fuß. Iwanow verfügte, kein Rohholz mehr nach Westen zu verkaufen, sondern den Holzexport auf Fertigwaren umzustellen. Dass durch die Einführung der Ausfuhrzölle die Holzindustrien der skandinavischen Länder riesige Einbußen erlitten, interessierte ihn nicht. Der Westen sollte lernen, Russland nicht mehr als sein Rohstoffanhängsel zu betrachten.

In den russischen Medien wurde nicht mehr von „Reformen" und „Transformationen" gesprochen. Diese hatte das Land hinter sich. Nun sollte Russland als ein gigantischer Industrietechnopark die Welt beeindrucken. Im Westen fragte man dagegen skeptisch: Ist Russland überhaupt in der Lage, sein Wirtschaftswachstum richtig zu managen? Kann sich das staatskapitalistische Russland in die Weltwirtschaft integrieren? Viele im Westen interessierte vor allem die Frage, ob westliche Konzerne an der Industrialisierung Russlands beteiligt werden würden. Eine Billion US-Dollar sollte die Industrialisierung veranschlagen. Der Staat beabsichtigte, etwa 20 Prozent des Kapitals beizusteuern, für den überwiegenden Rest sollen private Investoren gewonnen werden. Das Zauberwort dabei heißt Public Private Partnership – eine Verbindung von öffentlichen und privaten Investoren.

2006/2007 entstanden in Russland neue Staatskorporationen und sogenannte Holdings mit staatlichem Kapital. In der Flugzeug- und Schiffbauindustrie konsolidierte der Staat seine Aktiva, ohne das private Kapital in diesen Sektoren zu eliminieren. Der Staat behielt in diesen beiden Korporationen einen Aktienanteil von 75 Prozent. Iwanow betonte, dass der marktwirtschaftliche Charakter der Holdings dadurch nicht beeinträchtigt wurde.

Bau neuer Atomkraftwerke

Die marode Elektrizitätsindustrie Russlands wird nach wie vor durch massive Zufuhr von Gas in Wärmekraftwerke gespeist. Das rasante Wirtschaftswachstum, von dem Industrie und Privathaushalte profitieren, zwingt Russland, sein gefördertes Erdgas selbst zu konsumieren, um die Binnennachfrage zu befriedigen. Um aber Erdgas weiter devisenbringend ins Ausland verkaufen zu können, müssen massive Energieeinsparungen durchgeführt und muss der Strombedarf mit alternativen Energiequellen abgedeckt werden. Russland hätte ausreichend Kohlereserven, um auf diesen Rohstoff umzusteigen, doch wäre sein Einsatz gerade vor dem Hintergrund des weltweit zunehmenden Paradigmenwechsels durch den Kyotoprozess problematisch.

Die Nukleartechnologie ist vielerorts schon 60 Jahre im Gebrauch. Russland verfügt auf diesem Gebiet über das notwendige Know-how. Nach der Katastrophe von Tschernobyl traf es entsprechende Sicherheitsvorkehrungen. Momentan ist der Einfluss der Kernenergie auf den Strommarkt mit nur 16 Prozent gering. Die Staatsholding Rosenergoprom betreibt insgesamt zehn Atomkraftwerke (AKW) mit 29 Reaktoren. Acht AKW befinden sich im europäischen Teil.

Beispiellos auf der Welt unterstanden bis vor Kurzem sowohl die zivile als auch die militärische Nutzung der Kernenergie derselben staatlichen Aufsicht – dem Nukleargiganten Rosatom. Diese föderale Atomenergiebehörde wurde 2004 als erste große nationale Holding geschaffen. Der Monopolist exportierte Atommaterial, betrieb Uranminen und baute Atomkraftwerke im Ausland. Das Grundproblem der russischen Kernenergie besteht darin, dass 2015 bis 2025 alle AKW infolge technischer Überalterung abgeschaltet werden müssten.

Ein ersatzloses Auslaufen der zum Teil verwahrlosten AKW

ist keine echte Option für Moskau. Russlands Industrie verbraucht sechsmal mehr Energie als die deutsche. Während Westeuropa von erneuerbaren Energien spricht, geht Russland den anderen Weg: In den nächsten 25 Jahren will die Regierung 40 neue AKW errichten!

Um dieses Vorhaben zu erläutern, lud der Atomminister Sergei Kirienko einige westliche Experten zu einer Informationsveranstaltung nach Moskau ein. Stolz erläuterte er die Pläne. Ab 2010 will Russland jährlich zwei AKW bauen. Bis 2030 wäre so die Anzahl der AKW in Russland verfünffacht worden. Die Atomproduktion würde dann 33 Prozent des gesamten Stromanteils ausmachen. Das würde zur Entlastung der Erdgasproduktion im Inlandsverbrauch führen. Die Atomenergie müsse künftig ein Viertel des Gasverbrauchs ersetzen, die gesamte Stromerzeugung um zwei Drittel erhöht werden. Russland plane, Atomstrom an westliche Staaten zu verkaufen.

Es war im Westen bekannt, dass der AKW-Bau im Ausland schon immer ein integraler Bestandteil der russischen Nuklearstrategie gewesen war. Seit einigen Jahren errichtet Atomstroiexport Reaktoren in China, Indien, Bulgarien und im iranischen Buscher. Mit Algerien und Vietnam laufen entsprechende Verhandlungen. Russland plant auch die Konstruktion schwimmender Atomreaktoren, die vor allem in schwer zugänglichen Küstenregionen flexibel eingesetzt werden könnten. Ferner beabsichtigt Russland, den zivil genutzten Teil von Rosatom in eine Aktiengesellschaft umzuwandeln. So sollten etwa 60 Milliarden US-Dollar an Investitionskapital auf dem freien Markt akquiriert werden. Das Problem besteht darin, dass die Privatwirtschaft sich bislang für Nukleartechnologien wenig interessiert, weil keine schnellen Gewinne locken.

Mit seinen Atomambitionen steht Russland übrigens nicht allein da. China möchte ebenfalls in den nächsten Jahrzehnten 100 neue Atomreaktoren, Indien 40 Atomreaktoren bauen. In Frankreich brennen acht von zehn Glühbirnen mit Atomstrom, auch Schweden und Belgien werden zu 50 Prozent mit Strom aus Kernenergie versorgt. Deshalb gilt die Atomenergie als „zukünftiges Rückgrat der modernen russischen Energieversorgung".

Weltweit drittgrößter Flugzeugkonzern

Über Jahrzehnte hinweg war Russland eine der weltweit führenden Luft- und Raumfahrtnationen gewesen. Noch heute umfasst die Branche in Russland circa 320 Luft- und 100 Raumfahrtunternehmen und beschäftigt nicht weniger als 225 000 Mitarbeiter. In den 90er-Jahren war der Passagierverkehr auf den inländischen Fluglinien fast zusammengebrochen. Die Mehrheit der Bevölkerung konnte die teuren Flugpreise nicht mehr bezahlen. In den letzten Jahren hat sich die Lage wieder dramatisch verändert. Der Passagierverkehr wuchs jährlich um 20 Prozent an. In Russland fehlte es jedoch an zivilen Linienflugzeugen. Auf rund 75 Prozent der Passagierflüge zwischen Sankt Petersburg und Wladiwostok wurden antiquierte sowjetische Tu-154- und Tu-134-Jets eingesetzt, die modernen Anforderungen nicht mehr genügen.

Zum gegenwärtigen Zeitpunkt ist die gesamte zivile Flugzeugflotte mit 1500 Passagiermaschinen veraltet. Sie muss bis 2024 grundlegend modernisiert werden. Mindestens 400 Maschinen sind nicht mehr flugtauglich. Die Überalterung der Flugzeugflotte erklärt die vielen Flugzeugkatastrophen in Russland.

Nur 18 Prozent der russischen Flugzeugflotte bestehen aus westlichen Maschinen. Russland sträubt sich gegen das Eindringen westlicher Konzerne wie Airbus und Boeing auf seinen Markt. Es hat Ambitionen, selbst wieder zu einer führenden Flugzeugbaunation aufzusteigen. Das zu erreichen ist leichter gesagt als getan. Heute werden in Russland im Jahr nur zehn Zivilflugzeuge produziert. Zum Vergleich: Boeing und Airbus bauen im Durchschnitt eine Maschine pro Tag. Das Problem ist erkannt: Russland hat sich in der Vergangenheit zu stark auf seine Militärproduktion konzentriert, Kampfjets konstruiert, aber nicht die zivile Flugzeugflotte modernisiert. Der Anteil der Militärflugzeuge im russischen Flugzeugbau liegt heute bei 87 Prozent. In der Zivilluftfahrtbranche liegt das Durchschnittsalter der Mitarbeiter bei über 50 Jahren, weniger als zehn Prozent der Ingenieure verfügen über die notwendige Qualifikation. Deshalb klopfen Airbus und Boeing vehement an Russlands Türen. Sie glauben, mit ihren Maschinen jeweils 45 Prozent des russischen Zivilluftfahrtbedarfs abdecken zu können.

Wie möchte Russland angesichts der geschilderten Defizite seine Reputation als Luftfahrtnation wiedergewinnen und die technologische Lücke im Flugzeugsegment schließen, wenn selbst die größte staatliche Fluglinie Aeroflot lieber mit Boeing- und Airbus-Maschinen fliegen will und die benötigten A350- und Boeing-787-Maschinen kürzlich für sechs Milliarden US-Dollar im Ausland gekauft hat? Die Verträge und die Pläne der Fluggesellschaften zur Erneuerung ihrer Flotten zeugen davon, dass ungeachtet der protektionistischen Politik des Staates die Nachfrage nach russischen Maschinen verschwindend gering ist.

Sergei Iwanow will von den Missständen nichts hören: Russland solle seine intellektuellen Kapazitäten behaupten und nicht zurückweichen, ansonsten drohe unweigerlich der Absturz des Landes zu einem reinen Rohstofflieferanten des Westens. Die russische Regierung ging jetzt den Weg des europäischen Flugzeugbauers EADS und entschied, alle einheimischen Flugzeugproduzenten in eine einzige Großholding zusammenzufassen. Diese Nutzung der potenziellen Synergieeffekte war sinnvoll und dringend notwendig. Nun konnten Staatsinvestitionen mit privatem Kapital kombiniert und konnte interne Konkurrenz in der Branche eliminiert werden. Mit einem großen Paukenschlag wurde im Februar 2006 die Gründung der Vereinten Flugzeugbau Korporation (OAK) begangen. Der Staat erwarb 90,1 Prozent der Aktienanteile, der Börsengang ist geplant für 2009, danach soll der Staat zwischen 50 und 75 Prozent der Aktien behalten, der Rest des Konzerns soll privatisiert werden. Auch ausländische Investoren können Minderheitseigner werden. Iwanow wurde nicht müde zu betonen, dass es sich bei der OAK um das größte Luftfahrtkonsortium handelt, das jemals in Russland existierte, selbst im Vergleich zur ehemaligen Sowjetunion.

Die zivile Flugzeugproduktion soll in den kommenden zehn Jahren um das Zweifache steigen. Roland Berger Strategy Consulting stellte 2007 eine Prognose auf, der zufolge die russische Luftfahrtindustrie zehn bis 15 Prozent des globalen Marktes an Verkehrsflugzeugen besetzen könnte. Die Konzernstrategie ist es, nach Boeing und Airbus die Position des weltweit drittgrößten Produzenten ziviler Flugzeugtechnik einzunehmen. Die von der OAK initiierten Projekte orientieren sich an den realen Marktbedürfnissen. Zum Beispiel wird der Regionaljet Super-

jet-100 mit bis zu 100 Plätzen gebaut. 71 Bestellungen für den
Jet liegen vor. Der Vorsitzende des Aufsichtsrates der OAK,
Sergei Iwanow, will die heimische Luftfahrtindustrie mit einem
Finanzierungsprogramm von 250 Milliarden US-Dollar in den
nächsten 20 Jahren beleben. Bis 2025 soll die Herstellung von
Militärflugzeugen um das Viereinhalbfache und von Zivilflug-
zeugen um das 27-Fache steigen.

Iwanow und andere Verantwortliche wissen jedoch, dass die
Branche große Schwachstellen, beispielsweise im Triebwerks-
baubereich, aufweist. Die russischen Passagierflugzeuge ver-
brauchen zu viel Sprit, sie besitzen einen zu hohen Lärmpegel
und einen geringen Komfort, sind in Bezug auf Bordelektronik
und Materialforschung veraltet. Zudem gibt es in Russland
spürbare Defizite beim Marketing und es fehlt an einem globalen Serviceangebot. Iwanow wird nicht müde, den Betriebs-
direktoren zu erklären, dass ihr wirtschaftlicher Erfolg künftig
ausschließlich in Absatzzahlen gemessen werden wird.

90 Prozent der gängigsten russischen Flugzeugtypen werden von den europäischen Flugrouten ausgeschlossen, weil sie
gegen Lärmgrenzen und Emissionsbegrenzungen verstoßen.
Internationale Standards können nur mithilfe einer Kooperation mit ausländischen Flugzeugkonzernen erreicht werden.
Die Tu-204-120-Maschine wird beispielsweise schon heute mit
Motoren von Rolls-Royce und Bordtechnik von Honeywell ausgestattet. Die französische Flugbaugesellschaft Thales und der
italienische Finmeccanica-Konzern sollen an der Konstruktion
mancher künftiger Fluggeräte beteiligt werden. Boeing unterhält in Russland ein Konstruktionsbüro, EADS ein Ingenieur-
zentrum. EADS hat Moskau einen zehn- bis 15-prozentigen
Anteil am A320-Modernisierungsprogramm angeboten. Russland wird zu fünf Prozent am A350 beteiligt, wobei Titanliefe-
rungen von WSMPO-Awisma eine große Rolle spielen. Doch
viele andere Versuche, internationale Zusammenarbeit aufzubauen, verliefen im Sande. Ein generelles Hindernis für ausländische Partner ist das Verbot, mehr als 25 Prozent der Aktien in
einem russischen Flugzeugunternehmen zu erwerben. Luftfahrt-
analyst Ruslan Puchow glaubt, dass das angepeilte Ziel, 300 Zivilflugzeuge jährlich zu produzieren, nur erreicht werden kann,
wenn der Staat den Absatz selbst in die Hand nimmt und russische Airlines zum Kauf einheimischer Maschinen zwingt. Ex-

perten prophezeien Spannungen zwischen politischen und kommerziellen Zielen.

Die OAK wird sich mit einer weiteren gigantischen Industrieholding abstimmen, welche 2008 unter Leitung des Chefs von Rosoboronexport, Tschemesow, entstehen soll. Die Staatsholding Russische Technologien wird, neben dem Rüstungskonzern Rosoboronexport, den größten Automobilhersteller Awto-WAZ, den weltgrößten Titanproduzenten WSMPO-Awisma, den Stahlriesen Russpezstal und andere Konzerne vereinen.

Nanotechnologiemacht

Im Juli 2007 wurde unter Oberaufsicht Sergei Iwanows die Staatliche Korporation für Nanotechnologien konstituiert. Rosnanotech ist heute hinter der OAK die zweitgrößte Holding. Zwei Monate später wurde der Nanotechnologiestandort Russland durch den Test einer Vakuumbombe auf eindringliche Art und Weise der Weltöffentlichkeit dokumentiert. Wie auch die Flugzeugindustrie wurde die Nanotechnik in der Sowjetunion ausschließlich für militärische Zwecke genutzt. Jetzt soll sie der Wirtschaftsmodernisierung und den Zukunftstechnologien zugutekommen. Der Staat pumpte fünf Milliarden US-Dollar an Startkapital in die Holding. Die Summe überstieg die Investitionen der USA in ihre Nanotechnologieforschung. Die russische Nanoforschung galt als rückständig; ihr fehlten die Nachwuchswissenschaftler, die nach dem Ende der UdSSR ausgewandert waren. Gerade durch einen Durchbruch in der Nanotechnologie möchte Russland beweisen, dass es nicht nur ein reiner Energielieferant ist. Staatlich geförderte Projekte in der Nanotechnologie sollen in der Elektroindustrie, Biomechanik, Medizin und Wasserstoffenergetik Anwendung finden und vor allem der Massenproduktion von Hightech-Konsumgütern dienen. Letzteres muss Russland noch lernen. Rosnanotech wird den empirischen Beweis liefern müssen, dass der Zukunftssektor sich unter der Obhut des Staates effizienter entwickeln kann als in privater Hand. Iwanow unterstrich, dass die Holding nur nach kommerziellen Gesichtspunkten funktionieren wird, die Finanzierung in einer transparenten Art und Weise über Banken verläuft und globale Absatzmärkte für die Produktion angepeilt werden.

Die Nanotechnologie dient der Energieeinsparung, so Iwanow. Der Staat wird zehn Milliarden US-Dollar zusätzlich verdienen, wenn er in allen Hauseingängen, ähnlich wie im Westen, Lichtquellen einbaut, die nur beim Türöffnen leuchten, um nach einigen Minuten von selbst zu erlöschen.

Schiffbauholding

Im Bereich Schiffbauindustrie wurde der neue Industriezar Iwanow mit der wohl schwierigsten Herausforderung konfrontiert. Die russischen Schiffbaubetriebe existieren praktisch nur noch auf dem Papier. Nur die Produktion von Kriegsschiffen funktioniert nach dem alten sowjetischen Muster. Russland baut zwar noch U-Boote, hat aber im zivilen Schiffbau den Anschluss an den Weltmarkt längst verloren. Als Putins Administration die Schiffbaubranche näher unter die Lupe nahm, stellte sie fest, dass 95 Prozent aller Wasserfahrzeuge auf dem eigenen Binnenmarkt ausländischer Produktion waren. Die russischen Werften arbeiten seit den 90er-Jahren fast ausschließlich nur mit westlicher Ausrüstung. Seit 20 Jahren gab es keine staatliche Förderung der Branche. Eine Kreditierung der Schiffbauindustrie durch Bankkredite ist bislang unrentabel gewesen.

Putin hatte 2000 die Parole ausgegeben, das Riesenland müsse sich zum wichtigsten Transportknotenpunkt zwischen Asien und Europa entwickeln. Russland benötigt für die Befahrung seiner zahlreichen Wasserstraßen eine Vielzahl größerer und kleinerer Schiffe. Noch dringlicher scheint die Konstruktion neuer Spezialtanker, Eisbrecher, Chemietanker, Bohrinseln und Begleitschiffe für die Erdöl- und Erdgasindustrie. Da Russland in Zukunft Ressourcen am Meeresboden und in der Arktis fördern möchte, bedarf es milliardenschwerer Investitionen in die neue Transportinfrastruktur und Logistik. Die aktuellen Entdeckungen von neuen Energieressourcen an den fernöstlichen und arktischen Schelfen, wo Vorräte viermal größer sein sollen als auf dem Festland, erfordern vor allem Spezialtanker für den Transport von Flüssiggas nach Westeuropa, Japan und in die USA.

Im Juni 2007 wurde die Vereinigte Schiffbaukorporation (OSK) geschaffen, die künftig alle Schiffbauunternehmen Russlands, angefangen von Konstruktionsbüros bis zu Dienstleistungsagenturen, vereinen wird. Der Staat möchte zunächst 100 Prozent der Aktien selbst behalten, solange die Schiffbaubranche keine international konkurrenzfähigen Produkte erzeugt. Wie in den anderen Holdings sollen alle wissenschaftlichen, finanziellen und industriellen Ressourcen in staatlicher Hand konzentriert bleiben, bis dieser Industriezweig tatsächlich saniert ist. Der Staat glaubt auch, dass nur unter seiner Führung die Umrüstung der militärischen Betriebe in zivile gelingen kann. So hat die Regierung beschlossen, die vier wichtigsten Schiffswerften des Landes – die nördliche in Sewerodwinsk, die westlichen in Sankt Petersburg und Kaliningrad sowie die fernöstliche in Komsomolsk am Amur – in die neue Korporation zu integrieren und ebenfalls unter Kontrolle des Staates zu stellen.

Kritiker bezweifeln, ob der Plan gelingt. Ohne den marktgerechten Wettbewerb, so zahlreiche Experten, wird sich die Schiffbauindustrie nicht generieren können. Moderne Werften, wie beispielsweise die in Sankt Petersburg, müssen sich künftig mit abgewirtschafteten Betrieben von Kronstadt vereinen, was die künftige staatliche Managementführung vor schwierige Aufgaben stellt. Der Staat soll die Schiffbauholding mit einem gigantischen Auftragsvolumen von zwölf Milliarden US-Dollar aufrichten.

Staatsholdings und Auslandsinvestitionen

Putin, Iwanow und die anderen Architekten der Superholdings sind sich ihrer Sache sicher: Die Grundlagen für die industrielle Modernisierung Russlands sind geschaffen. Der Innovationsfonds braucht sich um seinen Kapitalstock keine Sorgen zu machen. Er wird sich in den nächsten Jahren auch weiterhin mit Petrodollars reichlich füllen. Die nächsten Schritte der Innovationspolitik sind der Aufbau von Venture-Capital-Gesellschaften und Sonderwirtschaftszonen für technologische Erneuerungen (Technoparks) sowie die Erteilung von Zollpräferenzen und Steuerprivilegien für ausländische Investitionen in bestimmten Industriebereichen, in denen Russland westliches Know-how benötigt. Die industrielle Infrastruktur des Landes wird weiter saniert werden, wobei vermehrt mittelständische Betriebe herangezogen werden sollen. Die Grundlagenforschung soll auf einen höheren Entwicklungsstand gebracht werden, auch dafür sind Milliardenbeträge aus der Staatskasse vorgesehen. Letztendlich will Moskau die Exportstruktur anders gewichten und Abstand nehmen vom reinen Energieexport hin zum Verkauf von Hochtechnologieprodukten aus eigenen Produktionsstätten.

Putin möchte der Weltöffentlichkeit demonstrieren, dass die staatlich-private Eigentumsmischform das eigentliche Zukunftsmodell für moderne Industriegesellschaften darstellt. Russland wird nach Ansicht Iwanows nicht in Versuchung geraten, die Wirtschaftskonjunktur zur massiven Erhöhung der Militärausgaben zu nutzen. Ob es ein langfristiges Gesamtkonzept für das Funktionieren der Holdings gibt, bleibt unklar. Aber der Westen wäre gut beraten, die weitere Entwicklung im Bereich Holdingsgründungen und die wirtschaftlichen Verflechtungen in Russland im eigenen Interesse genau zu beobachten.

Der Finanzinspektor

Bis zum 12. September 2007 galt Sergei Iwanow in der russischen Öffentlichkeit und im Ausland als der auserkorene Kronprinz. Die Analytiker schienen davon überzeugt zu sein, dass der ehemalige Verteidigungsminister seine Chance mittels der industriellen Innovationsprojekte genutzt hatte. Kurz vor der Ziellinie wurde er nun vom bis dahin unbekannten Finanzinspektor Subkow abgefangen. Nicht Iwanow, sondern Subkow wurde von Putin zum neuen Ministerpräsidenten ernannt.

Als Putin 2000 an die Macht kam, wurde Russland auf die sogenannte „schwarze Geldwäsche-Liste" der FATF (Financial Action Task Force on Money Laundering) gesetzt. Diese internationale Organisation untersucht weltweit die Geldwäscherei und Terrorismusfinanzierung. Aus Sicht dieser Organisation war Russland ein Staat, in dem Gelder gewaschen wurden. Um Russland von der Liste zu streichen und dem Land die Kreditwürdigkeit zurückzugeben, wurde im November 2001 eine neue Finanzaufsichtsbehörde unter Leitung des bisherigen Stellvertretenden Finanzministers Subkow eingerichtet. Die neue Behörde hatte keinen Rechtsstatus, strafrechtliche Prozesse gegen die Geldwäsche einzuleiten, sondern musste mit Geheimdienstmethoden Informationen über Finanzoperationen im Land sammeln, auswerten und analysieren. Unter Subkows Oberaufsicht entstand ein einheitliches Datenbanksystem über alle im Land getätigten Finanztransaktionen. Putin lobte später Subkow dafür, dass es ihm in den Jahren des Kampfes gegen die Finanzkriminalität gelungen war, seine Behörde von Korruption und Spionageattacken rein zu halten. Niemals, so Putin, habe Subkow die ihm zur Verfügung stehenden Geheiminformationen für persönliche Zwecke missbraucht. Aus diesem Grund vertraue er Subkow mehr als allen anderen.

Im Februar 2002 trat ein russisches Antigeldwäschegesetz in Kraft, das, neben der Überprüfung aller Banktransaktionen, Spielkasinos, Immobilienmakler und Rechtsanwälte unter Kontrolle stellte. Dank Subkows internationalen Bemühungen wurde im Oktober 2002 Russland von der „schwarzen FATF-Liste" wieder gestrichen. Das war noch nicht alles. Subkow setzte sich nun zum Ziel, Russland zum Vollmitglied der internationalen Antigeldwäscheorganisation FATF zu machen. Dafür musste Moskau die Gesetzgebung noch weiter verschärfen und die Geldinstitute zur Preisgabe ihres Bankgeheimnisses zwingen. Subkow setzte durch, dass die russische Gesetzgebung auf die internationalen, von FATF aufgestellten Normen, gebracht wurde. Jeder einer unrechtmäßigen kommerziellen Handlung Verdächtige sollte nun strafrechtlich verfolgt werden können. Die Zentralbank erhielt per Gesetz unbegrenzte Kontrollbefugnisse über alle anderen Banken.

Im Januar 2003 verkündete Subkow stolz die ersten Strafverfolgungen in Sachen Geldwäsche auf dem Weltwirtschaftsforum in Davos. Die russischen Banken und Unternehmer begannen Subkow zu fürchten. Bald konnte seine Behörde auf einen täglichen Datenzuwachs von 3000 bis 3500 Mitteilungen verweisen. Die Liste der Strukturen, die dem Komitee Berichte abstatten mussten, erweiterte sich monatlich. Nun zwang Subkow auch die Versicherungsgesellschaften, Börsenmakler, Investitionsgesellschaften, Postverbindungen und Immobilienmakler zur Offenlegung aller Transaktionen. Subkow schrieb in einem Rapport an den Präsidenten, dem er unmittelbar unterstellt war, er habe in Russland westliche Standards eingeführt.

Subkow fürchtete sich vor keinem großen Namen. 2004 bat er Putin, ihm zu erlauben, auch Beamte und Vertreter staatlicher Konzerne zu überprüfen. Selbstsicher erklärte er in einem

Interview der Zeitung *Kommersant*: „Die schwarzen Schafe sind entdeckt worden, sie fürchten nun, das gewaschene Geld in Empfang zu nehmen. Wir können es gleich in das Staatsbudget überführen!" Mit Putins Unterstützung verstärkte Subkow den Kampf gegen illegale Finanzoperationen. Er ließ eine Liste der Banken veröffentlichen, die der Unterstützung terroristischer Organisationen verdächtigt wurden. Damit gelang die Eliminierung der Geldtransfers an tschetschenische Terroristen.

Der neue Regierungschef übernahm im Spiel um die Machtverteilung eine Schlüsselfunktion. Er setzte sofort eine strenge Miene auf und fing an, Minister auf Regierungssitzungen abzukanzeln. In der Öffentlichkeit stieg sein Ansehen. Doch schon zwei Wochen später degradierte Putin ihn wieder zu einer „lahmen Ente", indem er seine eigene Bereitschaft erklärte, nach der abgelaufenen Präsidentschaft den Posten des Premiers zu übernehmen.

TEIL III

Russland als Partner

10 Drei deutsche Anwälte

Europa, Jahresanfang 1992. Die Sowjetunion ist tot, sie hat sich für immer aus der Geschichte verabschiedet. Helmut Kohl, stolzer Bundeskanzler des wiedervereinigten Deutschlands, besucht Boris Jelzin, den ersten Präsidenten des demokratischen Russlands. Kohl und Jelzin schließen einen Deal: Jelzin soll die alten Sowjettruppen innerhalb eines Jahres aus Ostdeutschland abziehen, dafür wird Deutschland sich beim wirtschaftlichen Wiederaufbau Russlands mit Milliardenbeträgen beteiligen. Doch Kohl glaubt, von Jelzin noch weitere Zugeständnisse erwirken zu können. Auf der Pressekonferenz schubst er Jelzin vor das Mikrofon: „Boris, sag den Journalisten, was wir besprochen haben ..." Jelzin murmelt etwas Unverständliches. Dann ergreift Kohl die Offensive und nennt drei deutsche Wünsche an Russland: Auslieferung von Erich Honecker, vollständige Rückgabe der Beutekunst aus dem Zweiten Weltkrieg und Errichtung einer autonomen Wolgarepublik für die in Russland lebenden Volksdeutschen.

Strategische Saunafreundschaft

In der Sowjetzeit herrschte gegenüber der Bundesrepublik Deutschland in der russischen Gesellschaft ein Feindbild vor. Die Sowjetpropaganda pflegte noch in der Perestroika-Zeit das Bild eines revanchistischen Deutschlands. Noch 1990 fanden an allen Schulen sogenannte Zivilschutzübungen statt, bei denen Kindern Gasmasken aufgesetzt und sie vor Atomangriffen vom westdeutschen Territorium aus gewarnt wurden. Die deutsche

Wiedervereinigung wurde in der sowjetischen Gesellschaft skeptisch beäugt.

Jelzin erfüllte keine der drei Forderungen Kohls. Trotzdem schob ihm der Bundeskanzler einen Kredit von 40 Milliarden US-Dollar zu und ließ in Russland Wohnungen für die aus der ehemaligen DDR abziehenden Offiziere bauen. Deutschland entwickelte fast schon einen Dankbarkeitskomplex gegenüber seinem östlichen Nachbarn für dessen Unterstützung der deutschen Wiedervereinigung. Als 1994 der Tschetschenienkrieg ausbrach und Russland von der internationalen Gemeinschaft an den Pranger gestellt wurde, kam vonseiten der Bundesregierung keine Kritik.

Russland nahm die deutsche Hilfe dankend entgegen. Nicht immer war Moskau wählerisch. Zum Beispiel konnte man damals in der *Frankfurter Allgemeinen Zeitung* lesen: „Russland wird zur Müllkolonie Europas." Laut Greenpeace wurden mehrere Millionen Tonnen Abfall illegal nach Russland importiert, über die Hälfte dieser Exporte kam aus Deutschland.

In den 90er-Jahren war Russland von westlichen Krediten in einer Art und Weise abhängig wie niemals zuvor in seiner Geschichte. Deutschland wurde zum größten Gläubiger Russlands. Einfache Russen fragten oftmals westliche Besucher, wer der nette Herr Hermes sei, der ihrem Land in dieser Zeit so viele Kredite bewilligte. Die Hermesbürgschaft war eine staatliche Einrichtung der Bundesrepublik zur Absicherung deutscher Investitionen nach Russland. Am Ende der Amtszeiten von Kohl und Jelzin hatte sich der russische Schuldenberg gegenüber Deutschland auf 75 Milliarden US-Dollar angehäuft, der von den nächstfolgenden Generationen der Russen abbezahlt werden musste. 30 Milliarden US-Dollar schuldete Moskau dem Londoner Klub, also der Privatwirtschaft. Dieser Teil der Schuldenlast konnte in Verhandlungen restrukturiert werden. 42 Milliarden US-Dollar musste Moskau direkt dem deutschen Staat zurückbezahlen.

Insgesamt stand Russland beim Westen mit 175 Milliarden US-Dollar in der Kreide. Die Hälfte davon waren sowjetische Altschulden, die Moskau auch für die anderen ehemaligen Sowjetrepubliken auf seine Schultern geladen hatte. Was Beobachter irritierte, war die Tatsache, dass zwischen 1992 und 1998 aus Russland 50 Milliarden US-Dollar an Fluchtkapital auf westliche Konten verschoben wurden. Die russischen Neuunternehmer fuhren ihren Staat buchstäblich an die Wand. Sie plünderten die Rohstoffe, zahlten jedoch kaum Steuern und investierten nicht in die einheimische Infrastruktur. In Privatgesprächen äußerten sie immer wieder die Ansicht, dass man in Russland heute das kapitalistische Leben voll auskosten solle, denn es würde in einigen Jahren unweigerlich ein neuer russischer Diktator kommen und ihnen die Reichtümer wieder wegnehmen.

Derweil entwickelten sich zwischen Jelzin und Kohl ehrliche freundschaftliche Beziehungen. Jelzin lud seinen Freund Helmut in die entlegensten russischen Provinzen ein, organisierte Bootsfahrten und Saunabesuche. Die „Männerfreundschaft" peilte hochpolitische und strategische Ziele an. Als in Osteuropa die Prozesse der NATO- und EU-Erweiterungen begannen, plädierte der deutsche Bundeskanzler für eine Abfederungsstrategie des Westens gegenüber Russland. Kohl war davon überzeugt, dass Russland ebenfalls an das künftige Europa angebunden werden sollte. Kohl und sein damaliger Außenminister Klaus Kinkel sprachen sich sogar gegen eine vorschnelle NATO-Ausdehnung auf die baltischen Staaten aus – um Russland nicht zu verärgern.

Um Russland nicht das Gefühl zu geben, aus der europäischen Architektur verstoßen zu werden, übernahm Kohl eine Art Anwaltsrolle im Westen. Zwischen Bonn und Moskau wurden zwei wichtige Mechanismen geschaffen, die Russland das Gefühl der Zugehörigkeit zu Europa suggerieren sollten – die regelmäßigen Regierungskonsultationen sowie die Troika Bonn–Moskau–Paris. Deutschland und Frankreich erklärten sich bereit, mit Russland nicht nur Wirtschaftsbeziehungen zu unterhalten, sondern auch einen vorsichtigen Sicherheitsdialog zu führen. Kohl ebnete Russland wie kein anderer westlicher Staatschef den Weg in die westlichen Institutionen wie den Pariser Klub, den Londoner Klub sowie in die G 7. Unter wesentlicher Anteilnahme Deutschlands entstand zwischen Russland und der EU das Partnerschafts- und Kooperationsabkommen sowie zwischen der NATO und Russland der NATO-Russland-Rat, der half, die Osterweiterung der NATO gegenüber Russland abzufedern. Später kam es zur Ausbildung eines dritten Mechanismus in den deutsch-russischen Beziehungen – der strategischen Arbeitsgruppe für Wirtschaftsprojekte, die regelmäßig dem Kanzler und Präsidenten berichtet.

So seltsam es auch klingen mag: Deutschland und Russland hatten schon im Kalten Krieg in der Regierungszeit Willy Brandts und Helmut Schmidts mit der Ostpolitik besondere Beziehung zum kommunistischen Russland unterhalten. Das damalige Bonn erwirkte dadurch Erleichterungen im Umgang mit der DDR. Über die Wirtschaftsbeziehungen stieg das Vertrauen auf beiden Seiten, das schließlich zum deutschen Technologie- und Kapitaltransfer in die Sowjetunion und Rohstofflieferungen aus dem Osten nach Westeuropa führte. Diese Sonderbeziehungen kosteten zwar der Bundesrepublik viel Geld, andererseits öffneten sie der Wirtschaft der Bundesrepublik Beteiligungschancen auf dem sowjetischen Energiemarkt. Das berühmte deutsche Röhrengeschäft mit der Sowjetunion errichtete das Fundament, auf dem später die Energieallianz EU-Russland entstand.

Deutschland wurde zu Russlands größtem Handelspartner und einem der größten Investoren auf dem russischen Markt. Eine solche vertrauensvolle Beziehung wäre nicht möglich gewesen, wenn Russland seinerseits nicht eine besondere positive Affinität zum wiedervereinigten Deutschland entwickelt hätte. Deutschland wurde in Russland nicht als geopolitischer Rivale auf postsowjetischem Raum betrachtet, von Deutschland spürte Russland keine Bedrohung für eigene Interessen. Das war eine wichtige Grundlage für einen historischen Aussöhnungsprozess zwischen den beiden verfeindeten Nationen des Zweiten Weltkriegs.

Als Jelzins Wiederwahl 1996 gefährdet schien, half Kohl wieder mit Krediten und internationaler Fürsprache für seinen Freund Boris. Kohls Sicherheitsberater Joachim Bitterlich ärgerte sich lautstark über die unbequemen Besuche von Jelzin-Kritikern in Bonn, die Institutionen wie die Deutsche Gesellschaft für Auswärtige Politik, das Deutsch-Russische Forum oder die Deutsche Welle organisierten. Kohl weigerte sich, den kommunistischen Oppositionskandidaten Gennadi Sjuganow, General Alexander Lebed oder den Menschenrechtler Sergei Kowalew im Bundeskanzleramt zu empfangen. Als zwei Jahre später in Deutschland der Wahlkampf begann, warb Jelzin auf einer Pressekonferenz offen für seinen Freund Helmut. Doch was zählte in Deutschland schon Jelzins Fürsprache! Im August 1998 kam es zum berühmten Finanzkrach in Russland. Die Regierung war bankrott, die Schuldenrückzahlung wurde ausgesetzt. Kohl musste sich von seinem Widersacher Gerhard Schröder die herbe Kritik gefallen lassen, dass die Bundesregierung Russlandkredite zu blauäugig vergeben hatte.

Die „Männerfreundschaft" zwischen Kohl und Jelzin ermöglichte es, alle Krisen – vom Krieg in Tschetschenien bis hin zur Beutekunst-Frage – unbeschadet zu überstehen. Kohls Russlandpolitik der Saunagänge und Bootsfahrten trug dazu bei, dass im Zuge der Abkehr Russlands von der „romantischen Phase" der Politik der Westöffnung Mitte der 90er-Jahre das positive Deutschlandbild nicht beschädigt wurde. Die Schuld an der NATO-Osterweiterung wurde in Moskau den Amerikanern, nicht den Deutschen zugeschoben. Die russische Elite verband das Eindringen des westlichen Einflusses in den postsowjetischen Raum mit der Politik der USA, nicht mit der Deutschlands. Das wiederum stärkte die potenzielle Vermittlerrolle.

Strategische Partnerschaft Plus

Einige Wochen nach seiner Wahl zum Bundeskanzler fuhr Gerhard Schröder im Herbst 1998 zu seinem ersten Arbeitsbesuch nach Moskau. Erfreuliches konnte Schröder auf seiner Reise nicht entdecken. Moskau weinte dem guten alten Freund Helmut nach. Schröders Wahlkampfversprechungen, dem korrupten Russland keine Milliardenkredite mehr zu schenken, boten kaum eine Grundlage für die Fortsetzung der freundschaftlichen Beziehungen. In der deutschen Botschaft traf sich der neue Bundeskanzler mit oppositionellen Politikern wie Sjuganow und Lebed.

In den deutsch-russischen Beziehungen veränderte sich in der Hauptsache nicht viel, aber die Atmosphäre wurde zunächst schlechter. Schröder setzte in seiner Russlandpolitik nicht, wie Vorgänger Kohl, auf die „große historische Perspektive", sondern auf nüchternen Pragmatismus. Für den neuen Kanzler war Deutschland nun einmal der größte Gläubiger Russlands. Der russische Schuldenberg gegenüber dem Ausland belief sich auf 170 Milliarden US-Dollar, der nun über mehrere Generationen

hinweg abbezahlt werden musste. Auf Deutschland entfiel fast
die Hälfte der russischen Kreditverbindlichkeiten. Schröder
wollte von seinen Gesprächspartnern wissen, wann die deutsche
Wirtschaft endlich mit positiven Veränderungen auf dem russischen Markt rechnen konnte. Nach dem Zweiten Weltkrieg
hatten die USA Westeuropa knapp 14 Milliarden US-Dollar
Hilfe gewährt; nach heutiger Kaufkraft gerechnet entsprach
dies ungefähr 80 Milliarden US-Dollar. In etwa ist dies die gleiche Summe, die Deutschland Russland an Finanzhilfe gewährt
hat. Jelzin spürte, dass unter dem neuen Kanzler die deutsch-
russischen Beziehungen durch Russlands Tilgungsschwierig-
keiten erheblichen Belastungen ausgesetzt werden könnten.

Im Frühjahr 1999 schlitterte die neue rot-grüne Koalition
unvorbereitet in den Kosovokrieg. Aber schon in diesem frühen
Stadium der Schröder-Regierung schien sich abzuzeichnen,
dass Deutschland weiterhin eine Vermittlerrolle gegenüber Moskau spielen wollte. Letztendlich waren deutsche diplomatische
Bemühungen mitentscheidend für Jelzins außenpolitischen
Schwenk von einer totalen Ablehnung des Kriegs zu einer Einbindung Russlands in die NATO-Friedensmissionen auf dem
Balkan.

Am letzten Jahrestag 1999 verabschiedete sich Jelzin von der
Weltbühne. In Deutschland weinte ihm kaum jemand eine
Träne nach. Schröders Blicke waren auf den neuen Mann im
Kreml gerichtet. Geheimdienste berichteten, Putin, der in den
80er-Jahren als Geheimdienstagent in Dresden spionierte, hätte
einen Narren an Deutschland gefressen und würde seine
Westöffnungspolitik auf die Bundesrepublik fokussieren. Doch
Schröder blieb abwartend. Schließlich waren es die obersten
deutschen Wirtschaftsbosse, die den Kanzler zu größerem Engagement mit Putin drängten. Während das erste Treffen zwischen Putin und dem deutschen Außenminister fast mit einem
Debakel endete, weil Joschka Fischer den Kremlchef wegen des
Tschetschenienkriegs kritisierte, wurde bei der ersten Begeg-
nung zwischen Putin und Schröder das Eis gebrochen. Putin erzählte später, Schröder wäre, je länger der Abend wurde, immer
„sanfter" geworden.

Am 11. September 2000 lud Putin seinen deutschen Bio-
grafen, der gerade das Buch „Putin – der Deutsche im Kreml"
veröffentlicht hatte, zu einem mehrstündigen Abendessen in

den Kreml ein. Beim Nachtisch erklärte der Präsident, er würde in den nächsten Tagen Schröder erwarten und ihm vorschlagen, ein großes deutsch-russisches Forum zu gründen, welches die Eliten der beiden Länder vereinen könnte. Putin wünschte sich eine Fortsetzung der Versöhnungspolitik mit Berlin und deutsche Hilfe bei der Integration Russlands mit dem Westen.

Putin betrachtete Deutschland und Schröder, zu dem er ein außerordentlich gutes Verhältnis pflegte, von Anfang an als Russlands wichtigsten außenpolitischen Verbündeten. Putins Rede vor dem Deutschen Bundestag im September 2001 in deutscher Sprache – wenige Tage nach dem 11. September –, in der der russische Präsident den Kalten Krieg ein für alle Mal für beendet erklärte, ging in die Geschichte ein. Sie sollte Russlands endgültigen Bruch mit der kommunistischen Vergangenheit und die Rückkehr des Landes in die gemeinsame europäische demokratische Zivilisation symbolisieren. Ein halbes Jahr später erließ Schröder Russland sechs Milliarden Euro an Schulden, die Moskau der ehemaligen DDR schuldete. Wie kein anderes europäisches Land setzte sich Deutschland für eine Energieallianz mit Moskau und Erleichterungen im strengen Visumverkehr mit seinem mächtigen östlichen Nachbarn ein. Russland erlaubte Deutschland als erstem NATO-Land, militärischen Nachschub zu deutschen Antiterrortruppen in Afghanistan über sein Territorium zu transportieren. Putin lud Deutschland sogar zur Kooperation beim wirtschaftlichen Wiederaufbau des Nordkaukasus und Tschetscheniens ein.

Mit keinem anderen westlichen Politiker traf sich Putin in den nächsten Jahren häufiger als mit Schröder. Die Staatsmänner besuchten sich sogar mitsamt ihren Familien. Putin half Schröder, zwei russische Waisenkinder zu adoptieren – was die besondere innere Nähe Schröders zu Russland symbolisierte.

Zu Beginn des Irakkriegs bildete Russland zusammen mit Deutschland und Frankreich eine Opposition zu den USA und Großbritannien. Für manchen Beobachter war die Antikriegskoalition Berlin-Moskau-Paris der Beginn eines neuen europäischen Kapitels sowie der Anfang einer neuen Weltordnung. Deutschland und Frankreich emanzipierten sich sicherheitspolitisch von den USA, was in Zeiten des Kalten Kriegs nicht möglich gewesen wäre. Russland begann über Paris und Berlin in der europäischen Sicherheitspolitik eine eigenständige Rolle zu spielen, was in den 90er-Jahren als völlig ausgeschlossen betrachtet worden wäre.

Schröder stellte sich in der Jukos-Affäre an die Seite Putins – wie zuvor im Tschetschenienkonflikt. Den kritischen deutschen Medien riet er, ihre Berichterstattung zu relativieren. Um die Energieallianz mit Russland voranzutreiben, führte Schröder persönlich Gespräche mit deutschen und internationalen Energiekonzernen, um ihnen die Ängste vor Russland zu nehmen. Auf sein Betreiben hin wurde ein Bankkonsortium auf die Beine gestellt, das deutsch-russische Projekte im Energiebereich finanzieren sollte. Um Russlands lang ersehnte Integration in die Weltwirtschaft zu beschleunigen, trat Schröder an Russland den deutschen Platz für die Abhaltung des G-8-Gipfels im Jahre 2006 ab. Der Bundeskanzler ließ auch erkennen, dass er den russischen Beitritt zur NATO und EU in einer langfristigen Perspektive keinesfalls ausschließen könne. Damit wurde Berlin seiner selbst auferlegten historischen Anwaltsrolle bei der Unterstützung der Heranführung Russlands an den Westen mehr als gerecht. Außer Frankreich sahen andere europäische Staaten keinen tieferen Sinn in einer Abfederungsstrategie gegenüber Moskau. Das bestärkte Russland wiederum in seinem Glauben, dass es mit Berlin und Paris Sonderbeziehungen eingehen musste, um seine Ziele in Europa zu erreichen.

Staranwalt in Sachen Russland

Hatte Schröder eine Russlandstrategie oder agierte er in Bezug auf Russland nach Bauchgefühl? Ließ er sich von Putin beeindrucken? Oder verstand er plötzlich besser als seine russlandkritischen Spitzendiplomaten, wie schwierig die historischen Aufgaben waren, die Putins Russland zu bewältigen hatte? Von den deutschen Medien kritisch nach seiner positiven Einstellung zu Putin gefragt, wurde Schröder nicht müde zu betonen, dass er die Entwicklung in Russland zwar widersprüchlich und nicht frei von Rückschlägen betrachtete, aber anerkennen musste, dass die wiedererlangte Stabilität Russlands die Sicherheit und Prosperität Europas langfristig stärkte. Der Westen müsste sich keine Sorgen um einen Zusammenbruch Russlands machen oder Milliarden für die zweifelhafte Sanierung des maroden östlichen Nachbarn verschwenden. Die von Schröder forcierte strategische Partnerschaft zwischen Russland und dem Westen entwickelte sich als wichtiges Element der europäischen Ordnung.

Das Kernstück der schröderschen Russlandpolitik war die von ihm mitkonzipierte Energieallianz zwischen der EU und Russland. Sie sollte die Vorstufe zur Bildung eines gemeinsamen Wirtschaftsraums und einer Freihandelszone EU-Russland werden. Hinter der Idee der Energieallianz verbarg sich das alte westeuropäische Modell der deutsch-französischen Montanunion aus den 50er-Jahren, wobei die damalige Rolle der deutschen Stahlexporte nach Frankreich die russischen Energieexporte in den Westen übernehmen sollten.

Die Kohle- und Stahlunion führte die Erzfeinde Deutschland und Frankreich zunächst wirtschaftlich, später politisch enger zusammen. Aus der Wirtschaftskooperation erwuchs eine politische Schicksalsgemeinschaft zweier führender europäischer Mächte, der sich alsbald kleinere westeuropäische Staaten anschlossen. Die Montanunion war ein Pate der späteren Europäischen Wirtschaftsgemeinschaft und damit auch der EU gewesen. Warum konnte 50 Jahre später ein ähnliches Integrationsmodell in Bezug auf Russland nicht ebenfalls funktionieren?

Schröder hatte den tieferen Sinn der Rede Putins im Berliner Reichstag besser verstanden als die meisten deutschen Abgeordneten. Warum sollte Deutschland nicht Putins Vorschlag vom gemeinsamen Aufbau Sibiriens aufgreifen? Deutsche Firmen müssten nur den Zuschlag bei Investitionen in die sibirische Infrastruktur und in den nördlichen Energiesektor erhalten. Schröder erkannte die lukrativen Chancen eines strategischen Bündnisses mit Russland.

Die Vorreiterrolle für den Aufbau der strategischen Beziehungen sollte die Wirtschaft spielen. Sie musste, neben dem natürlichen kommerziellen Interesse am Russlandengagement, die Politik in die richtige Richtung stoßen und sich gegen eine zu starke Vereinnahmung deutscher außenpolitischer Interessen durch die zahlreichen und durchaus einflussreichen Nichtregierungsorganisationen behaupten, die keinen strategischen Sinn in der Russlandpolitik sahen, außer dem Werte- und Demokratietransfer in den postsowjetischen Raum. Die Wirtschaft könnte sich auch verstärkt dafür einsetzen, dass sich das Umfeld für die deutsch-russische Partnerschaft verbesserte. Aufklärung und Objektivität in Bezug auf Russland waren notwendig. Sollten aber die alten Feindbilder wieder zum Leben erweckt werden, könnte die Wirtschaft die Perspektive der Eroberung des russischen Marktes – eines der lukrativsten der Welt – abschreiben. Die Wirtschaft wäre ständig gezwungen, sich für ihr Russlandengagement in der breiten Öffentlichkeit zu rechtfertigen.

Schröder lud auch, nach Abstimmung mit dem Kreml, einige russische Oligarchen des Öfteren zu Arbeitsessen ins Kanzleramt ein. Die Außenpolitiker Gernot Erler (SPD) und Volker Rühe (CDU) wurden mit Sonderbotschaften zu Putin entsandt. Den einzigen Oligarchen, den Schröder nicht sprechen wollte, war Michail Chodorkowski, obwohl dieser kurz vor seiner Verhaftung im Bundeskanzleramt vorstellig wurde.

Die Wirtschaft soll's richten

Noch heute profitieren die deutsch-russischen Beziehungen von Schröders Engagement als Kanzler. Für die deutsche Wirtschaft führte der Weg auf den russischen Markt immer über die enge Kooperation mit der Staatsmacht. Das blinde Vertrauen angelsächsischer Unternehmer auf die russische Privatwirtschaft – in Umgehung staatlicher Institutionen – rächte sich, wie das Beispiel Jukos eingehend verdeutlichte. Deutsche Konzerne schafften es, mit Russland in den Feldern zu kooperieren, die vom sicherheitspolitischen Standpunkt von anderen Staaten noch als sensibel angesehen wurden, wie etwa im Militärtechnologiebereich und in der Navigations- und Satellitentechnik. Deutschland schießt heute zahlreiche seiner kommerziellen Satelliten mit russischen Trägerraketen ins All.

In den 90er-Jahren beurteilten deutsche Unternehmen die Lage in Russland noch als kritisch. Zwei Drittel der Befragten äußerten ihre Besorgnis gegenüber der Mafia, die noch vor den staatlichen und privatwirtschaftlichen Instanzen das Sagen im Land hätte. Der Mangel an Law and Order wurde als größtes Problem benannt. Vor diesem Hintergrund verfolgten deutsche Unternehmer den Aufstieg Putins mit größter Aufmerksamkeit. Die Befragten zeigten große Unsicherheit über die Tragfähigkeit eines rein privatwirtschaftlichen Engagements in Russland.

Der Ruf nach einem starken russischen Ordnungsstaat sowie nach staatlicher Förderung privater westlicher Firmen beim Russlandgeschäft war in den 90er-Jahren nicht zu überhören. Nach der Machtübernahme Putins wurden die Wirtschaftsbeziehungen zum Aushängeschild der strategischen Freundschaft zwischen Deutschland und Russland. Deutschland stieg zum wichtigsten Handelspartner Russlands auf. Aus Russland kamen fast 40 Prozent der deutschen Gas- und über 30 Prozent der Ölimporte. Deutschland war das erste Land, dem Putin es ermöglichte, sich direkt in die Energieförderung einzukaufen. Wintershall und Eon avancierten zu Partnern von Gasprom bei gemeinsamen Förderprojekten und Pipelineverlegungen. Eon besitzt heute sechs Prozent der Gasprom-Aktien.

Für die deutsche Wirtschaft wurde Russland nach China zum zweitgrößten Wachstumsmarkt. Investoren fanden in Russland einen Markt vor, der mit 145 Millionen Menschen mehr Einwohner hatte als alle zehn der EU jüngst beigetretenen neuen Länder zusammen. Die deutsche Konsumgüter- und Lebensmittelindustrie verdient noch heute hervorragend in Russland. Die russischen Geschäfte sind überfüllt mit deutschen Produkten. Da im Handelsbereich die Rentabilität am größten ist, sind vor allem deutsche Groß- und Einzelhandelsunternehmen wie Ikea-Deutschland, Metro, Rewe und Obi auf Expansionskurs. Deutschland liefert heute ein Drittel aller nach Russland eingeführten Maschinen und Ausrüstungen.

Deutschland belegt heute vor den USA Platz eins unter den Investoren in Russland. Doch den größten Teil der Investitionen machen Portfolio-Investitionen (Wertpapieranlagen, Finanzderivate, Kreditgewährungen) aus; die von Deutschland direkt akkumulierten Kapitalanlagen nach Russland sind nur ein Bruchteil dessen, was die deutsche Wirtschaft in Mittelosteuropa investiert hat. Nach Aussagen des neuen Chefdelegierten der deutschen Wirtschaft in Russland, Michael Harms, ist Deutschland Spitzenreiter bei den in Russland ansässigen ausländischen Firmenvertretungen. Über 3000 deutsche Unternehmen sowie circa 1000 Firmen mit 100 Prozent deutschem Eigenkapital arbeiten auf dem russischen Markt. Die Zahl der deutschen Firmen in Moskau und Sankt Petersburg wächst laut Angaben der deutschen Wirtschaft jährlich um 20 Prozent. Immer häufiger errichten deutsche Firmen Produktionsstätten in

Russland oder treffen Vorbereitungen für den Einstieg in den russischen Markt. Mittelständler generieren inzwischen in Russland mehr Umsatz als auf dem deutschen Heimatmarkt. Die Gipswerke Knauf haben es längst zur Marktführerschaft bei ihren Baustoffen in Russland geschafft, Burda ist zum größten Verlagshaus Russlands avanciert.

Die deutschen Unternehmer liebäugeln traditionell mit dem russischen Markt. Bernd Steinhausen, Chef von Olympia-Reisen, einer Touristikfirma für Russland-/GUS-Reisen, ist überzeugt, dass bei den deutschen Firmenvertretern das langfristige Engagement an erster Stelle steht. Deutsche Unternehmer interessieren sich dabei auch für politische Prozesse in Russland und an der russischen Kultur. Ein Viertel der heute auf dem russischen Markt tätigen Firmen war dort schon zu Zeiten der UdSSR aktiv. Sie verfolgen die klare Strategie einer langfristigen systematischen Markterschließung unter einem mittelfristigen massiven Eigenengagement bei kurzfristiger Mitnahme möglichst vieler Einzelprojekte.

Der „Deutsche" im Kreml

Es werden wohl noch einige Jahre vergehen müssen, bevor die deutschen Eliten begreifen, dass sie die einzigartige historische Chance, sich mit einem deutschfreundlichen Präsidenten Russlands zu verständigen, verpasst haben. In der Jelzin-Ära hatte es diese Affinität nicht gegeben. Die Jelzin-Familie pflegte hervorragende Kontakte nach London und Washington. Der Energiedialog mit Russland wurde über die sogenannte Gore-Tschernomyrdin-Kommission geführt. Als 1997 der damalige Erste Stellvertretende Premier Boris Nemzow eine hochkarätige deutsch-russische Wirtschaftskommission unter seinem Vorsitz ins Auge fasste, herrschte ihn sein Boss Tschernomyrdin an: „Deutschland ist Gas. Gas ist Gasprom. Gasprom bin ich! Also gehört Deutschland mir."

Putins Affinität gegenüber dem wiedervereinigten Deutschland hätten Politik und Wirtschaft hierzulande geschickter nutzen müssen. Schröder erkannte besser als andere die historische Chance und sicherte der deutschen Wirtschaft Vorteile gegenüber den amerikanischen und französischen Konkurrenten auf dem russischen Markt. Doch viele deutsche Medien betrachteten Putin wegen seiner früheren Agententätigkeit auf dem Boden Ostdeutschlands mit Misstrauen. Es half auch nicht, wenn der frühere Architekt der deutschen Entspannungspolitik gegenüber Moskau, Egon Bahr, in Fernsehtalkshows den Putin-Kritikern zurief: „Seien Sie milder, können Sie nicht verzeihen?" 70 Prozent der Deutschen teilen Putins Kritik an der amerikanischen Raketenabwehr- und Irakpolitik. Viele deutsche Zeitungen lassen das unerwähnt. Sie berichten äußerst kritisch über Russland, was nachvollziehbar ist. Bedenklich ist, dass sie oft moralisierend, mit erhobenem Zeigefinger belehren. Das hat mit gutem journalistischem Handwerk nichts zu tun.

Vor Putin fiel es dem russischen Außenministerium leichter, sich über eine sicherheitspolitische Kooperation mit den USA als über eine komplizierte Wirtschaftspolitik mit der EU globalpolitisch zu definieren. Putin verordnete seinen Diplomaten eine strategischere Sichtweise auf die EU und Staaten wie Deutschland oder Frankreich. 2004 versuchte Russland noch mithilfe Deutschlands den Transitvisumzwang für russische Reisende zwischen dem Festland und Kaliningrad zu umgehen, indem man eine Westberliner Lösung favorisierte. Doch Berlin, eingebunden in einen gesamteuropäischen Konsens, konnte nicht helfen. Russland zeigte sich enttäuscht über das Desinteresse der EU an einer Interessenpartnerschaft. Trotz des hohen persönlichen Einsatzes von Putin, entweder über Sonderbeziehungen mit Deutschland oder über Offerten an die EU das Visumregime zwischen Russland und der EU vollkommen abzuschaffen und eine stabile Energieallianz zwischen Moskau und den EU-Staaten einzugehen, blieben die Erfolge aus. Aus der europäischen Politik dröhnt immer die gleiche, unmissverständliche Antwort: Russland solle demokratischer werden und eine Wertegemeinschaft mit der EU anstreben. Anders würde die Partnerschaft nicht funktionieren.

Die Mehrheit der Russen ist überzeugt, dass Russlands Schicksal darin liegt, als Großmacht für eine Balance in der Weltpolitik zu sorgen, und dass Russland diese Rolle in wenigen Jahren wieder übernehmen kann. Russlands Wünsche nach einer Großmachtrolle in Europa kann der Westen nicht billigen, solange dies auf Kosten der Transatlantischen Gemeinschaft und der strategischen Allianz mit den USA gehen würde. Viele

Politiker im Westen glauben, dass Russland seinen Einfluss in der Welt überschätzt. Putin indessen ist keineswegs naiv. Er weiß, dass sich Europa zwei Jahrzehnte nach dem Kalten Krieg nicht in Opposition zu Amerika definieren kann und will. Er weiß, dass Russlands Eliten nicht bereit sind, als Preis für eine Integration mit Europa, Souveränitätsrechte an Brüssel abzugeben. Also kocht die viel gelobte strategische Partnerschaft zwischen der EU und Russland auf Sparflamme. Putin hat der EU unmissverständlich klargemacht: Belehrungen an die Adresse Moskaus werden nicht mehr hingenommen, Russland braucht den Westen nicht als Lehrmeister in Sachen Demokratie, sondern ausschließlich als Partner bei der Modernisierung der Wirtschaft.

2005 verschlechterte sich die politische Lage für Schröder in Deutschland. Alle Umfrageergebnisse deuteten darauf hin, dass sich die Mehrheit der Deutschen einen Machtwechsel im Kanzleramt wünschte. Schröder ergriff die Flucht nach vorne und rief Neuwahlen aus. Inzwischen äußerte sich Schröders Herausforderin, CDU-Chefin Angela Merkel, sehr kritisch gegenüber Russland. Schröder und Putin überlegten, wie die positiven Ergebnisse ihrer Politik die kommenden Jahre überdauern könnten. Im Mai 2005 lud Putin den deutschen Bundeskanzler, zusammen mit anderen Staatschefs, nach Moskau ein, zu den 60-Jahr-Feiern des Sieges im Zweiten Weltkrieg. Später reiste er mit Schröder gemeinsam in das ehemalige deutsche Königsberg. Das war eine weitere Geste der Versöhnung. Wie erwähnt, zahlte Russland den Großteil seiner Verbindlichkeiten an Deutschland zurück. 20 Milliarden US-Dollar flossen vorzeitig in die deutsche Staatskasse. Die überraschende Rückzahlung drohte für den deutschen Finanzminister zu einem Problem zu werden: Er musste nun auf die hohen Zinseinnahmen aus dem russischen Schuldendienst verzichten. Der größte Coup Putins stand jedoch noch bevor.

Kurz vor den Bundestagswahlen unterzeichneten Putin und Schröder im Berliner Hotel Intercontinental die Gründung eines russisch-deutschen Konsortiums zum Bau einer Gaspipeline durch die Ostsee von Russland nach Greifswald. Der bisherige Energiedialog sollte den Charakter einer Energieallianz erhalten. Putin bot Deutschland an, zur Drehscheibe für russische Erdgaslieferungen in Westeuropa zu werden. Berlin sollte in

der expansiven russischen Energieaußenpolitik eine Schlüssel-
stellung erhalten.

Im September 2005 verlor Schröder das Kanzleramt. Würde
die neue Regierungschefin Angela Merkel die strategische
Partnerschaft und Energieallianz mit Russland fortsetzen? – war
die bange Frage, die man sich in Moskau stellte. Schröders
Russlandpolitik war nicht nur in Deutschland umstritten. Die
mittelosteuropäischen Länder warfen ihm vor, eine Art Rapal-
lopolitik hinter ihrem Rücken mit Moskau zu betreiben. In der
CDU wurde der Ruf nach einer Diversifizierung der Russlandpolitik laut. Schröder wurde auch aus den eigenen SPD-Reihen
scharf kritisiert, weil er angeblich gegenüber Putin die Frage
der Menschenrechte nicht ansprechen wollte.

In den deutschen Eliten löste Schröders Entscheidung,
gleich nach seinem Ausscheiden aus der Politik den Vorsitz im
Aufsichtsrat des Konsortiums für den Bau der Ostseepipeline
North Stream zu übernehmen, große Entrüstung aus. Medien
unterstellten, Schröder hätte sich diese Plattform noch in seiner
Kanzlerzeit „erarbeitet". Tatsächlich handelte es sich um ein
typisch russisches Kommunikationsproblem. Putin glaubte, er
würde in der deutschen Öffentlichkeit mehr Vertrauen gewinnen, wenn er dem scheidenden Kanzler die Rolle des Oberauf-
sehers in einem Projekt überlassen würde, in dem Russland
eigentlich Mehrheitsaktionär war. Manche der westlichen Attacken verfolgten das Ziel, Schröders historische Verdienste bei
der Annäherung Russlands an den Westen in Zweifel zu ziehen
und seine Person in Verruf zu bringen.

Schröders Russlandpolitik fand in der deutschen Elite und
Öffentlichkeit keinen durchwegs positiven Widerhall, wohl aber
in Russland. 60 Prozent der Deutschen misstrauten Russland
weiterhin, während in Russland, Umfragen zufolge, 60 Prozent
der Menschen Deutschland vertrauten und in der russischen
Öffentlichkeit die Deutschen nach den Weißrussen als die be-
liebteste Nation angesehen wurden. Das Vorstandsmitglied der
Deutschen Bank, Tessen von Heydebreck, warnte vorausschauend davor, die Vorteile, die sich Berlin in den Wirtschaftsbeziehungen mit Russland aufgebaut hatte, leichtfertig zu verspielen.
Es sei keine Selbstverständlichkeit, so Heydebreck, dass man in
Russland eine Präferenz für Deutschland habe. „Das ist möglicherweise in der nächsten Generation nach Putin nicht mehr

gegeben", fügte er hinzu: „Briten und Franzosen stehen bereit, um in die Lücke zu stoßen, die von den Deutschen gelassen würde."

Skeptische Partnerschaft

Kaum war Frau Merkel im Amt, fand in Europa ein Ereignis statt, das manche Beobachter als Grund für eine Revision der bestehenden strategischen Partnerschaft zwischen Russland und der EU bezeichneten. In der Silvesternacht 2005/2006 schaltete Gasprom der Ukraine das Gas ab, nachdem Kiew den Übergang seiner Gasverträge auf marktgerechtere Preise nicht akzeptierte und auf illegale Weise russische Erdgaslieferungen abzweigte, die als Transit über ukrainisches Territorium nach Westen unterwegs waren. In der EU machten Politiker und Medien sofort Russland für die Unterbrechung der Gaslieferungen verantwortlich. In kurzer Zeit war die 30-jährige Reputation Russlands als verlässlicher Gaslieferant plötzlich infrage gestellt. Obwohl in Europa die Unterbrechung den Konsumenten in keiner Weise Schaden zufügte und Moskau sich mit Kiew schnell über eine Kompromisslösung im Gasstreit verständigte, nahmen die traditionell russlandkritischen Länder wie Polen oder die baltischen Länder die sich bietende Gelegenheit auf, um Moskau an den Pranger zu stellen.

Merkels Russlandpolitik

In Russland wurde darüber gerätselt, wie eigentlich das Russlandbild der neuen Bundeskanzlerin aussah. Hatte sie ein positives oder ein negatives Russlandverständnis? Diejenigen, die Frau Merkel enger kannten, meinten, sie verstünde die Bedeutung Russlands für die gesamteuropäische Stabilität. Sie verfolge zwar keinen Schmusekurs gegenüber Moskau. Dennoch wolle sie vorrangig deutsche Wirtschaftsinteressen gegenüber Russland vertreten. Frau Merkel wurde nicht müde, in russischer, deutscher oder englischer Sprache überall, wo man sie danach fragte, zu beteuern, dass die strategische Partnerschaft zu Russland fortgesetzt werden müsste.

Enttäuscht reagierten Beobachter in Russland auf Äußerungen der neuen Kanzlerin, dass sie die oberste Priorität deutscher Außenpolitik wieder in der Stärkung der Schicksalsgemeinschaft mit den USA sehen würde. Unter keinen Umständen wollte Frau Merkel in die Situation geraten, wie zu Beginn des Irakkriegs 2003, zwischen den USA und Russland wählen zu müssen. Auf welche Art und Weise wollte die Kanzlerin die Beziehungen zu den USA verbessern? Die Antwort gab sie, indem sie laut von der Errichtung einer Transatlantischen Freihandelszone schwärmte. Über die von Schröder so favorisierte Freihandelszone mit Russland verlor sie kaum ein Wort. Im Bundestag sprach Merkel von den USA als einem ewigen Freund und Verbündeten sowie von Russland als nur einem möglichen Partner in ferner Zukunft. Sie besaß offensichtlich keinen Ehrgeiz, Russlands Anbindung an die EU mit dem Elan ihrer Vorgänger weiter zu betreiben.

Hatte die Pastorentochter ihre persönliche Sozialisierungsphase in der ehemaligen DDR womöglich in einer sowjetischen Okkupationsopferrolle erlebt, ähnlich wie das politische Geschwisterpaar Lech und Jaroslaw Kaczynski in Polen? Erinnerte ein Mann wie Putin nicht an das Verhalten jener Stasi-Offiziere, die ihrem Vater zu DDR-Zeiten das Leben schwer machten? Während ihrer ersten Kanzlerreise nach Moskau traf sie sich – wie Schröder 1998 – mit russischen Oppositionspolitikern und Regimekritikern in der Deutschen Botschaft. Sie benutzte den Begriff „Freiheit" mit einer nicht vorgespielten Überzeugung.

Natürlich ärgerte sich Putin über die vorgetragene Kritik der Kanzlerin an Russlands Demokratiedefiziten. Vor allem vermutete er, dass sie ihn kritisierte, um bei den kritischen deutschen Medien zu punkten. Während seines Arbeitstreffens mit Frau Merkel im Oktober 2006 in Dresden hatte er erwartet, dass sie ihn vor Angriffen der westlichen Presse im Zusammenhang mit dem Mord an der Journalistin Politkowskaja in Schutz nehmen würde, wie es Schröder sicherlich getan hätte. Stattdessen reihte sich Frau Merkel in den Chor der Kritiker ein und forderte eine rasche Aufklärung.

Die Retourkutsche folgte auf dem Fuß. Bei ihrem ersten Treffen Anfang 2006 hatte Putin der Kanzlerin einen Plüschhund geschenkt. „Wladimir, ich mag doch keine Hunde", soll sie ihm damals gesagt haben. Bei ihrem Besuch in Sotschi Anfang 2007 schnupperte Putins Labrador Connie während des

Gesprächs ungehalten an Frau Merkels Knie. An der Sitzstellung der Kanzlerin konnte der Zuschauer merken, wie unangenehm ihr dieses Spektakel war. Einige Monate später folgte der deutsch-russische Gipfel in Samara. Dort kritisierte Angela Merkel das Demonstrationsverbot für Garri Kasparows Partei Anderes Russland. Putin konterte trocken: Bei den Vorbereitungen zum G-8-Gipfel im deutschen Heiligendamm hätten die deutschen Behörden ebenfalls Demonstrationsverbote verhängt.

Ja, Frau Merkel war wesentlich skeptischer gegenüber Moskau als Kohl und Schröder, aber sie war und ist aus diesem Grunde nicht antirussisch. Sie entwickelte ihren eigenen Stil, mit den Russen umzugehen. Und deutsche Wirtschaftsinteressen hatte sie stets im Blick. Bei ihren ersten Begegnungen mit Putin machte sie deutlich, dass Deutschland sich gegenüber Russland spiegelbildlich verhalten würde. Das hieß, russische Konzerne könnten nur im Westen investieren, wenn deutsche und europäische Firmen dieselben Möglichkeiten auf dem russischen Markt erhalten würden.

An den Rahmenbedingungen deutscher Russlandpolitik änderte sich dagegen nichts. Mit der Idee einer Energie-NATO und einer europäischen Eindämmungspolitik gegenüber Russland konnte Frau Merkel genauso wenig anfangen wie mit dem Drängen der Bush-Administration, Berlin solle sich in der Ukraine und im postsowjetischen Raum stärker gegen Russland positionieren. Die Kanzlerin hörte auch nicht auf einige ihrer Parteikollegen, die ihr rieten, sich im Streit der Russen mit den mittelosteuropäischen Nachbarn aus Solidaritätsgründen an die Seite der früheren Opfer der Sowjetokkupation, also der neuen EU-Mitgliedsstaaten, zu stellen.

Auch in Fragen der Energieallianz wich Angela Merkel nicht von dem Kurs ihrer Vorgänger ab. Die ersten deutsch-russischen Regierungskonsultationen in Tomsk im April 2006 unter ihrer Führung verdeutlichten, dass Berlin seine strategischen Interessen auf dem russischen Energiemarkt verwirklichen wollte. Aus einem Energiedialog entstand eine Energieallianz. Das deutsche Energieunternehmen Wintershall erhielt direkten Zugang zur Gasförderung in Russland. Zusammen mit dem anderen deutschen Energieunternehmen Eon kaufte es für 1,2 Milliarden US-Dollar jeweils 25 Prozent an Beteiligung im neu geschaffenen westsibirischen Juschno-Russkoe-Gaskonsortium. Das dort geförderte Erdgas soll ab 2009 über die Ostseepipeline nach Deutschland und in die EU transportiert werden. Gleichzeitig konnte Gasprom seinen Anteil am gemeinsamen Konzern Wingas, das russisches Gas direkt in Deutschland vermarktet, von 35 Prozent auf 50 Prozent aufstocken. Gasprom erhielt darüber hinaus 50 Prozent Aktienanteile an der Gasspeichergesellschaft Eon Foldgaz Storage in Europa.

Eon erwarb im darauffolgenden Jahr vom auseinanderdividierten russischen Stromriesen RAO EES 70 Prozent Aktienanteile an der OGK-4 für sechs Milliarden US-Dollar. Dies war die bisher größte deutsche Einzelinvestition in Russland überhaupt. Eon stieg nach BP zum zweiten ausländischen Energiekonzern mit strategischer Ausrichtung in Russland auf. Der deutsche Konzern investierte eine Milliarde US-Dollar in die Energiesysteme des infrastrukturarmen Gebietes von Tjumen. Niemand konnte mehr sagen, dass Deutschland unter der Führung von Frau Merkel die Lust an der strategischen Partnerschaft mit Moskau verloren hätte.

Auch in globalen Sicherheitsfragen blieben die Uhren in Berlin und Moskau aufeinander abgestimmt. Im Streit um das iranische Atomprogramm lagen russische und deutsche Vorstellungen meistens näher beieinander als die deutsch-amerikanischen. Beide Staaten favorisierten eine rein diplomatische Lösung. Putins vehemente Kritik an amerikanischen Raketenabwehrplänen, auf der Münchner Sicherheitskonferenz im Februar 2007 vorgetragen, wurde in Kreisen der Bundesregierung mit Verständnis quittiert. „Dieses Thema gehöre in die NATO", so der Standpunkt der Bundeskanzlerin. Mit Russland sollte dieses Problem im Rahmen des NATO-Russland-Rates ehrlich und offen diskutiert werden. Der Koalitionspartner von Frau Merkel, die SPD, konnte sich durchaus eine enge Kooperation mit Russland in Fragen der Entwicklung eines gemeinsamen Raketenabwehrschirms vorstellen.

Zwar lehnte Angela Merkel Putins Vorschlag, Deutschland zur Drehscheibe für den russischen Gastransit nach Europa zu machen, freundlich ab und sprach sich auch gegen eine aktive Beteiligung Moskaus beim europäischen Rüstungskonzern EADS aus. Doch insgesamt konnte es um die Wirtschaftsbeziehungen beider Länder nicht besser bestellt sein. Im Jahre 2007 verzeichneten die deutschen Investitionen nach Russland zum ersten Mal ein größeres Kapitalvolumen als nach China. Den Löwenteil an den Bauverträgen für die Verlegung der 1200 Kilometer langen North-Stream-Pipeline mit einem Volumen von 27,5 Milliarden Kubikmeter im Jahr erhielt das deutsche Unternehmen Europipe. Und der Petersburger Dialog blühte unter dem neuen Vorsitzenden Lothar de Maizière wieder auf. Zukunftsthemen wie Mittelstandsförderung, Energieeinsparung, Demografie, Kulturdialog und Kooperation in Forschungsprojekten luden immer breitere Schichten der Eliten beider Länder zu regelmäßigen strategischen Debatten ein.

Zukunft von Berlin-Moskau

Das Potenzial der Zusammenarbeit zwischen Berlin und Moskau ist größer, als es gegenwärtig den Anschein hat. Deutschland weiß, dass es sich selbst Schaden zufügt, wenn es seine Möglichkeiten auf dem russischen Wachstumsmarkt verschläft. Russland besitzt alle Ressourcen, die Deutschland und Europa für die Aufrechterhaltung ihrer Wohlstandsgesellschaften benötigen. Die EU bleibt für die nächsten Jahre Russlands wichtigster Außenhandelspartner. Die Irritationen mit den mittelosteuropäischen Ländern werden sich mit der nächsten Generation von Politikern leichter bewältigen lassen.

Den deutsch-russischen Beziehungen fehlen allerdings überzeugende Akteure und Strategen, die einerseits außenpolitisch vorausschauend, andererseits mit kulturellem Verständnis die Annäherung beider Völker mit gleicher Leidenschaft betreiben würden, wie es Deutsche mit Franzosen und Deutsche mit Amerikanern in den Nachkriegsjahren vorgemacht haben. Schröder scheint einer der wenigen westlichen Politiker zu sein, der die historischen Dimensionen der Annäherung an Russland begreift. Aber da der Ex-Kanzler in seinem Russlandengagement viel Geld verdient, zweifeln Kritiker an seiner Integrität.

Nach der Pensionierung vieler ehemaliger Sowjetologen und der Schließung des Bundesinstitutes für ostwissenschaftliche und internationale Studien entstand eine Lücke in der Russlandforschung. Den deutsch-russischen Beziehungen fehlt es an der Basis am Vertrauen, an notwendiger Dynamik und funktionierenden Institutionen. An deutschen Hochschulen sinkt das

Interesse an russischen Sprachkursen. Es werden immer weniger Dissertationen zum Thema Russland verfasst. Die den Kalten Krieg überlebt habenden osteuropäischen Fakultäten an den Universitäten verzeichnen ein rückgängiges Interesse an Fächern wie Slawistik und Osteuropakunde. Die wichtigsten Impulse für die Beziehungen kommen derzeit fast ausschließlich aus der Wirtschaft. Wichtig wäre beispielsweise eine russische Akademie in Berlin, analog zur American Academy in der Hauptstadt.

II Ostpolitik II

Jedem, der einmal das gesamte russische Territorium mit seinen elf Zeitzonen überflogen hat, kommt die Frage in den Sinn, welche Vor- und Nachteile Europa von einer Verschmelzung mit diesem Riesenland hätte. Einerseits lagern in Russland alle Bodenschätze, die Europa für seine künftige Wirtschaftsentwicklung benötigt. Andererseits trägt das Land ein gewichtiges autoritäres Erbe aus den vergangenen Jahrhunderten mit sich, mit dem sich die übrige EU nicht identifizieren kann und nicht infizieren möchte. Und doch hat Russland im Verlauf seiner tausendjährigen Geschichte stets eine aktive Rolle in der europäischen Politik gespielt. Die Russen betrachten deshalb den europäischen Kontinent, gleichermaßen wie die West- und Mittelosteuropäer, als ihre historische Heimat.

Aus diesem Grund bat Russland in seiner Schwächephase nach dem Zerfall der UdSSR Europa und nicht Asien um Beistand im Überlebenskampf. Der Westen half mit Krediten, Demokratieprogrammen und ökonomischen Ratschlägen. Erinnern wir uns an die Jahre voller Idealismus nach der Perestroika, als die Welt ein schwaches, aber freies Russland erlebte! Warum gelang es nicht, Russland mit dem Westen zu vereinen? Stattdessen wurden wir Zeugen, wie ein neuer Vorhang Europa teilte.

Alte und neue Wunden

Alte Mythen und Stereotype, die eigentlich schon längst unter den Ruinen des Kalten Kriegs vergraben sein sollten, kamen nach und nach wieder zum Vorschein. Sie prägen heute das Verhältnis zwischen Russland und dem übrigen Europa mit. Die Mittelosteuropäer sehen sich als historische Opfer einer russischen – nicht sowjetischen – Okkupationspolitik während des Kalten Kriegs. Moskau habe sie 45 Jahre lang als reine Kriegsbeute missbraucht. Russland wiederum betrachtet sich als Opfer westlicher Demütigungen in den 90er-Jahren. Der Westen würde Russland als Verlierer der Geschichte, ähnlich wie Westdeutschland nach der Kapitulation 1945, malträtieren.

Eigentlich müssten die EU und Russland ein hervorragendes Verhältnis zueinander haben. Seit einem Jahrzehnt ist die EU Russlands größter Handelspartner. Mehr als die Hälfte seines Außenhandels wickelt Moskau mit den Ländern West- und Mittelosteuropas ab. 70 Prozent aller bisherigen ausländischen Investitionen in Russland erfolgten aus der EU. 40 Milliarden US-Dollar sind aus Europa in die russische Wirtschaft geflossen. Zwei Drittel der russischen Investitionen – 25 Milliarden US-Dollar – kamen den EU-Ländern zugute.

Das Problem besteht darin, dass für die EU Russland kein besonders interessanter Handelspartner ist. Nur fünf Prozent des EU-Exports gehen nach Russland, neun Prozent der EU-Importe stammen vom östlichen Nachbarn. Zwei Drittel der russischen Lieferungen in die EU bestehen aus Rohstoffen und Energieträgern. Aus Europa importiert Russland hauptsächlich chemische Produkte, Fertigwaren, Werkzeug- und Transportmaschinen. Nach dem Pro-Kopf-Bevölkerungseinkommen liegt Russland weit unten auf der Skala der europäischen Länder.

Falsche Erwartungen

Seit den 90er-Jahren finden zwischen Russland und der EU regelmäßige Gipfeltreffen statt. Obwohl beide Seiten den Anschein vermitteln, dass ihre Annäherung eine strategische Ausrichtung hat, sind die Beziehungen in eine Schieflage geraten. Zwar wird in akademischen Studien der Stand der Entwicklung als positiv charakterisiert, doch in Wirklichkeit werden die wichtigsten EU-Themen – Energieversorgungssicherheit und Demokratie im postsowjetischen Raum – von Moskau negiert. Die Europäer wollen aber verhindern, dass Russland sich ein *droit de regard* in Bezug auf den postsowjetischen Raum sichert.

Russische Lieblingsthemen, wie der Abbau von Visumbarrieren sowie Handelsbeschränkungen, werden dagegen von der EU ignoriert. Dabei ärgert die Russen vor allem die Tatsache, dass die EU mit den USA, Israel, den Ländern Lateinamerikas, Ostasiens und Nordafrikas ein liberales Visumregime unterhält. Russische Unternehmer müssen dagegen persönlich vorstellig werden und ihre privaten Bankkonten in europäischen Konsulaten offenlegen, um eine Einreisegenehmigung in die EU zu erhalten. Kein Wunder, dass sie das als Demütigung empfinden!

Warum wird gegenüber Russland mit zweierlei Maß gemessen?
Hat der Westen immer noch Angst vor einer unkontrollierten
Kriminalitätswelle aus dem Osten?

In den 90er-Jahren hatte Russland aus eigenem Interesse
einen Wertetransfer von der EU nach Osten gefördert. Gute
Beziehungen zum Westen gehörten für die damalige russische
Führung zu den Grundlagen ihrer politischen Legitimität. Sie
waren deshalb eine nicht zu unterschätzende Machtressource
im Innern. Heute steht Russland, wie die Auseinandersetzung
Putins mit allen anderen EU-Staatschefs beim finnischen Gipfeltreffen in Lahti Ende 2006 gezeigt hat, wegen seiner Demo-
kratiedefizite ständig am Pranger. Die internationalen Presse-
konferenzen in EU-Hauptstädten enden für Putin oftmals mit
einem Eklat, denn der Kremlchef lässt es sich nicht nehmen,
aggressiv fragende westliche Journalisten mit aggressiver Rhetorik abzukanzeln.

Aber auch im Westen ist nicht alles Gold, was glänzt. Vor
allem kleinere EU-Staaten glauben, sich auf Kosten Russlands
im gesamteuropäischen Kontext profilieren zu können. Mit
großer Besorgnis blicken Westeuropäer und Russen dem Zeitpunkt entgegen, wenn besonders russlandkritische ehemalige
Warschauer-Pakt-Staaten turnusgemäß die EU-Präsidentschaft
übernehmen werden. Das könnte zu einer Eiszeit zwischen der
EU und Moskau führen.

Der britische EU-Handelskommissar Peter Mandelson
warnte im April 2007 vor einem neuen Kalten Krieg zwischen
der EU und Russland. Der gegenwärtige Bundesaußenminister
Frank-Walter Steinmeier verzieht das Gesicht, wenn er mit dieser Vokabel konfrontiert wird. In seinen politischen Ansichten
gegenüber Russland steht er in der Tradition der früheren SPD-
Kanzler Willy Brandt und Gerhard Schröder. Er würde die Ostpolitik der 70er-Jahre lieber heute als morgen neu auflegen:
„Wandel durch Handel", „Integration durch strategische Verflechtung" ... wenn man ihn nur machen ließe.

Vergebens sucht Steinmeier nach Verbündeten in den höchsten politischen Kreisen Europas. Sehnsüchtig denkt er an die
Jahre zurück, als hohe russische Politiker und Oligarchen sich
im Kanzleramt die Klinke in die Hand gaben und die Bundes-
hauptstadt als politisches Drehkreuz zwischen Ost und West
fungierte. Sein früherer Chef, Ex-Kanzler Schröder, sieht es ge-

lassen: Die gegenwärtige westliche Russlandhysterie ist nur eine temporäre Erscheinung. Diejenigen, die einer konstruktiven Russlandpolitik das Wort geredet haben, würden sich letztendlich durchsetzen.

Ostpolitik reduxe

Die Gründe, weshalb Deutschland in den letzten 40 Jahren immer wieder eine Ostpolitik gegenüber Russland auflegte, sind vielfältig. Deutschland geht es um Stabilitätssicherung an der Ostgrenze Europas, um Marktvorteile für die eigene Wirtschaft und um eine wirkliche Versöhnungspolitik mit dem ehemaligen Feind nach der tragischen Zerstörung Europas im Zweiten Weltkrieg. Die Bundesrepublik machte mit der Ostpolitik meist positive Erfahrungen. Doch nicht immer konnte sie ihre westlichen Verbündeten von der Richtigkeit dieser Strategie überzeugen.

Die Ostpolitik von Willy Brandt zielte in den 70er-Jahren auf eine friedliche Koexistenz mit dem damaligen Gegner – der kommunistischen Supermacht UdSSR. 30 Jahre waren seit dem Ende des Zweiten Weltkriegs vergangen. Westdeutschland, von sowjetischen Raketen bedroht, suchte, parallel zu den USA, nach Wegen, den Kalten Krieg in eine „Entspannungspolitik" zu überführen. Die Ölkrise der 70er-Jahre hatte die Verwundbarkeit des Westens von Energielieferungen aus dem Persischen Golf deutlich gemacht; Europa musste handeln, um seine Energieimporte zu diversifizieren. Westdeutschland erkannte in den sowjetischen Gaseinkäufen die sicherste Alternative zum arabischen Öl. In den folgenden Jahrzehnten wurden kilometerlange Mammutpipelines von den Gasfeldern Sibiriens über Osteuropa nach Westen gelegt. Es entstanden gegenseitige Abhängigkeiten zwischen dem Energieproduzenten UdSSR und seinen wichtigsten Konsumenten – Deutschland und der damaligen Europäischen Wirtschaftsgemeinschaft. Die Gas- und Röhrenbaugeschäfte, die deutsche Firmen mit der Sowjetunion betrieben, sollten den politischen Wandel im kommunistischen Osten durch Handelsverflechtungen mit dem Westen befördern.

Die USA kritisierten heftig das Röhrengeschäft der Westdeutschen mit dem sowjetischen Rivalen. Sie diskreditierten

Willy Brandts Verhalten als Beschwichtigungspolitik. Auch das deutsche konservative politische Lager sah in den Ostverträgen Anfang der 70er-Jahre einen Ausverkauf westlicher Interessen. Beinahe brachten sie den damaligen Kanzler durch ein Misstrauensvotum zu Fall. Am jähen Ende der damaligen Ostpolitik trugen jedoch die Sowjets Schuld, da sie mit Günter Guillaume einen Spion in das Bundeskanzleramt einschleusten, der, nach seiner Enttarnung, den Sturz von Brandt zur Folge hatte.

Auf dem letzten Höhepunkt des Kalten Kriegs 1981/1982 verhängte der sich auf dem Kreuzzug gegen das sowjetische Imperium des Bösen befindende Ronald Reagan ein Exportverbot für Rohrverlegemaschinen und Kompressoren nach Russland. Ziel amerikanischer Politik war es, den Transfer westlicher Technologie in die UdSSR zu unterbinden. Reagan wollte verhindern, dass die sowjetischen Deviseneinnahmen im Zuge des Gasgeschäfts zunahmen. Doch wie der Erlanger Historiker Gregor Schöllgen schreibt, musste Reagan ein Jahr später seine Maßnahmen revidieren, weil sich Großbritannien und Frankreich mit Deutschland gegen amerikanische Sanktionen solidarisierten. Die USA hatten somit ihren Anteil daran, dass Westeuropa und Russland den entscheidenden Schritt zu einer Energieallianz noch in den 80er-Jahren festigten.

Auch nach dem Zerfall der Sowjetunion blieb die Kooperation im Energiesektor wichtiger Bestandteil der strategischen Partnerschaft zwischen der erweiterten EU und dem postkommunistischen Russland. Die Energieallianz, die strategische Partnerschaft EU – Russland, aber auch der deutsch-französisch-russische Troika-Mechanismus waren in den Kohl- und Schröder-Jahren äußerst wichtig gewesen, um die NATO-Osterweiterung gegenüber Russland mit positiven Projekten abzufedern. Rückblickend muss verzeichnet werden, dass in den vergangenen 30 Jahren – bis zum Wendepunkt in der russischen Energiepolitik 2006 – Russland stets ein verlässlicher Öl- und Gaslieferant war.

Die Annäherung an Russland sollte durch die Bildung von gemeinsamen Räumen zwischen der EU und Russland vonstattengehen. Wäre Schröder Bundeskanzler geblieben, hätte die europäisch-russische Energiepartnerschaft wahrscheinlich noch stärkere politische Züge erhalten. Schröder war einer der wenigen westlichen Politiker, die zu Beginn des 21. Jahrhunderts noch an ein „erweitertes Europa" mit Russland glaubten. So wie nach dem Zweiten Weltkrieg die ehemaligen Erzfeinde Deutschland und Frankreich über gegenseitige wirtschaftliche Verflechtungen die Kohle- und Stahlunion vorantrieben und aus ihr Jahre später die Europäische Wirtschaftsgemeinschaft formierten, gingen deutsche und russische Überlegungen in den Jahren 2001 bis 2005 so weit, über eine Energieallianz EU – Russland eine feste Freihandelszone von Brest bis Wladiwostok zu kreieren.

Ende 2005 war Schröder als Kanzler abgewählt. Wenige Wochen später kam es im Zuge des Gasstreits zwischen Moskau und Kiew zur bisher ernsthaftesten Krise zwischen Russland und der EU in Fragen der Energiesicherheit. Steinmeier, Schröders früherer Kanzleramtschef und neuer Außenminister, sah sich in der Rolle des Schlichters. Eine radikale Abkehr von der Energiepartnerschaft mit Russland, wie es die neuen EU-Mitgliedsländer in Mittelosteuropa einforderten, kam für ihn nicht infrage. Ungeachtet der dunklen Wolken, die am östlichen Himmel Europas heraufzogen, ließ er im Frühjahr 2006 seinen Planungsstab eine neue Strategie für eine EU-Ostpolitik entwerfen, die Deutschland während seiner kommenden EU-Ratspräsidentschaft gegenüber Russland und den anderen Ländern des postsowjetischen Raumes implementieren sollte.

ESVP in Aktion

Noch in seiner Eigenschaft als Premierminister unterbreitete Wladimir Putin den EU-Staatschefs auf dem EU-Russland-Gipfel in Helsinki im Oktober 1999 ein neues Konzept für künftige Kooperationen. Russland bemühte sich offenkundig, nachdem die USA eine „Weltpolitik ohne Russland" proklamiert hatten, die EU in eine erweiterte Energie- und Sicherheitspartnerschaft einzubeziehen. Putin schlug einen Dialog im Rahmen der Europäischen Sicherheits- und Verteidigungspolitik (ESVP) vor, die auch gemeinsame europäisch-russische Friedensmissionen ins Auge fassen sollte.

Doch die EU suchte ihren eigenen Weg in den postsowjetischen Raum. Nach ihrer vorerst letzten Erweiterungsrunde auf die Länder des Balkans wollte die EU ein stabiles und in jeglicher Hinsicht kooperatives Verhältnis nicht nur mit Moskau, sondern auch mit den anderen postsowjetischen Staaten suchen. Diese in der direkten Nachbarschaft zur EU befindlichen Staaten sollten zu sicherheitspolitischen Verbündeten in Fragen der Energieversorgung, Grenzsicherung und der Bekämpfung internationaler Kriminalität aufgebaut werden. Der gemeinsame Drogenkampf wurde zu einer der vordergründigsten Aufgaben der nächsten Jahrzehnte erklärt. Zusammenarbeit im Bereich Katastrophenschutz stand ebenfalls auf der Tagesordnung. Russische Löschflugzeuge sind bei Waldbränden in Griechenland und anderen Balkanstaaten heute schon im Einsatz.

Die neue EU-Ostpolitik zielte darauf, alles zu vermeiden, was Russland von Europa entfernt. Die von Deutschland konzipierte Ostpolitik dachte vorsichtig darüber nach, ob die EU inzwischen reif und stark genug war, um die sogenannten „eingefrorenen Konflikte" in Moldawien und im Südkaukasus zu thematisieren. Eine stabile Entwicklung in der Ukraine und in Belarus zwischen den beiden Polen EU und Einheitlicher Wirtschaftsraum musste abgesichert werden. Die Länder Zentralasiens wurden als Verbündete im Kampf gegen den islamistischen Extremismus und Terrorismus im Großen Mittleren Osten benötigt. Der Südkaukasus brauchte den Anschluss an die künftige gesamteuropäische Energieallianz. Vor einer Initiative für einen Kaukasusstabilitätspakt, der in Anlehnung an das Modell Balkan in einigen strategischen Papieren von Staatsminister Gernot Erler angeregt wurde, schreckte Berlin allerdings zurück. Die Entwicklung der letzten Jahre hatte schließlich gezeigt, dass die „bunten" Revolutionen in der GUS weit davon entfernt waren, sich mit den „sanften" Revolutionen in Osteuropa 1989 zu messen.

TAFTA statt RUFTA

Die Tageszeitung *Die Welt* berichtete im April 2006 als erste über die neuen Ostpläne der schwarz-roten Regierung. Die Architekten der Ostpolitik-2 gingen von der richtigen Grundüberlegung aus, dass der Kontinent Europa eine historische Baustelle war. In den 90er-Jahren hatten die skandinavischen Länder während ihrer Ratspräsidentschaften eine EU-Politik der nördlichen Dimension praktiziert, die ähnliche Ziele gegenüber Russland verfolgte. Doch einerseits ging Russland auf diese

Initiativen nicht ein; andererseits setzten die nachfolgenden EU-Präsidentschaften andere geopolitische Schwerpunkte wie das Verhältnis zu Nordafrika. Vor allem Franzosen oder Italiener richteten ihr Augenmerk auf die Maghrebregion. Unter deutscher Führung sollte sich die EU wieder stärker auf die Unterstützung der noch keineswegs abgeschlossenen Transformationsprozesse im Osten Europas konzentrieren. Die von der neuen Bundesregierung konzipierte Ostpolitik umfasste nicht nur Russland, sondern alle postsowjetischen Länder. Schwerpunkte der neuen Ostpolitik sollten ein neuer Partnerschafts- und Kooperationsvertrag mit Russland, eine intensivere Nachbarschaftspolitik gegenüber der Ukraine sowie eine neue Zentralasienstrategie werden. Deutschland bot auch „Problemkindern" wie Belarus und Usbekistan die Verflechtung an.

Steinmeiers Mitarbeitern war klar, dass die neue Ostinitiative mit anderen Interessen kollidieren würde. Russland könnte den europäischen Vorstoß nach Zentralasien als aggressive Energiebeschaffungsstrategie interpretieren. Schließlich übten die USA Druck aus auf die EU, um die NATO-Osterweiterung voranzutreiben mit den Ländern Ukraine und Georgien. Immerhin gab es dafür in der NATO keinen Konsens. Die neue deutsche Ostpolitik betrat unsicheres politisches Terrain.

Die neue Ostpolitik der deutschen Ratspräsidentschaft hatte ein großes Problem in Deutschland: Ihre Eliten und die öffentliche Meinung standen dieser Idee gleichgültig gegenüber. In den Nachkriegsjahren hatte sich ganz Europa Gedanken über die Lösung der deutschen Frage für die Stabilität Europas gemacht. Inzwischen war Deutschland ein integrierter Bestandteil eines friedlichen, prosperierenden Europas. Normalerweise müsste man annehmen, dass für den gesamteuropäischen Einigungsprozess nun die positive Lösung der russischen Frage anstehen sollte. Wenn schon Russland nicht in die EU und NATO aufgenommen werden konnte, welche Formen der Integration sollten entwickelt werden, um in den kommenden Jahrzehnten die zweitgrößte Atommacht der Erde, die seit 2000 eine der größten Wirtschaftswachstumsraten der Welt aufzeigte, deren Bevölkerung sich europäisch empfand und sich mit den Sicherheitsproblemen Europas identifizierte, in ein „Gemeinsames Europäisches Haus" aufzunehmen? Das bedeutete keineswegs, dass Europa zwischen USA und Russland

wählen musste. Prorussisch denken hieß keineswegs antiamerikanisch handeln.

Steinmeier verkannte, dass die Konzeption einer neuen Ostpolitik von einem neuen europäischen Denken überholt wurde.
Vor nicht langer Zeit hatten sich Deutschland und Frankreich
noch gegen eine Vereinnahmung ihrer auf Russland gezielten
Interessen durch die antirussisch gesinnten Mittelosteuropäer
verwahrt. Inzwischen schien jedoch der innereuropäische Konsens in der Russlandfrage von Moskauskeptikern bestimmt zu
werden. Immer lauter erscholl der Ruf nach einer Eindämmungspolitik gegenüber Russland.

Bundeskanzlerin Merkel wurde von den östlichen Nachbarn
dringend gebeten, in ihrer Russlandpolitik ein jegliches An-
zeichen von „besonderen Beziehungen" zwischen Berlin und
Moskau zu vermeiden. Die Hysterie, mit der manche mittelosteuropäische Staaten den Bau der Ostseepipeline als neuen Hit-
ler-Stalin-Pakt titulierten, war kaum zu überbieten. Die neuen
Mitgliedsländer forderten von den alten EU-Staaten eine un-
umschränkte Solidarität im Umgang mit Russland. Frau Merkel
sah sich in dieser Lage außerstande, die traditionelle Anwaltsrolle zwischen Russland und dem Westen zu spielen. Statt zu
einer aktiven wurde sie zu einer passiven Vermittlerin.

Vermutlich dachte Frau Merkel lange darüber nach, ob
Deutschland in seiner kurzen EU-Ratspräsidentschaft im ersten
Halbjahr 2007 so viel Energie für eine neue Ostpolitik aufwen-
den sollte, die möglicherweise keine Früchte bringen und keinen Konsens in der EU erzeugen würde. Dass in der Russlandfrage kein Einvernehmen unter den Europäern existierte, bewies
gleich zu Beginn der deutschen Ratspräsidentschaft Polen.
Warschau verzögerte durch seine Weigerung, Berlin ein Man-
dat für den Beginn der Verhandlungen für eine Verlängerung
des im Jahre 2007 auslaufenden Partnerschafts- und Kooperationsabkommens zwischen EU und Russland zu erteilen, den
Beginn einer konstruktiven Ostpolitik. Die innereuropäische
Spaltung in der Russlandfrage wurde offensichtlich. Merkels
Haltung zur Idee einer Ostpolitik kühlte ab. Dies zeigte sich
deutlich bei Merkels außenpolitischem Berater Christoph Heus-
gen, dem bei diversen Veranstaltungen im Vorfeld der deutschen EU-Ratspräsidentschaft der Begriff Ostpolitik und sogar
Russland kaum über die Lippen kam.

Die Kanzlerin sah die historische Chance, in einer Zeit, in der in Frankreich und Großbritannien die politische Führung wechselte, zur unangefochtenen politischen Führerin der EU aufzusteigen. Peinlichst achtete sie darauf, ihre Autorität nicht durch unnötige Risse im innereuropäischen Konsens zu gefährden. Wichtiger als die Baustelle im Osten Europas war ihr die Wiederbelebung der europäischen Verfassungsidee sowie die Konsolidierung der gemeinsamen europäischen Sicherheits- und Verteidigungspolitik. Dies betraf die Brennpunkte Kosovo, Naher Osten, Afghanistan und Iran. Der Konsens innerhalb der EU war ihr wichtig. Deshalb bekundete sie Solidarität mit den Mittelosteuropäern gegenüber Russland. Gleichzeitig ließ sie sich jedoch nicht vor deren antirussischen Karren spannen.

Die von der Regierung Schröder angestrebte Freihandelszone mit Russland (RUFTA) konnte warten. Merkel begeisterte sich eher für die Idee einer Transatlantischen Freihandelszone (TAFTA). Ihr schien es, als ob sie die europäischen Eliten statt für Russland viel eher für eine grundlegende Revitalisierung der transatlantischen Gemeinschaft und die Reparatur des angeschlagenen Verhältnisses zu den USA begeistern konnte. In Zeiten neuer globaler Unruhen und geopolitischer Verschiebungen würde Europa noch lange den Schutz Amerikas benötigen. Merkel verstand, dass das von ihrem Vorgänger praktizierte Näherrücken Berlins an Moskau in Washington mit Misstrauen verfolgt wurde. Die neue Bundesregierung sah ein, dass sie, um die EU zu führen, keine Signale einer Emanzipation von Amerika verbreiten durfte.

Darüber hinaus verstand die Bundeskanzlerin, dass ein Einsatz der deutschen Ratspräsidentschaft für alternative Pipelines aus Zentralasien unter Umgehung Russlands Streit mit Moskau heraufbeschwören konnte. Die Kanzlerin benötigte Russlands Wohlwollen viel dringender bei der Lösung globaler Konflikte – im Atomstreit mit dem Iran, im Nahost-Quartett, auf dem Balkan.

Sie war gegenüber Putin schon auf Konfrontation gegangen, als sie bei den deutsch-russischen Konsultationen in Dresden im Oktober die russische Offerte, Deutschland zur Drehscheibe für die Verteilung des russischen Erdgases in Europa zu machen, ablehnte und öffentliche Zweifel am Funktionieren des russischen Rechtssystems äußerte. Merkel kritisierte nicht die

Transitländer Ukraine und Belarus, die russische Energielieferungen in den Westen „anzapften". Vielmehr suchte sie nach Wegen, diese Transitländer in eine gesamteuropäische Energieversorgungsarchitektur zu integrieren und sie so vor russischem Druck zu schützen.

Der „dämliche Transatlantismus"

„Ist in den Beziehungen zwischen EU und Russland Ihrer Meinung nach alles in bester Ordnung?", fragte ein deutscher Publizist Putin beim gemeinsamen Spaziergang entlang der Meeresküste in Sotschi im September 2007. Er sehe keine größeren Probleme, erwiderte der Kremlchef. Mit Frau Merkel würde er sich gut verstehen. Wichtige Witschaftsprojekte wären aus der Taufe gehoben worden. Nur verstünde er den „dämlichen Transatlantismus" der Deutschen und Europäer nicht ganz. Wann werde sich Europa von den USA emanzipieren, fragt Putin. Die europäische Nachkriegsordnung habe sich verändert. Warum müssen westeuropäische Politiker ihr Handeln immer noch mit Washington abstimmen? Wieso mischten sich die USA ständig in die Regierungsbildung in den mittelosteuropäischen Ländern ein?

„Kann Russland nicht bilaterale Beziehungen zu solchen Staaten pflegen, die an einer Partnerschaft mit Moskau besonders interessiert seien?", fragte der neugierige Experte weiter. „Die EU hätte das Prinzip der Mehrheitsentscheidungen vor ihrer großen Erweiterung auf Mittelosteuropa durchsetzen müssen. Dann hätten die Neulinge die Annäherung des alten Westens an das neue Russland nicht behindert!", warf der russische Präsidentenberater Sergei Jastrschembski ein.

Die übrigen westlichen Teilnehmer des Sotschitreffens mit Putin schüttelten nur den Kopf. Putin verstünde nicht, dass für die Mehrheit der Europäer eine unipolare Weltordnung mit der Führungsmacht USA an der Spitze sicherer und wirtschaftlich zukunftsträchtiger erscheint als eine multipolare Weltordnung, in der Russland und China Gegenpole zum Westen bildeten. Für die Eliten der EU-Länder wäre das Ende einer von den USA dominierten Weltordnung ein Sturz ins Chaos.

Sie erinnerten daran, wie während des Irakkriegs der Kreml von der Schaffung einer multipolaren Welt mit den Europäern als Gegengewicht zur unilateralen Pax Americana träumte. Die mittelosteuropäischen Staaten lehnten die „Achse" Berlin–Moskau–Paris kategorisch ab. Die Achse würde NATO und EU spalten. Für die neu hinzugekommenen EU-Staaten war die Idee, dass Russland über die deutsch-französisch-russische Troika Einfluss auf die europäische Sicherheitsagenda erhielt, ein Horrorszenario.

Kaltes Entsetzen bereitete ihnen die Vorstellung, dass Europa sein sicherheitspolitisches Schicksal künftig nicht mit den USA, sondern mit Russland verbinden könnte. Das historische Bündnis Europas mit Amerika, das vor allem eine Sicherheits- und eine Wertegemeinschaft beinhaltete, sollte niemals mehr so sträflich infrage gestellt werden wie während der Auseinandersetzungen zwischen dem „alten" und „neuen" Europa zu Beginn des Irakkriegs. Das Trauma einer gespaltenen transatlantischen Schicksalsgemeinschaft verfolgte Europa auch fünf Jahre nach dem Irakkrieg. Das erklärte das Verhalten von Angela Merkel und Nicolas Sarkozy, die ihre Politik demonstrativ an die USA anlehnen.

Putin versteht auch nicht, warum viele Europäer, mit denen er spricht, die Unterstützung des amerikanischen Kampfes für Demokratie in der arabischen Welt als eine historische Bringschuld für die Rettung des freiheitlichen Europas im Kalten Krieg erachten.

Neues versus altes Europa

Für die Implementierung einer konstruktiven Ostpolitik benötigt die EU eine Attraktivität im postsowjetischen Raum, politische Instrumente, die sie als Druck- und Lockmittel benutzen kann, und einen Konsens aller Mitgliedsstaaten. Doch innerhalb der gegenwärtigen EU existiert keine kohärente Russlandpolitik. Der Faktor Russland spaltet die EU in der gleichen Weise, wie der Irakkrieg 2003 das politische Europa in ein „altes" und „neues" aufteilte.

In den außenpolitischen Debatten der EU-Institutionen werden seit Jahren immer dieselben Rituale gepflegt. Wenn die „alten Europäer" über globalen Handel, Iran, Irak, Afrika oder Klimaschutz diskutieren, schweigen die Vertreter Mittelosteuropas. Kaum ist die Rede von Russland, da melden sie sich vehement zu Wort. Aggressiv im Ton fordern sie eine Solidarität der Westeuropäer ein für eine Eindämmungspolitik gegenüber Moskau. Die alten EU-Mitglieder sind jedes Mal überrascht, wie sorgfältig die Neulinge ihre vorgebrachten Positionen vor dem Gang in die gemeinsamen Entscheidungsgremien untereinander absprechen, koordinieren und die älteren Mitgliedsländer überrumpeln.

Russland macht es seinen Freunden in Europa wirklich nicht leicht. Putin hat sein Land in einen ideologischen Weltanschauungskonflikt mit der EU verwickelt, der kaum zu lösen ist. Wie kann Moskau ernsthaft erwarten, dass sich der Westen, der im Kalten Krieg von sowjetischen Atomwaffen existenziell bedroht wurde, mit Moskau gegen die von Russland 45 Jahre lang besetzten mittelosteuropäischen Länder solidarisiert? Im estnisch-russischen Denkmalstreit im Mai 2007 stellte sich die EU aus Solidarität mit ihren neuen Mitgliedsländern demonstrativ an die Seite Tallinns. In der EU versteht man nicht, weshalb sich Russland so vehement für die demokratischen Rechte von Auslandsrussen im Baltikum einsetzt, gleichzeitig aber im eigenen Land kaum Minderheitenrechte gewährt. Als Folge dieser Irritationen erklärten vier Fünftel der in einer Umfrage angesprochenen Russen, sie würden die EU als Rivalen oder gar als Feind Russlands betrachten. Wo waren die 60 Prozent der russischen Bevölkerung geblieben, die Anfang der 90er-Jahre stets für Jelzin, Demokratie und liberale Werte im Perestroika-Russland abgestimmt hatten?

Gerade an Russland scheiden sich die europäischen Geister. Deutschland, Italien und Frankreich sind die größten Wirtschaftspartner Russlands. Deren Unternehmer möchten über eine verstärkte Kooperation Moskau enger an Europa binden. Zwar geben autoritäre Tendenzen in der russischen Innen- und Außenpolitik den meisten EU-Ländern Anlass zur Sorge. Doch die Anhänger einer Fortsetzung der strategischen Partnerschaft mit einem wirtschaftlich lukrativen und stabilen Russland überwiegen. Nur eine Minderheit befürwortet eine Eindämmungspolitik gegenüber Moskau.

Die meisten westlichen Experten haben auf Sicherheitskonferenzen im Baltikum ein Déjà-vu-Erlebnis. Die Rhetorik gegenüber Moskau ist die des vergangenen Kalten Kriegs, als ob die Strategie westlicher Politik darin bestehen müsste, das

Putin-System genauso zu stürzen wie seinerzeit die kommunistische Sowjetnomenklatura. Hauptredner auf Sicherheitskonferenzen in Tallinn oder in Riga sind meistens amerikanische „Neocons", kaum Europäer. Sie reden von „Freedom-Projects" und „Fonds" zur Förderung von Demokratie in Russland. In den meisten mittelosteuropäischen Staaten ist eine antikommunistische Elite an der Macht. Sie definiert sich weniger als prowestlich, sondern oft als antirussisch. Wie im Kalten Krieg möchten sie amerikanische Waffensysteme gegen Russland auf ihrem Territorium stationieren. Der estnische Präsident Tomas Ilves scheut nicht davor zurück, Putin mit einem Gestapo-Offizier zu vergleichen. Bedauerlicherweise tut Moskau wenig, um sich mit den ehemaligen Warschauer-Pakt-Staaten auszusöhnen. Sowohl Jelzin als auch Putin reisten selten nach Mittelosteuropa zu Staatsbesuchen. Ein Europawissenschaftler aus Moskau sagte kürzlich auf dem Petersburger Dialog: „Eine Versöhnungspolitik gegenüber kleinen, unbedeutenden Ländern kommt für das große Russland nicht infrage."

Von mittelosteuropäischen Staaten, die noch vor fünf Jahren die deutsch-französisch-russische Troika als „Achse des Bösen" gebrandmarkt hatten, konnte niemand Enthusiasmus für Steinmeiers neue Ostpolitik erwarten. Gerade Polen wollte Berlin während der deutschen EU-Ratspräsidentschaft durch seinen Boykott der Verhandlungen über die Fortsetzung des Partnerschaftsabkommens mit Russland einen Denkzettel erteilen: Warschau würde keine vermeintlichen Sonderbeziehungen Berlin–Moskau mehr tolerieren. Der sogenannte Fleischskandal war nur ein vorgeschobenes Thema. Zur gleichen Zeit erhöhte sich das Handelsvolumen zwischen Russland und Polen.

Während Berlin in seiner EU-Ratspräsidentschaft zumindest Schadensbegrenzung gegenüber Putin betrieb, bastelte der polnische Präsident Lech Kaczynski in der Schwarzmeer- und kaspischen Region an der Idee eines „demokratischen cordon sanitaire" zur Eindämmung des „neoimperialistischen" Russlands. Dass Bundeskanzlerin Merkel von einer Russia-first-Politik ihrer Vorgänger Abstand genommen hatte, war für Warschau nicht genug. Polen verfolgte die Idee einer „Energie-NATO" zur Eindämmung des russischen „Energieimperialismus". Unklar blieb jedoch, wie westliche „Energie-Habenichtse" (Originalton Steinmeier beim Deutsch-Russischen

Forum) Russland in Energiefragen zu Konzessionen bewegen
könnten.

Letztendlich erlaubten die neuen EU-Mitgliedsstaaten
Deutschland nicht, eine europäische Ostpolitik für Russland zu
konzipieren. Deutschland musste angesichts dieser Opposition
gegen Russland tatenlos zusehen, wie das Partnerschafts- und
Kooperationsabkommen zwischen Russland und der EU nach
und nach in sich zusammenbrach und ein großes Fragezeichen
hinter dem russischen Beitritt zur WTO setzte. Die historische
Wegkarte, die Deutschland zusammen mit Frankreich in Bezug
auf Russland entworfen hatte, war unbrauchbar geworden.

Friedliche Koexistenz

Der Jahresbeginn 2007 brachte für viele russische Winterur-
lauber eine böse Überraschung. Einige Hundert Touristenvisen
wurden an der EU-Grenze einfach annulliert. In einem französischen Winterkurort wurde eine russische Party mit Polizeigewalt aufgelöst, unter dem Vorwand, einige der dort anwesenden russischen Frauen wären in Wirklichkeit professionelle
Prostituierte, die in Frankreich illegal arbeiten würden. Aus
dem alpinen Kitzbühel kam der Vorschlag, russischen Touris-
mus mit Aufenthaltsquoten zu begrenzen. Die Russen fühlen,
dass sie in Europa nicht mehr willkommen sind.

Hat der russische „Energieimperialismus" die EU aufge-
schreckt? Tatsächlich sind die Abhängigkeiten Europas vom
russischen Erdgas gar nicht so dramatisch, wie in den Medien
dargestellt. Zum einen verfügt die EU mit der Kohle- und
Nuklearindustrie sowie Flüssiggaslieferungen aus dem Nahen
Osten über genügend alternative Energiequellen, um russisches
Gas zu ersetzen. Wirklich abhängig sind von Russland nur die
Mittelosteuropäer. Deshalb drängen sie die EU zu einer radikalen Diversifizierung von Energieimporten aus Russland. In
der Energiepolitik wehrt sich die EU nicht so sehr gegen die
Abhängigkeit von russischen Erdgaslieferungen, als gegen Versuche Moskaus, mittels der Gas- und Ölschraube seine geopolitischen Positionen auf dem europäischen Kontinent auszu-
bauen. Zwischen Russland und der EU wurde nun, wie in Zeiten
des Kalten Kriegs, ein „direkter Draht" in Energiefragen ver-

einbart. Sollten Probleme entstehen, würde man sich künftig sofort gegenseitig informieren.

Werte als neue Religion

Das eigentlich Trennende in den Beziehungen zwischen Russland und der EU ist die Wertedebatte. Von westlicher Seite werden Russland Verstöße gegen die Menschenrechte und Demokratie vorgeworfen. Der Sonderbeauftragte der Bundesregierung für Russland, Andreas Schockenhoff (CDU), gibt jedoch offen zu, dass westliche Gesellschaften allzu oft vergessen, wie kompliziert der westeuropäische Weg zur Demokratie und Zivilgesellschaft gewesen ist. Wenn man mit Vertretern der russischen Eliten eine intensivere Diskussion über Werte führt, stellt man fest, dass Russland und die EU mit gleicher Beständigkeit und Überzeugung an den universalen Werten, wie sie sich in der abendländischen Kultur herausgebildet haben, festhalten. Nur verläuft die gesellschaftliche Entwicklung in Ost- und Westeuropa in unterschiedlichen Zeitfenstern.

Ein markantes Beispiel dafür war der Auftritt des Patriarchen von Russland, Alexij II. im Oktober 2007 im Europarat in Straßburg. Das geistige Oberhaupt der orthodoxen Kirche sprach aus, was in der russischen postkommunistischen Gesellschaft viele Menschen denken: Der westliche Postmodernismus sei dekadent, homosexuelle Paraden müssten verboten werden, im Westen würden Minderheitenrechte zur Mehrheitsmeinung erklärt. Europa solle sich auf seine alten christlichen Werte besinnen und sein zivilisatorisches Überleben sichern.

Leider spielen in Westeuropa die christlichen Werte – darunter der Glaube selbst – eine immer geringere Rolle in Staat und Gesellschaft. Das jedenfalls meint Miodrag Soric von der Deutschen Welle. Russland hingegen besinnt sich, wenn auch unter Mühen, des traditionellen christlich-orthodoxen Glaubens. Kein Wunder, so Soric, dass ein Dialog über Werte in Ost und West immer schwieriger wird. Nur wenige Russlandexperten kennen die Ostkirche so gut wie Soric. Die meisten westlichen Intellektuellen können mit der Orthodoxie wenig anfangen. Sie unterstellen ihr, dass sie obrigkeitsdenkend, konservativ oder zumindest unsozial sei. „Das ist Unfug", meint der Chefredakteur des deutschen Auslandssenders. Wer solche pauschalen

Urteile von sich gibt, weigert sich meist, die russische Kultur als eigenständig und doch komplementär zur gesamteuropäischen Zivilisation zu begreifen. Er rät, sich das Gemeindeleben in der russischen Provinz genau anzusehen: Priester, die Kranke besuchen oder Religionsunterricht erteilen; Priesterfrauen, die den Kirchenchor leiten oder Gemeindefeste organisieren.

Letztlich sei der Kommunismus vor allem ein moralisches Problem, sagt Soric. „Lenin und seine Epigonen erlaubten den Menschen im Namen dieser Ideologie zu stehlen, zu lügen, zu morden", erklärt Soric. So verloren die Russen einst den moralischen Kompass. Deshalb spiele jetzt die orthodoxe Kirche bei der Erneuerung der Gesellschaft eine wichtige Rolle. Er gibt zu, dass es eine Mode geworden sei, dass russische Politiker und Unternehmer nach dem Ende der UdSSR scharenweise in die Klöster und Kirchen des Landes pilgerten. Einige bereisen sogar die Klöster des heiligen Berges Athos, so wie in der Zeit vor dem Ersten Weltkrieg. Doch auch viele einfache Russen interessieren sich wieder für die Kirche. Im Westen werden die Gotteshäuser leider immer leerer, in Russland beginnen sie sich zu füllen.

Kurz nach dem Zweiten Weltkrieg begannen sich die westeuropäischen Demokratien langsam wieder aufzurichten. Damals existierten keine „inquisitionsähnlichen" Institutionen wie die OSZE oder der Europarat, die heutzutage bei jedem Fehltritt ihrer neuen Mitgliedsländer in Osteuropa sofort mit Kritik, Verurteilungen und Sanktionen zur Stelle sind. Die EU war am Anfang ihrer Entwicklung auch keine Wertegemeinschaft, sondern eine pragmatische Interessengemeinschaft gewesen.

Der deutsche Politologe Christian Wipperfürth bemängelte auf dem Petersburger Dialog, dass in Westeuropa kaum mehr von wirklich europäischen Menschenrechten – den sozialen Werten – gesprochen wird. Demokratie sollte nicht über Kampf installiert werden! Warum, so die russischen Teilnehmer vieler Dialogforen, fordere die EU von Russland, einer Wertegemeinschaft beizutreten, in der Moskau ständig in der Rolle eines Schülers vom westlichen Zuchtmeister Nachhilfestunden in Demokratie erhält?

Russische Politiker sind davon überzeugt, dass der Westen die Kritik an fehlenden russischen Werten nur als Hebel für verdeckte politische Interessen benutzt. Indem man ständig die russische Kriegsführung in Tschetschenien kritisiert, will man in Wirklichkeit nur Zugeständnisse Moskaus in anderen, wichtigeren Bereichen erzwingen. Auf westlicher Seite möchte man mit Russland kooperieren, das Land aber gleichzeitig auf Distanz halten, solange es den liberalen Wertekanon nicht verinnerlicht.

Die russische Sicht ist anders. Man glaubt mit der Europäischen Union eine strategische Allianz, sogar ein Bündnis eingehen zu können. Russland sieht sich als europäische Großmacht, auf Augenhöhe mit England, Frankreich und Deutschland. Das Modell, das Russland von Europa hat, erinnert an das Konzert der Mächte im 19. Jahrhundert. Darüber zwischen Russland und der EU eine Debatte zu führen ist müßig, denn die Europäer haben heute kein Verständnis für eine strategische Außenpolitik. Jeden geopolitischen Ansatz konterkariert man in der EU durch die Wertedebatte. Sie erschlägt alles.

Kaputtes Regelwerk

Nach der fulminanten Rede Putins auf der Münchner Sicherheitskonferenz schien es für einen Moment so, als ob Russland die Spielregeln gänzlich verändern und die bestehenden Institutionen und Abkommen, die seit 1991 die Beziehungen zum Westen geregelt hatten, verändern wollte. Moskau ging auf Distanz zum KSE-Vertrag, zum Partnerschafts- und Kooperationsabkommen mit der EU, zur Energiecharta, zur WTO. Es drohte indirekt mit der Kündigung seiner Mitgliedschaft in der OSZE, im NATO-Russland-Rat und im Europarat. Den IWF hatte der Kreml schon vor Jahren vor die Tür gesetzt.

Europa stand plötzlich wieder am historischen Wendepunkt. Entweder gelang die Fortsetzung der strategischen Partnerschaft mit Russland, die irgendwann zu einer Integration Russlands mit Europa führen würde, wie es Charles de Gaulle vor 50 Jahren und Michail Gorbatschow vor 20 Jahren unter der Idee eines „gemeinsamen europäischen Hauses" anvisiert hatten. Oder der Westen kehrte in der Tat zu einer Eindämmungspolitik gegenüber Russland zurück. Russland und der Westen lagen im Streit. Es würde Jahre dauern, das Verhältnis zu reparieren. Die Partnerschaftspolitik mit Russland benötigte eine historische Pause. Einen Konsens in der EU für eine gemeinsame Russlandstrategie zu finden war im Europa der 27 schwieriger geworden.

Doch welche Schritte konnten unternommen werden, damit sich die Positionen annäherten? Einerseits wäre Russland gut beraten, in seiner Westpolitik die Realitäten anzuerkennen. Die EU musste als ebenbürtiger politischer Partner ernst genommen werden. Oftmals schien es so, dass Moskau die EU nur als eine rein wirtschaftliche Union betrachtet und völlig überrascht reagiert, wenn die EU als politische Kraft auftritt – auch gegenüber Moskau. In den 90er-Jahren empfand Russland die NATO-Osterweiterung als Bedrohung. Das galt nicht für die geplante EU-Osterweiterung. Erst nachdem die EU ebenfalls auf die ehemaligen Warschauer-Pakt-Staaten ausgedehnt wurde, realisierte Moskau, dass es im Handel mit den mittelosteuropäischen Ländern Einbußen erlitt. Auch spürte man Irritationen in Moskau, als die europäische Sicherheits- und Verteidigungspolitik sich politische Ziele im postsowjetischen Raum setzte und in Bezug auf die ehemaligen Sowjetrepubliken von ihrem neuen „nahen Ausland" sprach. Bekanntlich hatte Russland die ehemaligen Sowjetrepubliken mit dieser Vokabel einst selbst definiert.

Die Westeuropäer wiederum sollten ihre Ostpolitik nicht von den temporären historischen Befindlichkeiten der ehemaligen sowjetischen Satellitenstaaten abhängig machen. Bestand eine Chance, Länder wie Polen oder Estland davon zu überzeugen, dass ihre Stellung als Frontstaaten gegenüber Russland sie in Instabilitäten stürzen würde und sie daraus politisch kaum Nutzen ziehen konnten? Vielleicht könnte sich die künftige Ostpolitik das Ziel setzen, nicht mittelosteuropäische Staaten vor Russland in Schutz zu nehmen. Vielmehr gilt es Wege zu finden, Russland nicht aus Europa herauszudrängen. Wenn schon keine strategische Partnerschaft zustande gekommen ist, sollte der Westen wenigstens ein anderes Ziel verfolgen: die friedliche Koexistenz mit Russland auf dem europäischen Kontinent. Darauf zu warten, bis der Ölpreis wieder in den Keller sinkt und Russland wieder schwach wird, kann keine ernsthafte Strategie sein.

Die EU muss ebenfalls realistisch in die Zukunft blicken: Russland wird sich niemals umstimmen lassen, die Europäische Energiecharta zu ratifizieren, denn es betrachtet dieses Dokument als Relikt aus der Zeit, als Russland einseitig die westlichen Spielregeln akzeptieren musste. Moskau konnte und kann sich nicht damit einverstanden erklären, sein staatliches Transportmonopol einer internationalen Aufsicht zu unterstellen. Im Grunde hatten die USA und Norwegen die Europäische Energiecharta ebenfalls nicht akzeptiert.

Russland und die EU werden sich zwangsläufig auf ein neues Regelwerk einigen müssen, in dem die Interessen der Produzenten, Konsumenten und Transitländer gegeneinander abgewogen und zusammen berücksichtigt werden. Ein Streitschlichtungsmechanismus muss eingebaut werden.

Dieses Vertragswerk könnte das Kernstück künftiger europäischer Ostpolitik sein. Im Zeitalter der Globalisierung ist nicht Abgrenzung, sondern die Verflechtung und Vernetzung von Wirtschaft und Gesellschaft das Erfolgsmodell, sagt Hans-Dieter Lucas, Steinmeiers Russland-Berater. Dabei muss jedoch klar sein, dass Zusammenarbeit und Verflechtung keine Einbahnstraße sind, sondern auf Gegenseitigkeiten beruhen.

12 Strategiegespräch auf einer Datscha

In der russischen Geistesgeschichte gibt es die Tradition, Personen als Ideenträger darzustellen. Die großen russischen Realisten des 19. Jahrhunderts haben diese Methode angewandt. Ohne sich mit den großen Schriftstellern vergleichen zu wollen, erscheint dem Autor die Anwendung dieser Methode im vorliegenden Fall sinnvoll, aus mehreren Gründen. Zum einen darf der Autor die im weiteren Kapitel auftretenden Protagonisten nicht namentlich nennen. Zum anderen sind aber die Aussagen dieser Zeitzeugen so bedeutsam, dass der Autor diese dem Leser nicht vorenthalten möchte. Die Kernaussagen des gesamten Buches können besser verstanden werden, wenn sie im Kontext mit der nun folgenden Diskussion betrachtet werden. Was nun folgt, ist die Verdichtung von mehreren Gesprächen, an denen der Autor als Zeuge teilgenommen hat. Der Leser möge sich als Ort des Gesprächs eine typische russische Regierungsdatscha unweit von Moskau vorstellen.

Der 45-jährige Andrei war früher Aufklärer in Afghanistan. In den 80er-Jahren arbeitete er in der Analyseabteilung des Kremls. Er lenkt den schwarzen Mercedes-Geländewagen die Rublewskaja-Chaussee entlang, vorbei am Restaurant „Zarenjagd", wo Boris Jelzin mit seinen Staatsgästen zu dinieren pflegte. Dann geht es die kurvenreiche Straße weiter in die nobelsten Wohngebiete der reichen Russen und Regierungsbeamten. Andrei blickt kurz auf sein neues Navigationssystem und biegt in den schmalen Weg in einen Kiefernwald ein. Nach einer Weile gelangt der Wagen an eine Schranke. Der Sicherheitsbeamte betrachtet das Nummernschild des Geländewagens und winkt den Wagen hindurch. Nach wenigen Metern stoppt Andrei vor einem hohen grünen Metallzaun. Er hupt, die Einfahrt öffnet sich automatisch. Andrei gibt das letzte Mal Gas und der Mercedes braust auf den Parkplatz. Vor ihm steht eine dreistöckige Datscha aus Holz. Sie wurde noch unter Stalin für einen Minister erbaut. Andrei stellt den Motor ab, holt die auf dem Hintersitz liegende in Geschenkpapier eingepackte Wodkaflasche und bittet seinen Beifahrer auszusteigen.

Der Hausherr, Dimitri, ist Abgeordneter der Duma. Er hat

in seiner politischen Laufbahn schon mehreren Parteien und Bewegungen angehört. Freundlich empfängt er die Gäste an der Tür. Weit im Hintergrund ist Autolärm auf der dicht befahrenen Regierungsstraße zu hören. Drinnen ist der Tisch reich mit russischen Vorspeisen gedeckt. Auf dem Sofa sitzen zwei Männer, vom Alter her Mitte 50. „Beide sind hochrangige FSB-Generäle", flüstert Andrei seinem Begleiter zu, „nur ist Viktor konservativ, während Jewgeni ein Superliberaler ist." Das Holz knistert im Kamin, eine Welle warmer Luft breitet sich im Raum aus. Alle Anwesenden setzen sich an den Tisch. Ohne größere Umschweife kommt man ins Gespräch. Über welches Thema wird geredet? Natürlich über die Zukunft Russlands.

Russland und der Westen

Dimitri: Wer sind wir und was wollen wir? Stark sein – das ist unsere nationale Wiederauferstehungsideologie. Unsere Größe sind keineswegs die Territorien. Unser jahrhundertelanger Wunsch, sich eigenständig zu entwickeln, hat uns gestärkt, aber auch vor Zerreißproben gestellt. Erinnern wir uns: Im 13. Jahrhundert befand sich Russland unter dem Joch der Tataren. Dann drangen vom Westen her deutsche Kreuzritter ein, um uns zu missionieren. Der Nowgoroder Fürst Alexander Newski stand vor zwei Optionen: Entweder in einer Allianz mit dem Westen sich gegen das Mongolenreich zu erheben, die Tataren aus Russland zu vertreiben, aber sich als Gegenleistung dem katholischen Papsttum zu unterwerfen, sich in den Westen zu integrieren und unsere Identität zu verlieren. Oder sich dem Kreuzzug entgegenzustellen, westliche Werte abzulehnen und den orthodoxen Glauben zu bewahren, der übrigens von den Tataren immer toleriert worden war.

Viktor: Ja, Fürst Alexander, der später von der orthodoxen Kirche heiliggesprochen wurde, entschied sich gegen den intoleranten Westen und für den richtigen Glauben. Der Westen betrachtet uns seit tausend Jahren immer feindselig, bestenfalls als Rohstofflieferant. Heute will die EU unser Öl und Gas, vor 500 Jahren wollte Europa von uns nur Holz und Pelze. Zar Alexander I. befreite Europa von der Besetzung durch Napoleon; im Zweiten Weltkrieg besiegte Russland den Hitler-

Faschismus. Und was war Europas Dank? Nach dem Wiener Kongress 1815 verbündete sich der Westen gegen uns, man versuchte uns im Krimkrieg, zusammen mit den Osmanen, wieder aus Europa herauszuwerfen. Die gegenwärtige westliche Geschichtsschreibung ignoriert unseren Sieg im Zweiten Weltkrieg und stempelt Russland sogar zum Feind Europas ab. Auch Putins Russland wird in Europa als Feind betrachtet.

Jewgeni: Politiker wie Alexander Newski, Iwan der Schreckliche, Nikolai I. und später Lenin tragen die Schuld dafür, dass Russland durch falsche strategische Entscheidungen aus der humanistischen europäischen Zivilisation hinauskatapultiert wurde. Russland betrachtet sich zwar als etwas Einzigartiges und ist zu stolz, um sich dem übrigen Europa so einfach anzuschließen, doch in Wirklichkeit kopieren wir, nach Phasen der Trotzreaktion, doch sowieso immer den Westen. Mächtig war Russland nicht, als es andere Völker eroberte, sondern als es liberale Ideen aufnahm. Wer begründete das Russische Reich? Die Normannen, die von den miteinander verfeindeten slawischen Stämmen als Ordnungsmacht ins Land geholt wurden. Und wer zerstörte die blühenden freien Handelsstädte Pskow und Nowgorod, die uns fast schon zum Teil Europas machten? Iwan der Schreckliche, der Russland damit für ein ganzes Jahrhundert einer abendländischen Identität beraubte.

Andrei: Nehmen wir Nikolai I., der seinem Bruder und Bezwinger Napoleons, Alexander I., folgte. Das übrige Europa fand Gefallen an den Freiheitsideen der Französischen Revolution, im Westen entstanden Verfassungen und unabhängige Gerichte. Russland betrachtete den liberalen Geist als Fluch und begab sich in die Rolle des Konservators der alten monarchistischen Weltordnung. Gott sei Dank tauchten in unserer Geschichte immer wieder Persönlichkeiten vom Schlage Peter des Großen und Michail Gorbatschows auf, die unser Land in der europäischen Normalität zu verankern suchten. Bedauerlicherweise ist Russland jedoch im Lauf seiner tausendjährigen Geschichte niemals im abendländischen Europa wirklich angekommen. Unsere Geschichte ist ein ständiger Kampf zwischen Slawentum und Westen. Die einen fordern die Orientierung zur EU, die anderen zu Asien – als Trotzreaktion auf die europäische Kritik an Russland.

Jewgeni: Lasst uns für einen Augenblick in der jüngsten Geschichte verharren. Im August 1991 kletterten viele mutige Russen auf die Barrikaden, um sich gegen die kommunistischen Putschisten zu wenden und für ihr Vaterland die Freiheit zu erkämpfen. Der Sieg des russischen Volkes im Augustputsch 1991 war von seiner historischen Bedeutung her ungleich größer als der Sieg der Orangenfarbenen Revolution 2004 in der Ukraine. Für Russland war die Niederringung der Diktatur während der dramatischen Putschtage die Eintrittskarte nach Europa. Leider sind diese Ereignisse, die das Schicksal unseres Landes radikal umgekrempelt haben, heute sowohl im Westen als auch in Russland vergessen. Heute schämen sich einige Leute, die dem Putsch erfolgreich Widerstand geleistet hatten, ihrer damaligen heroischen Taten. Die alten Sowjetreflexe innerhalb unserer Gesellschaft erwiesen sich stärker als der Freiheitsdrang.

Der Exkurs der Generäle in die russische Geschichte lässt die anderen aufhorchen. Unterschiedlicher kann die Bewertung nicht sein. Zwei radikale Stellungnahmen prallen aufeinander. Dimitri schaut in die Runde. Wer möchte kommentieren? Andrei hat seine Lederjacke ausgezogen und auf die Lehne seines Stuhls gehängt. Er hebt den Finger, aber Dimitri spricht zunächst selbst.

Dimitri: Jeder, der sich mit den Zyklen unserer Geschichte befasst hat, weiß, dass in Russland einer Reform immer eine Restauration folgt. Alexander I. besiegte Napoleon und öffnete Russland dem Westen – sein Nachfolger Nikolai I. galt ein Vierteljahrhundert lang als der Gendarm Europas. Alexander II. befreite die Bauern und schuf die Anfänge für einen Rechtsstaat, nach seiner Ermordung durch Terroristen vertraute dessen Nachfolger, Alexander III., nur noch der Armee und der Flotte. Lenin setzte nach dem schrecklichen Bürgerkrieg in der NEP-Phase auf eine kurzlebige Reprivatisierung der Wirtschaft – Stalin kasernierte uns für 25 Jahre. Chruschtschows sechsjährige Tauwetterperiode wurde von einer 20-jährigen Restaurationsperiode Breschnews abgelöst. Die ein Jahrzehnt andauernde Liberalisierungsphase Gorbatschows und Jelzins wurde durch eine „gelenkte" oder „souveräne" Demokratie ersetzt. Wie lange diese dauern wird, steht in den Sternen.

Dimitri mahnt die Anwesenden an, die Speisen auf dem reichhaltig gedeckten Tisch nicht zu vergessen. Der Salatteller wird herumgereicht, auch füllen sich die Gäste ihre Teller mit gemischten Fisch- und Fleischsorten, schwarzem und rotem Kaviar, marinierten Pilzen, Salzgurken und großen süßlichen Tomaten. Nirgends schmeckt das Schwarzbrot so gut wie in Russland. In der Küche wird derweilen fleißig gekocht. Dimitri hebt das Glas und spricht einen Trinkspruch aus.

Dimitri: Putin wollte 1999/2000 eigentlich die Westöffnungspolitik von Gorbatschow und Jelzin fortsetzen. Doch wir können nicht akzeptieren, dass die USA ihre Weltordnung durch neue Kriege ausbaut. Das liberale Modell kann doch nicht in den Rang einer Zehn-Gebote-Tafel der Menschheit erhoben werden. Wirtschaftlich und technologisch ist der Westen anderen Staaten natürlich weit überlegen. Die USA dürfen sogar den Weltraum zu ihrer nationalen Interessen- und Einflusssphäre deklarieren, ohne dass andere Mächte etwas dagegen unternehmen können. Für Russland stellt sich die Existenzfrage: Sollen wir, um unser Überleben für die nächsten Jahrzehnte zu sichern, eine ewige Juniorpartnerschaft mit dem Westen eingehen oder der Pax Americana, die an unseren Interessen vorbei errichtet wird, trotzen? Lasst uns darauf trinken, dass wir immer so stark genug sind, dass der Westen uns nicht verhöhnt und China uns niemals überrennt.

Andrei sitzt seit zwei Minuten mit erhobenem Zeigefinger und möchte drankommen. Ihm brennt etwas auf der Seele. Er hat in den letzten Jahren mit Gorbatschow den Westen immer wieder bereist und den Frust seines Chefs über die Ablehnung Russlands in Europa mitbekommen.

Andrei: Lasst uns den Gast aus Deutschland fragen, was Russland tun muss, um von der EU geliebt zu werden? Die russische Führung müsste Chodorkowski rehabilitieren, Tschetschenien in die Unabhängigkeit entlassen, ausländischen Konzernen Teile der Kontrolle über strategische Industriezweige überlassen, den Zentralstaat in eine Konföderation umwandeln, die gesamte Sowjetära als historischen Irrweg brandmarken, Ex-Sowjetrepubliken und Mittelosteuropäern Reparationszahlungen als

Kompensation für ihre Kolonisierung und Okkupation bezahlen, sich aus allen internationalen Waffengeschäften zurückziehen, alle oppositionellen Zwergparteien zu Dumawahlen zulassen, den flüchtigen Oligarchen ihre Fernsehsender zurückgeben, die NATO-Osterweiterung sowie die Aufstellung der Raketenabwehr an unseren Grenzen gutheißen und schließlich unsere geopolitische Kapitulation im Kalten Krieg anerkennen.

Am Tisch ertönt großes Gelächter. Die Runde schaut auf den Gast aus Deutschland. Seine Ansichten sind in Russland bekannt. Aber er muss hier für den Westen die Lanze brechen.

Gast aus Berlin: In der EU ist der geopolitische Ansatz verpönt. Aus Sicht westlicher Politologen ist Geopolitik ein veralteter Begriff aus dem 19. Jahrhundert, der in der modernen Welt nichts mehr zu suchen hat. Die EU ermahnt Russland, endlich aufzuhören, immer in Nullsummenspielen zu denken! Die Diplomatie der Moderne funktioniert nach dem Prinzip win-win! Im westlichen Denken ist der jahrhundertelange Kampf von Staaten um Territorien und Einflusssphären verbannt. Der Westen ist überzeugt, dass Russland durch eine Annäherung an die europäische Wertefamilie nur gewinnen kann. Der Westen bedrängt Russland keineswegs, sich zu verändern, um dem Westen einen Gefallen zu tun. Nein, westliche Beobachter glauben, dass eine funktionierende Zivilgesellschaft den russischen Bürgern noch größere Entfaltungsmöglichkeiten geben könnte, als der Staat dies offeriert. Im Endeffekt ist ein demokratisches Russland stärker als ein autoritäres.

Während alle anderen einen Wodka nach dem anderen kippen und fleißig dazu essen, nimmt der als konservativ charakterisierte General nach jedem kleinen Schluck Wodka einen großen Schluck aus seinem ständig gefüllten Glas Mineralwasser. Ihm missfällt die Aussage des westlichen Gastes.

Viktor: Die EU sagt doch nur win-win, um eigene strategische Intentionen zu verschleiern. Nehmen wir die NATO-Osterweiterung. Uns wird seit einem Jahrzehnt erklärt, sie richte sich nicht gegen Russland. Im Gegenteil, sie würde Russland nur Vorteile bringen, denn Russlands Westgrenze würde

jetzt für immer an die friedliche europäische Demokratie stoßen. Tatsächlich beobachten wir jedoch, dass der Demokratietransfer in den postsowjetischen Raum heute mit Gewalt durchgeführt wird. Sogar der *Spiegel* veröffentlichte neulich eine
gelungene Dokumentation über die Rolle amerikanischer Stiftungen in der ukrainischen Revolution. Man sollte nur die Gesichter der jungen aggressiven Aktivisten der sogenannten Frie-
densstiftungen genauer beobachten. Sie wollen Demokratie
über Kampf einführen. Sie unterscheiden sich kaum von den
erwähnten Kreuzrittern, die Alexander Newski auf dem Peipus-
see 1242 in die Flucht schlug.

Andrei: Nach Abschluss jedes Petersburger Dialogs beschwe-
ren sich deutsche Journalisten darüber, dass an dem zivilgesell-
schaftlichen Dialog nicht der Kremlkritiker Garri Kasparow, die
Witwe des ermordeten Doppelagenten Litwinenko oder die
NGO Memorial teilnehmen. Manchmal scheint es, als ob einige
westliche Berichterstatter aus ihrer inneren Überzeugung einfach nicht verstehen können, warum der Großteil der russischen
Bevölkerung hinter Putin und dessen Politik steht. Objektive
Beobachter sollten nicht moralisieren, sondern immer den Grad
der Demokratie im gesellschaftlichen Wandel und in der russischen Öffentlichkeit suchen. Fast jede Familie hat die 90er-
Jahre als Chaos und Absturz in eine wirtschaftliche Katastrophe
erlebt. Die Stabilität, die Putin heute vermittelt, ist für die meisten Russen zukunftsträchtig. Je mehr Druck auf Russland ausgeübt wird, umso aggressiver die russischen Reaktionen und die
Gegenwehr.

Eine Episode aus dem Leben des leider viel zu früh verstor-
benen Andrei wird der Autor niemals vergessen. Auf dem In-
landsflug von Jekaterinburg nach Moskau will Andrei, in der
ersten Reihe der Businessklasse sitzend, unbedingt rauchen. Die
Stewardess bleibt stur: „Rauchen ist jetzt streng verboten. Wir
gehören nämlich auch zu Europa und dort raucht man an öffentlichen Plätzen nicht mehr." Andrei schnallt seinen Gurt los,
nimmt die halb leere Whiskyflasche und marschiert geradewegs
ins Cockpit. Dort darf er rauchen und seinen Drink in Ruhe genießen. Nach einer Stunde kommt er auf seinen Platz zurück:
„Keine Bange, wir werden eine glatte Landung in Moskau erle-
ben. Der Erste Offizier hat gerade auf Autopilot umgeschaltet."

Jetzt, auf der Datscha, ist das Energiebündel wieder voll in seinem Element.

Andrei: Wäre die richtige Strategie nicht, jetzt einen Keil in das infolge des Verfassungskonflikts so zerrüttete Europa zu treiben und die technologische Kooperation gnadenlos für unser Großmachtstreben auszunutzen?

Will Andrei die Runde anheizen, provozieren? Nein, der ehemalige Analytiker der Kremlverwaltung meint es ernst. Wie oft hat er als junger Funktionär alle möglichen Memoranden für Gorbatschow erstellen müssen. Vielleicht tut diese Art von Offenheit dem Gespräch auch gut.

Viktor: Auf unseren regulären Arbeitssitzungen blicken wir ab und zu auf die Weltkarte. Und was beobachten wir? Die NATO versucht, sich bis an das Kaspische Meer auszudehnen. Die Energieressourcen dieser Region würden dann mit den russischen auf den Weltmärkten direkt konkurrieren. Die EU spielt uns gegenüber Zentralasien aus. Manche von uns raten zu einem strategischen Bündnis mit China. Aber Peking hat selbst sein Augenmerk auf unsere Rohstoffe geworfen und spielt uns ebenfalls gegenüber den zentralasiatischen Ländern aus. Der islamistische Extremismus, den die USA heute im Großen Mittleren Osten zu bekämpfen glauben, wird letztendlich den Westen im Persischen Golf besiegen. Die Amerikaner dürfen sich auf ihren entfernten Kontinent, wie nach dem Vietnamkrieg, zurückziehen, Russland wird die Suppe auslöffeln müssen. Um zu überleben, müssen wir unsere Verteidigungskapazitäten drastisch erhöhen.

Jewgeni: Russland sollte der Wahrheit ins Gesicht blicken. Unser Land wird den Westen, wie in den Jahrhunderten zuvor, als Modernisierungspartner benötigen. Der Westen will uns nicht schwächen, im Gegenteil, er offeriert Russland die Zusammenarbeit im Kampf gegen die internationale Kriminalität, Drogen, Umweltkatastrophen. Was ist schlecht daran, wenn sich unsere Wirtschaft gegenüber dem Westen öffnet? Unser Überleben sichern wir nicht durch Raketen, sondern durch die Integration in die Weltwirtschaft. Die Rivalitäten mit den ehemaligen Sowjetrepubliken führen in eine Sackgasse. Heute haben wir unterschiedliche politische Systeme. In der Ukraine herrscht eine Freiheit wie im Westen, in Russland werden die Schrauben wieder angezogen. Wir sind unattraktiv. Die Nachbarn im postsowjetischen Raum müssen als Kooperationspartner gewonnen werden. Wir sollten dort wirtschaftlich rein- und militärisch rausgehen.

Dimitri schaut in die Runde und bietet den Gästen einen französischen Wein an. Alle schütteln den Kopf, man bleibt beim Wodka. Dimitri wirft neues Holz in den Kaminofen. Dabei brennt dieser schon lichterloh. Er wischt sich den Schweiß von der Stirn.

Dimitri: Die EU wird zu einem immer schwierigeren Partner. Die Polen blockieren die Verlängerung des Partnerschafts- und Kooperationsabkommens. Inoffiziell werden sie von den Engländern und den Balten unterstützt. Uns erklärt man in den Metropolen Europas, dass die EU eine Solidargemeinschaft ist und sich schützend vor die eigenen Mitglieder stellt. Doch wo bleibt die Solidarität mit denjenigen, die mit uns Geschäfte machen wollen? Beim genauen Hinsehen scheint die EU uns gegenüber eine Politik der Sanktionen durchzuführen. In die WTO hatte die EU uns schon durchgewunken, jetzt werden neue Forderungen gestellt. Ich würde mich nicht wundern, wenn man uns eines Tages erklären wird, dass man unser russisches Gas und Öl nicht mehr benötigt. Wenn unsere Nachfahren in 50 Jahren unsere heutige Streitdebatte über Semidiktatur oder Semidemokratie, die eine Vereinigung Europas torpediert, studieren, werden sie den Kopf schütteln.

Viktor: Die Russen begreifen erst allmählich, was 1991 passiert ist. Wir haben mit unseren eigenen Händen ein Riesenreich zerstört, das über viele Generationen von unseren Vorfahren aufgebaut und gegen alle möglichen Feinde verteidigt worden war. 1917 ist das zerfallene Zarenreich von der Roten Armee im Bürgerkrieg wieder zusammengefügt worden. Jetzt leben wir schon das zweite Jahrzehnt in einem kleineren Land. Vom Westen erwarten wir nichts Positives. Er hat unsere Schwächephase in den 90er-Jahren rigoros ausgenutzt und hat uns fast zu seinem Rohstofflieferanten degradiert. Wir haben keine Skrupel, jetzt russische Eigeninteressen rücksichtslos durchzusetzen. Vor allem dürfen unsere Bodenschätze nicht in fremde Hände geraten. Ausländische Konzerne sollten nur begrenzt als Juniorpartner eingeladen werden. Russland benötigt patriotisch gesinnte Unternehmer, die uneigennützig der Idee einer Wiederauferstehung Russlands dienen.

Dimitri: Die historische Chance, Russland dank der hohen Energieexporteinnahmen wieder zu einer Großmacht aufzubauen, darf nicht vertan werden. Sie kommt vielleicht nicht wieder. Die Option einer Wiedervereinigung mit den abgefallenen Ex-Sowjetrepubliken sollte niemals aufgegeben werden, obwohl sie in den nächsten Jahrzehnten kaum zu realisieren ist. Russland kann versuchen, seine direkten Nachbarn im Status von Satelliten zu halten. Sogar das wird schwer. In den neuen unabhängigen Staaten sind nationalistische Eliten an der Macht, die ihre Identität und Legitimität durch ein Feindbild Russland aufrechterhalten. An der Spitze der drei baltischen Republiken stehen amerikanische Staatsbürger, die Ehefrauen der Staatschefs der Ukraine und Georgiens sind ebenfalls aus dem Westen. Vor 200 Jahren flehten die Ukrainer und Georgier um Schutz beim russischen Zaren vor den Osmanen, heute suchen sie den Schutz bei den USA vor uns.

Jemand aus der Männerrunde lacht kurz auf, ansonsten rührt sich keiner zu Wort. Irgendwie klingen in den Beiträgen nun stark nostalgische Töne durch. Ist der Verlust des Imperiums wirklich eine geostrategische Katastrophe für die Russen?

Andrei: Männer, wir sind Europäer! Wir haben keine Schlitzaugen und tragen keinen Turban. Wir können aus eigener Kraft keine Großmacht werden. In den 80er-Jahren hat Amerika uns besiegt, in den 90er abhängig gemacht. Unser Wiederaufstieg muss entweder mit westlichen Interessen abgestimmt werden, oder wir warten, bis der Westen mit anderen Problemen so beschäftigt sein wird, dass wir ihn überlisten. Die Amerikaner haben uns eine Allianz gegen China angeboten. Bushs Berater Tom Graham sagte 2002, man würde uns helfen, sibirische Rohstoffe vor China zu schützen. Doch die Amerikaner möchten uns in Wirklichkeit marginalisieren, uns dann – wie die Türken – in die NATO aufnehmen, um uns dort zu kontrollieren. Trotzdem bitte keinen Kalten Krieg! Zwar sympathisieren heute nur noch 20 Prozent der Russen mit dem Westen, doch wenn der Eiserne Vorhang wieder fällt, bekommen wir mit unserer auslandsreisewilligen Elite große Probleme.

Zukunftsszenarios für Russland

Die Männerrunde ist nachdenklich geworden. Die Intellektuellen lassen ihre Seele baumeln. Eigentlich sind politische Gespräche am Küchentisch im heutigen Russland seltener geworden. Das reichhaltige Medienangebot erscheint den Menschen interessanter als das ewige Gespräch über das eigene Ich. Die Menschen in der neuen Privatwirtschaft arbeiten mehr als früher, müssen früh aufstehen und sind angehalten, weniger zu trinken. An diesem Tisch ist der politische Dialog allerdings noch lange nicht zu Ende. Jemand wirft die Frage nach der Zukunftsstrategie auf.

Viktor: Wir dürfen nicht unsere angehäuften Ressourcen leichtfertig wieder verspielen. Das würden uns die nachfolgenden Generationen der Russen niemals verzeihen. Russland ist heute innerlich so stabil wie selten zuvor in seiner Geschichte. Die Staatsmacht besitzt einen gesellschaftlichen Rückhalt, den weder die Kommunisten noch Gorbatschow oder Jelzin verbuchen konnten. Die erfolgreiche Politik der letzten Jahre muss in den nächsten zwei Legislaturperioden 2008 bis 2016 fortgesetzt werden. Die neu erworbene Flexibilität in der Außenpolitik muss noch erfolgreicher eingesetzt werden. Gleichzeitig dürfen wir uns weder mit den Amerikanern noch mit der islamischen Welt zerstreiten. Die EU wird aus ihrer momentanen komfortablen Sicherheitslage bald erwachen, wie Dornröschen aus dem Winterschlaf. Die islamistische Herausforderung ist so gewaltig, dass die EU Russland als Schutzwall benötigen wird.

Jewgeni: Westliche Werte können mit der Zeit durchaus mit den traditionellen russischen Werten kompatibel gestaltet werden. Der Kreml darf nicht das Signal an die Gesellschaft aussenden, Russland würde sich vom Westen entfernen. So etwas würde sofort die Nationalisten stärken, prowestliche Kräfte zu Volksfeinden abstempeln. Unsere Diplomatie dient der legitimen Eroberung neuer Märkte. Wir unterstützen in dieser Hinsicht auch unsere Privatunternehmer. Also benötigen wir ein positives außenpolitisches Umfeld und keine unnötigen Feindschaften. Die Oligarchen sind gezähmt, die Fortsetzung des Kriegs gegen sie schwächt nur unsere wirtschaftliche Entwicklung. Ziel ist die Integration Russlands an der Seite der USA, der EU und Japans in die demokratische Weltordnung des 21. Jahrhunderts. Nur so werden wir das Nichtverbreitungsregime aufrechterhalten können, das die Welt vor der atomaren Vernichtung schützt.

Das Gespräch verläuft hitzig. Die Vorspeisen sind inzwischen verzehrt, die Wodkaflasche steht ausgetrunken auf dem Tisch. Dimitri entfernt sie unter seinen Stuhl – die leere Flasche sei ein schlechtes Omen, sie bringe nur Unglück. Jewgeni und Andrei legen eine Rauchpause ein und treten nach draußen. Der Gast aus Berlin folgt. Dort ist es dunkel geworden, der ferne Autoverkehrslärm hat deutlich nachgelassen. Aus dem Wald ertönt der Ruf eines Käuzchens. Jewgeni zieht nervös an seiner Zigarette. Das Gespräch regt ihn merklich auf. Andrei schlägt vor, einige Schritte in den dunklen Wald hinter dem Haus zu gehen.

Die ersten Sterne leuchten am Firmament. Ein wunderbarer Anblick, den man in der Großstadt Moskau selbst natürlich nicht genießen kann. Am Waldrand steht ein einsames Holzhaus, in dem ein mattes Kerzenlicht brennt. Die Nachtspaziergänger öffnen die quietschende Tür. Plötzlich stehen sie mitten in einer Kapelle. Eine Kerze brennt vor der Ikone des Heiligen Alexander Newski. An der 200 Jahre alten Ikone ist eine kleine Tafel angebracht. Neugierig beugen sich die Gäste darüber und lesen: „Nicht in der Stärke ist Gott, sondern in der Wahrheit." Jetzt entdecken sie auch die kleine Kuppel am Dach. Wofür stehen die überall in Russland neu eingerichteten Kirchen? Sind sie eine Modeerscheinung? Plagt so manchen Kirchenerbauer das schlechte Gewissen? Oder gibt es tatsächlich eine Wiedergeburt des Glaubens in Russland?

Aus dem Fenster der Kapelle beobachtet Jewgeni die dunkle Silhouette, die sich aus der Datscha nach draußen bewegt. Die Gestalt spricht leise in ihr Mobiltelefon. Dann verschwindet sie wieder im Hauptgebäude. Jewgeni schlägt vor, zurückzukehren.

Die Hauptspeise – eine riesige Wildplatte – ist inzwischen aufgetischt. Auch die Wodkagläser sind wieder prall gefüllt.

Jewgeni: Warum kann die gegenwärtige Elite nicht akzeptieren, dass der Glaube an die Wiederherstellung des russischen Imperiums ein gefährlicher Irrweg ist? Das sogenannte Slawentum, der sogenannte Eurasismus sind unser Ballast aus dem 19. Jahrhundert. In Wirklichkeit hat 1991 der Zerfall des alten Imperiums erst richtig begonnen. Der Nordkaukasus, Tatarstan, die japanischen Kurilen-Inseln – in 20 Jahren werden sie uns nicht mehr gehören. Es sei denn, wir verzichten auf den Aufbau eines reinen Nationalstaats und das geistige Monopol der orthodoxen Kirche und errichten, wie die EU, eine multinationale und multikulturelle Gesellschaft. Die seit Jahrhunderten in Isolation und Selbstbeweihräucherung lebende russische Gesellschaft wird diesem Schritt jedoch mental so schnell nicht folgen können. Irgendwie sind die Russen in einer Art Herrenvolkdenken verharrt. Man will sich nirgends integrieren, man integriert lieber andere.

Dimitri: Russische Liberale waren immer Masochisten. Warum reden wir vom Niedergang, wenn Russland in Wirklichkeit vor der größten Wiedergeburt seiner Geschichte steht? Neben dem chinesischen gibt es auf der ganzen Welt keinen so erfolgreich wachsenden Markt wie bei uns. Trotz schlechter Presse im Westen strömen westliche Investoren in Scharen nach Russland. Wir bieten ihnen den niedrigsten Steuersatz. Sie verdienen hier richtiges Geld, nicht wie in Europa. Nirgends verzeichnet man so viele Firmenneugründungen wie in Russland. Das russische Volk stirbt nicht aus. Außerdem verfügen wir auch im Bereich Bevölkerung über eine strategische Reserve – die Auslandsrussen in der GUS. Die Regierung hat ein kostspieliges Reintegrationsprogramm für rückkehrwillige Russen aus dem fernen und nahen Ausland aufgelegt. Warum sollten Russen, die im Westen Sozialhilfeempfänger sind, nicht in ihre Heimat zurückkehren wollen?

Dimitri und Jewgeni sitzen sich an der Tafel direkt gegenüber. Beide kennen sich noch aus den 80er-Jahren. Damals begeisterten sich beide für die Ideen der Perestroika, denn sie wirkten nach den Jahren der Stagnation unter Breschnew so erfrischend und revolutionär. Die damals junge Generation von Dimitri und Jewgeni glaubte, einen Quantensprung in eine neue Zeitrechnung vollführt zu haben. Vieles hat sich seitdem in den Köpfen der russischen Elite gewandelt. Und Dimitri und Jewgeni gehen heute verschiedene politische Wege. Wie unterschiedlich ist doch ihr individuelles Russlandbild.

Jewgeni: Der demografische Wandel wird dramatischer, als manche denken. Russland wird ein Einwanderungsland werden, aber nicht für heimkehrwillige Emigranten. In den nächsten Jahren wird sich die Weltbevölkerung verdoppeln. Wo sollen die neu hinzukommenden drei bis vier Milliarden Inder, Pakistaner, Chinesen und Afrikaner denn leben? Sie werden ins menschenleere, aber ressourcenstarke Russland strömen. Die Lebensadern auf anderen Teilen des Planeten sind stark beschädigt. In 50 Jahren wird Russland größtenteils von einer nicht slawischen Elite regiert werden. Und die Streitkräfte unseres heutigen Vaterlandes werden von Nichtrussen kommandiert. Die ethnisch-russische Bevölkerung wird sich neuen Lebensraum im noch unbesiedelten Norden schaffen müssen. Wenigstens haben wir Russen diese Ausweichmöglichkeit noch. Die Europäer, die vor ähnlichen Problemen stehen, haben diese Alternativen nicht.

Viktor: Der Kreml trifft alle erdenklichen Vorkehrungen. Das Problem ist erkannt. Der Westen hat unsere nationalen Projekte noch nicht richtig zur Kenntnis genommen. Hinter ihnen verbirgt sich eine historische Dimension. Die Geburtenrate hat in den 90er-Jahren abgenommen, jetzt steigt sie kontinuierlich nach oben. Auch hat Russland eine neue industrielle Revolution eingeleitet. Jahrzehntelang liefen wir der technologischen Entwicklung im Westen hinterher. Jetzt rüsten wir unsere Produktionsstätten für viel Geld auf teure Zukunftstechnologien um. Ein Beispiel: Statt die maroden Telefonleitungen neu zu verlegen, offerieren wir allen Bürgern, auch in den entlegensten Provinzen, billige Mobiltelefontarife. Russlands hervorragend ausgebildete Fachkräfte warten nur darauf, in den Arbeitsprozess wieder integriert zu werden. Bald werden russische Wissenschaftler wieder mit dem Nobelpreis für Chemie und Physik ausgezeichnet.

Dimitri: Dem Erfindungsreichtum der Russen sind keine Grenzen gesetzt. Ein Unternehmer aus Westsibirien hat vor Kurzem eine Gruppe von lokalen arbeitslosen Wissenschaftlern zusammengebracht und ihnen die Chance gegeben, ein beliebiges Patent zu entwickeln, das sich später vermarkten ließ. Und siehe da, in drei Wochen konstruierten die Forscher praktisch aus einer Baumrinde ein bis dahin unbekanntes millimeterdünnes Feinholz, das sich als hervorragendes Isoliermaterial für den Wohnungsbau eignete. In den Wohnungen, in denen diese Isolierholzplatten heute eingebaut sind, braucht man im Winter nicht zu heizen. Oder nehmen wir die Kleinfirma Pneumatische Systeme in Moskau. Zwei pensionierte Physiker konstruieren dort in Handarbeit Gradmesser für Pumpstationen, die nicht nur in der GUS, sondern inzwischen auch in Italien Verwendung finden. Männer, lasst uns auf neue geniale Einfälle unserer Wissenschaftler trinken!

Viktor: In den letzten Jahren entstand in den Köpfen der Westler ein reduziertes Russlandbild, voller Stereotype. Die neuesten Entwicklungen passen nicht in das westliche Schema. Ein klassischer Fall der kognitiven Dissonanz, deren Reduktion sich auf verschiedene Weise zeigt. Der Westen geht den Weg des geringsten Widerstands und versucht, die Nichtübereinstimmung seiner Meinung mit der Realität zu verdrängen. Ein Beispiel: Der Westen will sich nicht von der überholten Theorie trennen, dass der russische Reichtum allein auf Petrodollars beruht. Der Westen wartet auf ein Stolpern Russlands, wenn die Energiepreise wieder in den Keller gehen. Niemand im Westen will die Bedeutung von Innovationen in Russland auch nur annähernd begreifen. Lasst uns darauf trinken, dass die Regierung mit der gleichen Zielstrebigkeit wie bisher den technologischen Fortschritt fördert und in die Zukunftstechnologien investiert.

Die Gläser sind im Nu gelehrt. Dimitri öffnet das Fenster. Eine frische Brise bläst in das stickige und vom Kaminfeuer erhitzte Wohnzimmer. Einen Moment lang bleiben die Gäste still auf ihren Stühlen sitzen und lauschen in die Stille der einbrechenden Nacht. Wieder erschallt aus dem dunklen Wald der Ruf des Käuzchens. Dimitri scheint ein wenig nervös zu sein. Ständig spielt er an seinem Mobiltelefon und sendet irgendwelche SMS-Mitteilungen mit unbekanntem Inhalt in die weite Welt hinaus.

Aus der Ferne dringt ein Motorengeräusch ins Haus. Es scheint so, als ob ein Wagen von der Hauptstraße auf den Waldweg zur Datscha abgebogen ist. Kaum jemand misst diesem Laut Bedeutung bei. Aus der Küche wird der Nachtisch gebracht. Russische Bliny in Marmeladensoße. Dazu wird heißer Tee serviert. Eine Hand füllt von Neuem die leeren Wodkagläser.

Gast aus Berlin: Wir haben ausführlich über Russlands außenpolitische Szenarios diskutiert. Ich habe begriffen, warum Russland niemals Teil des Westens wird. Doch welche Szenarios gibt es für die Innenpolitik?

Jewgeni: Ein liberales Entwicklungsszenario sollte für Russland keineswegs ausgeschlossen werden. Russland könnte in einigen Jahren unter einer anderen aufgeklärteren prowestlichen Herrschaftselite, die sich aus Unternehmerkreisen rekrutieren wird, wieder stärkere demokratische Akzente in der Innenpolitik setzen und zu einem liberalen Wirtschaftsmodell zurückkehren. Die Renaissance der Ideen der Perestroika wird kaum über eine bunte Revolution eintreten. Der innere Mentalitätswandel kommt automatisch durch eine stärkere wirtschaftliche Vernetzung mit dem Westen über eine WTO-Mitgliedschaft und eine politisch selbstbewusste Rolle unseres Mittelstandes. Eine zu weit gehende Zentralisierung des Staates, einhergehend mit der Zunahme der Korruption, wird Abwehrkräfte innerhalb der Gesellschaft produzieren. Die Resultate werden bei den nächsten Kommunalwahlen sichtbar werden.

Andrei: Ein dramatisches Absinken der Energiepreise auf dem internationalen Ölmarkt könnte Russland wieder zur stärkeren Anlehnung an den Modernisierungspartner Westen zwingen. Die Magnetwirkung der EU ist zwar in Russland weitaus weniger ausgeprägt als in der Ukraine, aber sie existiert. Außerdem könnte sich die globale Bedrohungslage aus dem Süden für Russland so dramatisch verändern, dass Moskau den militärischen Schulterschluss mit den USA suchen muss. Die Anbindung Russlands an den Westen bleibt eine historische Option. Ausschlaggebend für die Verwirklichung des liberalen Szenarios ist ein Comeback charismatischer Politiker aus dem demokratischen Lager. Heute sind die Anführer der prowestlichen Parteien jedoch völlig zerstritten. Es wird keinen neuen Jelzin und

auch keinen russischen Juschtschenko geben. Die Chancen für
eine Verwirklichung des liberalen Entwicklungsszenarios liegen
bei nicht mehr als zehn Prozent.

Viktor: Russland durchlebt ein Wirtschaftswunder wie
Deutschland in den 60er-Jahren. Russland entwickelt sich im
ähnlichen Zeitfenster wie die Bundesrepublik 16 Jahre nach
ihrer Stunde null. So gerechnet ist Russland jetzt dort ange-
langt, wo Deutschland 1961 war. Doch nun zum Zukunftssze-
nario. Das System Putin ist so populär wie kein anderes in der
russischen Geschichte. Es ist nicht vorstellbar, dass dieser Stabi-
litätszustand zusammenbricht. Das System Putin ist dynamisch.
Unsere Führungseliten sind bedeutend jünger als die westlichen. Die Milliardeneinnahmen aus dem Energieexport haben
uns ein „Sicherheitskissen" geschaffen. Es gibt viele Gewinner
der putinschen Reformpolitik in Russland. Unter Putin ist zum
ersten Mal in der russischen Geschichte das Privateigentum
wirklich legalisiert worden. Umwälzungen kann es deshalb nicht
geben. Die Wahrscheinlichkeit, dass der gegenwärtige Kurs
fortgesetzt wird, liegt bei 65 Prozent.

Dimitri: Innere Konflikte innerhalb der russischen Elite, verbunden mit neuen wirtschaftlichen Problemen und gleichzeitig
aufkommenden Krisen im Verhältnis zum Westen, können zur
Ausbildung eines nationalistischen Regimes in Russland führen.
Vor dieser Entwicklung fürchtet sich der Kreml nicht weniger
als vor einer möglichen bunten Revolution. Trotzdem sind Be-
fürchtungen eines Rückfalls Russlands in den Neoimperialismus
relativ unbegründet. Es existieren nationalistische Strömungen
in der Gesellschaft, doch stellen sie keine Massenerscheinung
dar. In einem Vielvölkerstaat wie Russland würden Xenophobie
und Chauvinismus katastrophale Folgen für den inneren Bestand des Landes haben. Der politische Aufruf „Russland den
Russen" wäre der sichere Weg zum Staatszerfall. Russland wäre
gezwungen, neue Kriege um den Erhalt seiner Territorien zu
führen. Ich sehe die Wahrscheinlichkeit eines nationalistischen
Szenarios bei 15 Prozent.

Viktor: Schließlich das Chaosszenario. Die Gefahr eines Aus-
einanderbrechens Russlands ist nicht völlig gebannt. Sollten sich
im Land keine Ordnung und kein Rechtssystem durchsetzen,
droht die Entartung zu einem Mafiastaat. Die Rückkehr zur
Politik der Ausplünderung von Bodenschätzen und egoistischer

Selbstbereicherung der Eliten wäre die Folge. Die Korruption würde zur eigentlichen Staatsideologie erklärt werden. Die Regierung würde aus Marionetten der Oligarchen bestehen. Der Zentralstaat könnte zerfallen und Russland dann tatsächlich in eine Konföderation umwandeln. Ausbleibende Wirtschaftsmodernisierung würde Russland zu einem reinen Rohstoffexportland abwerten. Im Westen würden Ängste vor vagabundierenden Atomwaffen laut werden. Doch eine militärische Aggression wäre höchst unwahrscheinlich. Dieses Szenario ist eigentlich undenkbar, ich beziffere sein Eintreten mit fünf Prozent.

Hoher Besuch in der Nacht

Das Motorengeräusch wird draußen immer lauter. Die Männer blicken gespannt aus dem Fenster. Tatsächlich nähert sich ein großer BMW der Datscha. Der Lichtkegel des Scheinwerfers erleuchtet den kurvenreichen Weg. Dimitri lässt endlich sein Handygerät ruhen, steht auf und öffnet die Tür. Plötzlich klingt seine Stimme absichtlich geheimnisvoll. Ein möglicher Präsidentenanwärter würde spät am Samstagabend noch zur Gesprächsrunde stoßen. Man fühlt förmlich die knisternde Spannung im Raum. Wen hat Dimitri noch so spät aus dem Bett geholt?

Am Türeingang erscheint ein sportlich wirkender Mann mit feinen Gesichtszügen und mittleren Alters. Er ist wie die anderen Gäste salopp gekleidet. Sein etwas angerötetes Gesicht verrät, dass er wohl gerade eine Runde Tennis gespielt hat. Die Tischgesellschaft erkennt Sergei sofort. Dieser wirft einen freudigen Blick auf das helle Feuer im Kamin. Dann begrüßt er jeden Anwesenden mit einem Handschlag.

Andrei: In den USA werden die Präsidentschaftswahlen lange nach den russischen stattfinden. Trotzdem kennt die Welt die wahrscheinlichen Kandidaten. Diese bewerben sich jetzt schon im Kreis der beiden Parteien. Doch ein Dreivierteljahr vor den Wahlen werden die Namen der beiden Hauptkontrahenten für das höchste Staatsamt feststehen. Auch in Deutschland werden die Kanzlerkandidaten der beiden Volksparteien mindestens ein Jahr vor der Bundestagswahl gekürt. In Russland dagegen kennt die Bevölkerung den Namen des Anwärters auf die Nachfolge Putins immer noch nicht. Die Partei Einheitliches Russland traut sich nicht, ihren Kandidaten für das höchste Amt aufzubauen. Der russische Wähler weiß nur, dass Putin als Präsident abtreten wird. Er rätselt aber darüber, was Putin nach der Präsidentschaft machen möchte. Scheinbar ist die Frage nach Putins Zukunft wichtiger geworden als die Präsidentschaftswahl selbst.

Viktor: Die Geheimniskrämerei hat ihren Grund. In der russischen Geschichte hat es niemals geordnete, demokratische Wachablösungen an der Spitze des Staates gegeben. Russland besitzt einfach nicht diese Tradition. Der Großteil der Russen versteht bis heute nicht, warum Putin geht. Dass die Verfassung ihm eine dritte Amtszeit verbietet, interessiert den einfachen Mann auf der Straße nicht. Er könnte Putins freiwilligen Abgang auch als Schwäche ansehen, nach dem Motto: Der Zar lässt sein Volk im Stich – warum? Die Sympathiewerte für Putin könnten schnell ins Gegenteil umschlagen. Deshalb muss Putin so lange wie möglich Zar bleiben, nicht nur bis zu den Präsidentschaftswahlen im März 2008, sondern darüber hinaus bis zum Tag der Amtseinführung des neu gewählten Präsidenten. Das wird erst im Mai der Fall sein. Bis Anfang des Sommers nächsten Jahres wird also Putin im Kreml bleiben.

Jewgeni: Wir haben im Grunde ein Parteiensystem in Russland geschaffen. Die Kommunisten und die Nationalisten haben ihre Präsidentschaftskandidaten schon längst gekürt. Sjuganow und Schirinowski führen doch schon ihren Wahlkampf. Dem Kreml unterstehen zwei Parteien. Warum verteilt Putin nicht die beiden Kronprinzen Iwanow und Medwedew auf die Parteien Einheitliches Russland und Gerechtes Russland und lässt sie langsam für die Präsidentenrolle miteinander konkurrieren? Das wären echte demokratische Wahlen. Die Bevölkerung könnte tatsächlich zwischen Iwanow und Medwedew wählen. Im Übrigen können die beiden Spitzenkandidaten auch ganz anders heißen. In Putins Umgebung haben alle Personen den gleichen Hintergrund und sind austauschbar. Wichtig ist, dass beim Volk der Prozess der demokratischen Willensbildung entwickelt wird. Eine freie und faire Präsidentschaftswahl würde uns näher an Europa bringen.

Alle schauen hinüber auf Sergei. Er sitzt am Rande des Tisches, neben dem Gast aus Berlin. Möchte er auch einmal das Wort ergreifen? Doch Sergei scheint großen Hunger zu verspüren. Sorgfältig studiert er die Reste der verbliebenen Leckereien auf dem Tisch, kippt zwei große Löffel schwarzen Kaviar auf eine Scheibe Brot und schiebt sie genüsslich in den Mund. Jemand schiebt die kalte Wodkaflasche direkt vor seinen Teller. Er winkt ab, die anderen sollen reden.

Viktor: Apropos austauschbar. Kurz nachdem Wladimir Putin zum Präsidenten gewählt wurde, erschien auf einer regierungsnahen Internetseite ein interessanter Essay mit folgendem Inhalt. Russland vor 100 Jahren. Der Zar entlässt seinen Premierminister, weil dieser mit der ausufernden Korruption im Land nicht fertig werden kann. Der Zar wendet sich an seine Geheimdienste um Hilfe. Diese präsentieren ihm einen Mann namens Iwanow aus ihren Reihen als geeigneten Premier. Der Neue schlägt alles kurz und klein und die erzürnten Bojaren bitten den Zaren, den Geheimdienstler wieder zu entlassen. Doch die Geheimdienste antworten dem Zaren: Ihr könnt Iwanow entlassen, aber wir haben vorgesorgt. An seine Stelle wird Iwanow II. treten, praktisch ein Doppelgänger. Sollte Iwanow II. etwas zustoßen, erscheint Iwanow III. auf der Bühne. Und so weiter und so fort. Die Geheimdienste werden die Verantwortung für Russland nicht mehr abgeben.

Andrei: Es hält sich hartnäckig das Gerücht, dass Putin seinen Nachfolger längst ausgewählt habe. Wir müssen nur die einzelnen Statements, die Putin zur Frage seines Nachfolgers im Verlauf der letzten Jahre von sich gegeben hat, wie Bausteine zu einem ganzen Bild zusammenfügen. Ich erinnere, dass der Kremlchef öfters gesagt hatte, er kenne den Mann, der ihm nachfolgen wird. Putin deutete aber auch an, dass dieser Mann sich noch weit in der politischen Versenkung befindet, aber dass er – Putin – ihn sorgfältig beobachte und diversen Prüfungen unterziehe. Der Kandidat solle vor allen Dingen ein anständiger Kerl sein und nicht stehlen. Viele dachten damals, Putin meine seinen Stellvertretenden Stabschef Dimitri Kosak. Letzterer saß bezeichnenderweise auf der Pressekonferenz, auf der Putin so über seinen Nachfolger sinnierte, symbolisch neben ihm.

Sergei: Putin trägt das Geheimnis des künftigen Herrschers alleine mit sich herum. Die Kremlstrategen haben aber den Auftrag erhalten, einen Plan zu einer grundlegenden Reform der Exekutive auszuarbeiten. Anscheinend soll ein gewaltiges Machtzentrum in Gestalt eines neuen Staatsrates gebildet werden. Wesentliche Teile der heutigen Präsidialadministration sollen mit dem Nationalen Sicherheitsrat, dem FSB und anderen Geheimdiensten zusammengelegt werden. Man spricht sogar davon, dass die Kontrolle über die gerade gegründeten staatlichen Holdings in den strategischen Industriebereichen, wie Energiewirtschaft, ebenfalls dem Staatsrat übergeben wird. Der Staatsrat wird direkt unter dem Präsidenten angesiedelt werden. In ihm und nicht in der Regierung werden alle Strähnen der Macht zusammenlaufen. Derjenige, der den künftigen Staatsrat leitet, wird womöglich mehr Macht besitzen als der Präsident.

Der Gast aus Berlin versucht, sich hastig Notizen zu machen. Hätte er bloß einen richtigen Schreibblock mitgebracht! So muss er mit Kleinschrift seine restlichen Visitenkarten bekritzeln. Welche Informationen kann er der Wirtschaft zu Hause zutragen? Sergei und die übrige Tafelrunde lächeln nur milde. Nur Dimitri ist wieder einmal mit dem Versenden von SMS-Nachrichten beschäftigt.

Sergei: Die westliche Wirtschaft darf voller Optimismus nach Russland blicken. Früher hieß es, der russische Nationalcharakter wäre für die Aufnahme kapitalistischer Gedanken ungeeignet. Jetzt haben wir den Kapitalismus mit großer Wucht eingeführt. Die kollektivistischen und idealistisch verträumten Russen haben ihre anfängliche marktwirtschaftliche Jungfräulichkeit verloren, sie sind geizig, materialistisch und zielstrebig im Verfolgen eigener Interessen geworden. Unser kapitalistisches Modell wird auch Europa maßgeblich verändern. Unsere Unternehmer müssen nur lernen, wirtschaftliche Konkurrenz nicht zu bekämpfen, sondern zu akzeptieren. Die erste Phase des wilden russischen Kapitalismus wird lang, aber die Wirtschaftsgesetze können von niemandem mehr zurückgenommen werden. Auch wenn Russland nicht der WTO beitreten sollte, bleiben wir für den Westen konstruktive Partner.

Die große Wanduhr in der Diele schlägt Mitternacht. Das Feuer im Kamin erlischt langsam. Dimitri hat seit einer Stunde schon kein Holz mehr nachgelegt. Ein letztes Mal wird vor dem Nachhausegehen angestoßen, natürlich auf die erfolgreiche Zukunft des Großen Russlands. Der große Putin-Code ist in dieser Nacht jedoch nicht enträtselt worden.

13 Der neue Putin

Es war der 1. Oktober 2007, fünf Monate vor den Präsident-
schaftswahlen. Mit Spannung wurde der Kongress der Kreml-
partei Einheitliches Russland erwartet. Die dort aufgestellte
Parteiliste für die Parlamentswahlen Anfang Dezember konnte
Aufschluss darüber geben, wer Putin als Präsident folgen würde.
Im russischen Provinzstädtchen Pskow tagte gerade die Zu-
kunftswerkstatt des Petersburger Dialogs. Vertreter der jungen
Nachwuchseliten aus Russland, Deutschland und mitteleuro-
päischen Ländern diskutierten über die politischen Baustellen
Europas, als plötzlich die Nachricht wie eine Bombe einschlägt:
Putin bleibt auch nach den Präsidentschaftswahlen an der
Macht!

Sofort fiel einem die Anekdote ein, die der Kommunisten-
chef Gennadi Sjuganow gerne erzählt: Russland im Sommer
2008. Der Vorsitzende der Staatsholding ROS-Atom-Ener-
gie-Rüstung-Luftfahrt-Technologie, Putin, empfängt den russischen Präsidenten auf dessen Bitte zu einem Gespräch.

Im russischen Fernsehen konnten Millionen von russischen
Bürgern die Inszenierung auf dem Parteitag beobachten. Ältere
Zuschauer fühlten sich in die Zeit der Sowjetunion zurückversetzt. Ein Redner nach dem anderen ergoss sich in Ehrerbie-
tungen an die Adresse des Präsidenten. Dieser thronte hoch
über allen im Präsidium und machte sich Notizen. Die Schlüsselrolle im politischen Theaterstück oblag einer einfachen Nä-
herin und einem jungen Invaliden im Rollstuhl. Beide flehten
den Kremlchef förmlich an, das Volk nicht im Stich zu lassen
und das Präsidentenamt nicht zu verlassen. Verfassung hin
oder her – Putins Amtszeit zu verlängern sei eine „Sache der
Technik".

Kurz darauf marschierte Putin zum Rednerpult. Von dort
sprach er historische Worte. Ja, er würde den Spitzenplatz auf
der Parteiliste von Einheitliches Russland einnehmen und die
Kremlpartei zum Sieg bei den kommenden Parlamentswahlen
führen. Ja, man könne sich in der Tat vorstellen, dass die sieg-
reiche Partei ihn zum nächsten Premierminister aufstellen
könnte. Die Parteigenossen jubelten stehend. Am nächsten Tag

entschied die Parteiführung, keine weiteren Personen neben Putin auf die föderale Wahlliste zu setzen.

Die Analyse schien eindeutig: Die Silowiki um Setschin hatten den Präsidenten zum Bleiben überredet. Sie konnten ihm offensichtlich die Variante „technischer Präsident" schmackhaft machen. Nun durfte Putin seinen Präsidentensessel gegen den Stuhl des Regierungs-, Partei- oder Parlamentschefs tauschen, an seiner Stelle im Kreml einen schwachen Präsidenten installieren, die Schaltzentrale von der Präsidialadministration in den Regierungs-, Partei- oder Dumaapparat verlegen und das Land weiterregieren. War damit das künftige Schicksal Russlands entschieden?

Das zweite Gesicht

Unter den jungen Experten breiteten sich Frust und Enttäuschung aus. Warum konnte der Machtwechsel nicht, wie von Putin immer wieder versprochen, ohne Manipulationen an den demokratischen Institutionen vor sich gehen? Den Anwesenden wurde auf einmal bewusst, dass Putin wohl nie die Absicht hegte, abzutreten, sondern nach einer spitzfindigen Möglichkeit suchte, um – ohne die Verfassung offen zu brechen – an der Macht zu bleiben. Diejenigen, die Putin in der Vergangenheit gegen übertriebene Kritik in Schutz genommen hatten und von der Standhaftigkeit seines Versprechens, im März 2008 von der allerhöchsten Macht zurückzutreten, eigentlich bis zum Schluss überzeugt waren, versuchten erst gar nicht, ihre Enttäuschung zu verbergen.

Warum hatte Putin ein solches Spektakel nötig? Warum musste der Geheimdienstmann mit seiner engsten Umgebung und mit der Bevölkerung in dieser nationalen Schicksalsfrage Katz und Maus spielen? Warum diese spezoperazija und das Misstrauen gegenüber der eigenen Elite? Hatte er Angst vor dem eigenen Volk? Wieso legte er die Karten nicht offen auf den Tisch? Wenn, wie er selbst betonte, Russland einen starken Nachfolger als Präsidenten wünschte, warum nannte er nicht Ross und Reiter – den Namen seines Favoriten? Dann könnten sich die Menschen auf den neuen Mann einstellen, würden sich mit dem Gedanken, ihn zum Präsidenten zu wählen, vertraut machen. Warum verbot Putin offensichtlich den vermeintlichen Kronprinzen Medwedew und Iwanow, ihren 2005 begonnenen Präsidentschaftswahlkampf weiterzuführen?

Zwei gegensätzliche Meinungen stießen aufeinander. War Putin nur am eigenen Machterhalt interessiert und würde nun die Verfassung doch noch umschreiben, um sich als Regierungschef die gesamte Machtfülle übertragen zu lassen? Oder wollte er einen schwachen Präsidenten installieren, um nach einer kurzen Zeit als Staatschef wiederzukommen? Die andere Variante: Putin würde einen neuen starken Präsidenten akzeptieren, sogar fördern, aber nach einer geeigneten Möglichkeit suchen, hinter den Kulissen auf die Politik Einfluss zu nehmen.

Die Variante „technischer Präsident"

Mit der Berufung Subkows zum Premierminister sollte der Plan „technischer Präsident" in die entscheidende Phase gehen. Der 66-jährige Finanzinspektor, persönlicher Freund und Datscha-Nachbar Putins, hätte problemlos in die Rolle des formellen Statthalters für Putin im Kreml schlüpfen können. Putin durfte nach einer Legislaturpause wieder für das Präsidentenamt kandidieren. Die gültige Verfassung erlaubte nur keine dritte Amtszeit in Folge. Theoretisch konnte Putin also 2012 erneut zum Präsidenten gewählt werden. Der neue Mann musste aber gar nicht lange den Statthalter spielen. Er könnte theoretisch auch vor Ablauf seiner offiziellen Präsidentenamtszeit freiwillig zurücktreten, um Putin – über vorgezogene Neuwahlen – das politische Comeback zu ermöglichen.

Für die politische Entwicklung in Osteuropa waren Verfassungsänderungen im Sinne des Machterhalts einer Person nichts Ungewöhnliches. Gerade war im Nachbarland Ukraine die Diskussion darüber entbrannt, ob die Einführung des parlamentarischen Systems nicht wieder rückgängig gemacht werden sollte und dem Präsidenten nicht wieder alle Macht im Land übergeben werden sollte. Das autoritäre Belarus hatte sich ein Jahrzehnt davor von der Parlamentsrepublik verabschiedet. Personen, nicht Institutionen zählten, auch in der Wahrnehmung der Bevölkerung. Für die Mehrheit der Russen schien es in der Tat egal zu sein, in welcher Eigenschaft Putin sie weiter regieren würde. Hauptsache, er bliebe an der Macht.

In Russland ertönten enthusiastische Stimmen: Putin handle staatsmännisch. Der Großteil der Russen wolle, dass er bliebe. Aufgrund seiner persönlichen Autorität in Russland dürfe er nicht abtreten, sondern solle als Stabilitätsfaktor dem Land weiter dienen. Sein Weggang könne eine gefährliche Machtlücke hinterlassen, die politisches Chaos erzeugen würde. Dass Putin sich bereit erklärte, de facto als Chef der Partei Einheitliches Russland zu fungieren, bedeute nur, dass langfristig gesehen Russland ein starkes Parlaments- und Parteiensystem erhielte. Der Zusammenschluss Putin - Einheitliches Russland öffne den Weg zu einer demokratischeren Parlamentsrepublik, falls die Ämter Präsident, Premier und Parlamentsvorsitzender tatsächlich von der aus den Wahlen als Siegerin hervorgegangenen Partei besetzt werden würden. Der Westen könne einer solchen Systemveränderung viel Positives abgewinnen.

Aus Sicht der Skeptiker wurden die Parlamentswahlen im Dezember jedoch zu einem reinen Plebiszit für die Machterhaltung Putins. Ein Mehrparteiensystem konnte sich nicht mehr ausbilden, weil Einheitliches Russland mit dem Spitzenkandidaten Putin eine absolute Mehrheit aller Mandate errang. Eine parlamentarische Opposition konnte man in der nächsten Duma abschreiben. Die Partei Gerechtes Russland wurde durch Putins Identifizierung mit der ersten Kremlpartei jeglicher Attraktivität beraubt. Die Gouverneure und Bürokraten, die sich aus Karriereüberlegungen bisher der zweiten Kremlpartei angeschlossen hatten, liefen Hals über Kopf zu Einheitliches Russland über. Jeder Gouverneur musste nun, schon aus politischem Eigenschutz, versuchen, in seiner Region ein stattliches Resultat für Putin zu erzielen. Die nächste Duma drohte zu einer reinen Parteiveranstaltung von Einheitliches Russland zu verkommen.

Machtkampf der Geheimdienstclans

Putin wollte bis zum Schluss die Zügel in der Hand behalten und nicht zu einer „lahmen Ente" abgestempelt werden. Er musste seine Nachfolge als eine spezoperazija tarnen, weil sich sein „Geheimdienstorden" völlig zerstritten hatte. Jedenfalls publizierte der Chef der obersten Drogenbekämpfungsbehörde, FSB-General Tscherkessow, Mitte Oktober 2007 einen sensationellen Artikel in der Zeitschrift *Kommersant*, in dem er von der Gefahr der Zersplitterung der russischen Geheimdienste warnte. Tscherkessow war mit FSB-Chef Patruschew und dem Stellvertretenden Leiter der Kremladministration Setschin aneinandergeraten. In dem Artikel bezichtigte Tscherkessow Teile des Geheimdienstes der Korruption. Namen nannte er jedoch nicht. Zuvor hatte der FSB seinerseits der Drogenbehörde Bestechlichkeit vorgeworfen und führende Mitarbeiter Tscherkessows inhaftiert. Der Drogenzar appellierte eindeutig an Putin. Der Kremlchef solle ein Machtwort sprechen und die Herrschaftselite an den inneren Kodex des „Systems Putin" erinnern: Wer ein hohes Staatsamt innehat, darf nebenbei keine kommerziellen Geschäfte tätigen.

Kurze Zeit später startete Setschin einen Großangriff auf den Reformflügel in der Regierungsspitze. Der Stellvertretende Finanzminister Sergei Stortschak, der die Gelder des staatlichen Stabilitätsfonds verwaltete und für die außenwirtschaftlichen Beziehungen der Regierung Verantwortung trug, wurde plötzlich verhaftet und der Veruntreuung von Staatsgeldern in Milliardenhöhe angeklagt. Stortschaks Finanzminister Chef, Alexei Kudrin, einer der wenigen verbliebenen Reformer im Kabinett, hielt sich zum Zeitpunkt des Arrests im fernen Südafrika auf. Sofort eilte er nach Moskau zurück, um seinen Vertrauten zu schützen – vergeblich. Zwar empfing Putin Kudrin demonstrativ im Kreml zu einem Vieraugengespräch, doch Stortschak blieb in Haft. Galt der Angriff der Silowiki tatsächlich Kudrin, oder hatten es die Geheimdienstleute auf jemanden noch höher Stehenden abgesehen? Sollte womöglich Medwedew – der Erste Vizepremier über Kudrin – auf dem Weg zur Präsidentschaft beschädigt werden?

Doch nun erhob sich eine Front gegen Setschin. Kurz nach den Dumawahlen Anfang Dezember erschien wieder in der Zeitschrift *Kommersant* ein Interview mit einem bis dahin unbekannten russischen Fondsmanager, Oleg Schwarzmann, der mit entwaffnender Offenheit über seine geschäftlichen Beziehungen zu Setschins Businessimperium schwadronierte. Schwarzmann beschrieb im Interview, wie Setschins Silowiki die Privatisierungen, die in den 90er-Jahren stattgefunden hatten, mit Hilfe geheimdienstlicher Methoden Schritt für Schritt wieder rückgängig machen würden. Setschins Maschinerie würde versu-

chen, den Marktwert der anvisierten Unternehmen zu drücken, um sie einer wirtschaftlichen Geheimgesellschaft „Soziale
Investitionen" einzuverleiben. Eine andere geheimdienstliche
Organisation, „Russische Vereinigung für Gerechtigkeit", würde
die Unternehmen zu Sonderabgaben an den Staat erpressen.

Ein solch öffentlich ausgetragener Kampf im „Allerheiligs-
ten der Macht", so kurz vor Präsidentschaftswahlen, ließ Böses
ahnen. Wer konnte nach Putins Weggang die Kampfhähne wieder zusammenführen? Oder läuteten die Artikel im *Kommersant*
den Beginn eines neuen brutalen Umverteilungskampfes um
die Kontrolle über Russlands strategische Wirtschaftsressour-
cen ein?

Die russischen Geheimdienste waren als „Old-Boys-Net-
work" mit Putin 2000 an die Macht gekommen. Doch eines der
wesentlichen Kriterien an Putin und seinem Führungsstil war,
dass er äußerst misstrauisch reagierte und seiner Elite nicht über
den Weg traute. Zwar hatte ihn keiner seiner Untergebenen
wirklich verraten, doch der Präsident kannte auch die riesige
Machtfülle, die er seinen Getreuen übertragen hatte. Offensichtlich ließ er seine eigenen Vertrauten durch andere alte
Freunde aus dem Geheimdienst ständig kontrollieren. Putins
Argument für die große Anzahl von Geheimdienstlern im
Staatsapparat lautete: Diese Männer stehlen nicht. Inzwischen
waren Zweifel angebracht.

Kremlologen erinnerten sich sofort an das Jahr 1996. Der
damalige Sekretär Jelzins, Alexander Korschakow, ein Geheimdienstmann, hatte durch gezielte Provokationen versucht, den
liberalen Reformflügel im Kreml zu kompromittieren. Damals
ging es ebenfalls um die Wiederwahl Jelzins zum Präsidenten
und um die Frage, auf welche inneren Kräfte sich Jelzin in seiner zweiten Amtszeit stützen würde. Die Reformkräfte organisierten eine erfolgreiche Gegenattacke. Jelzin löste sich von den
Silowiki um Korschakow und machte den Chefreformer Anatoli
Tschubajs zu seinem Stabschef. Würde jetzt Setschin das Schicksal Korschakows ereilen? War Medwedews Nominierung als
Schulterschluss gegen die übermächtigen Silowiki gedacht?

Ein Vierohrengespräch im Weißen Haus

Sergei Iwanow, im Oktober 2007 immer noch Erster Vizepremier, empfängt seinen westlichen Besucher in seinem Arbeitszimmer im Regierungsgebäude. Mit dem Weißen Haus ist in der jüngsten Vergangenheit das Schicksal des postkommunistischen Russlands auf zweierlei Art und Weise verknüpft. Hier leisteten im August 1991 die Demokraten um Jelzin den Putschisten im Kreml Widerstand. Die russische liberale Revolution führte bekanntlich zum Zerfall der Sowjetunion und zur Ausbildung eines demokratischeren Russlands. Die russische Demokratie währte zwei Jahre. Im September/Oktober 1993 putschte das durch Altkommunisten, Nationalisten und Anarchisten dominierte Parlament offen gegen Präsident Jelzin. Wieder wurden, wie im Augustputsch 1991, vor dem Weißen Haus Barrikaden errichtet. Doch die neue Kremlmacht ließ nicht mit sich spielen. Das Weiße Haus wurde aus Panzern beschossen, das sich verschanzende Parlament auseinandergejagt. Der Augustputsch kostete ein Dutzend Menschen das Leben. Der Oktoberputsch 1993 soll mehrere Hundert Tote und Verletzte gezählt haben. Auf einer Wiese vor dem Weißen Haus erinnern ein kommunistisches Denkmal und eine orthodoxe Kapelle an die Tage des kleinen russischen Bürgerkriegs.

Seit 1993 sitzt die russische Regierung im Weißen Haus. Die Duma ist in das Gebäude des ehemaligen sowjetischen Planungskomitees umgesiedelt. Dort verfügt sie über keine technische Infrastruktur, um – wie 1991 und 1993 – gegen die Staatsmacht Widerstand zu leisten.

Sergei Iwanow erinnert im Gespräch mit dem Besucher aus Berlin an diese tragischen Tage der neueren Geschichte. Sein Fazit: Russland wird so schnell keine parlamentarische Republik werden, ansonsten drohten neue Machtkämpfe. Russland wäre zweimal in seiner Geschichte fast zum Parlamentarismus übergegangen. Anfang des 20. Jahrhunderts und 1990 bis 1993. Der erste Versuch endete mit der Absetzung des Zaren und der Machtübernahme der Bolschewisten, der zweite – fast mit der Absetzung des Präsidenten Jelzin und dem Absturz Russlands im Chaos.

Iwanow gehört sicherlich zu den Architekten und Ideologen

des Systems Putin. Die Stabilitätssicherung wäre die größte Aufgabe gewesen, vor der Putin in seiner Präsidentschaft gestanden hätte. Wird Putin als Präsident jetzt gehen? Ja, antwortet Iwanow bestimmt. Er kann sich ein „Tandem" zwischen dem künftigen Präsidenten und dem abtretenden Putin vorstellen. Nur müsse dann der Präsident die stärkere Institution bleiben. Nur die gegenwärtige Machtstruktur gewährleiste die künftige Kontinuität und Stabilität. Der neue Präsident würde zu 75 Prozent den Kurs Putins fortsetzen müssen. Das würde von ihm die Bevölkerung verlangen, so Iwanow. Ein radikales Abweichen von der Politik der letzten acht Jahre würde den neuen Amtsinhaber vom Volk isolieren. Das Scheitern wäre programmiert.

Der künftige Präsident, so Iwanow, wird von der stärksten Parlamentspartei getragen und ihr gegenüber verpflichtet sein. Der nächste Kremlchef wird sich der Parteidisziplin, dem Parteiprogramm unterwerfen. Damit würde das Land einen historischen Schritt in Richtung Mehrparteiensystem und Demokratie vollführen.

Iwanow lehnt sich auf seinem Sessel zurück, lässt grünen Tee servieren. Über eine Stunde spricht er ausführlich über die erfolgreiche Gründung der neuen staatlichen Korporationen und Industrieholdings. Da privatwirtschaftliche Investitionen in wichtige strategische Industriezweige ausgeblieben waren, musste der Staat selbst investieren. Wer war daran beteiligt, nur Putin? Diese Entscheidung sei kollektiv gefällt worden, so Iwanow. Der General nennt neben seiner Person auch Dmitri Medwedew als einen der Motoren der Modernisierungspolitik. Der Staat, so Iwanow, würde keine strategischen Zweige nationalisieren wollen, die Bedeutung der Privatwirtschaft würde wachsen. Russland verfolgt ein einzigartiges Modell der Partnerschaft zwischen Staat und privater Hand. Andere Staaten könnten von der russischen Erfahrung lernen, sagt er nicht ohne Stolz. Sowohl die staatlichen Konzerne als auch die industriellen Holdings müssten künftig nach den Gesetzen internationaler Märkte funktionieren. Zwei bis drei Jahre benötige das neue Wirtschaftssystem noch, um sich vollständig zu integrieren.

„Wann machst du dein Spionageabhörgerät aus?", fragt Iwanow seinen Interviewer. Dieser schaltet sein Diktiergerät ab. Nun kann noch vertraulicher miteinander geredet werden.

Iwanow nimmt sich eine weitere Stunde Zeit: „Frag mich ruhig aus. So oft treffe ich mich nicht mit Journalisten."

„Früher war ich ein ganz normaler Spion", erzählt der Erste Vizepremier: „Immerhin habe ich es bis zum General gebracht. Es gibt zahlreiche Generäle beim Militär, aber sehr wenige im FSB." Iwanow betont, er sei ein Familienmensch. Putin und er hätten eine sehr ähnliche Sozialisierungsphase hinter sich. Beide seien im „armen Leningrad" aufgewachsen. Iwanow fährt fort: „Meine Frau arbeitet irgendwo in einer Moskauer Behörde, aber niemand wisse, wo. Der Allerweltsname Iwanow schützt sie vor der Enttarnung. Die Kollegen meiner Frau wüssten nicht, wer ihr Mann tatsächlich ist. Meine Frau fährt jeden Tag alleine mit dem Pkw ins Büro, ohne Leibwächter." Und sein Sohn, der vor zwei Jahren eine Passantin totgefahren hat? Eine furchtbar tragische Geschichte, nickt Sergei Iwanow nachdenklich. Die Sache sei ein Unfall gewesen, wie er sich in Moskau täglich mehrfach ereignet. Er habe sich in die Ermittlungen nicht eingemischt.

Nach einer kurzen Pause zeichnet der Präsidentschaftskandidat Iwanow sein Wunschbild für die innere Entwicklung Russlands: „Unser Land braucht eine starke rechte und starke linke Partei. Heute haben wir mit Einheitliches Russland eine starke konservative Partei. Es besteht die Notwendigkeit der Schaffung einer sozialdemokratischen Partei. Die Kommunisten hätten sich längst, wie in anderen europäischen Staaten, zu einer sozialdemokratischen Partei umwandeln müssen."

Iwanow fährt fort: „In der angelsächsischen Welt, in der ich mich gut auskenne, existieren seit mehr als einem Jahrhundert zwei stabile Volksparteien, die sich gegenseitig an der Macht ablösen. Diese Machtwechsel sind nicht mit Instabilitäten, wie Staatszerfall, verbunden. Bei uns in Russland war bei vergangenen Machtwechseln oft die Verteidigungsfähigkeit unseres Landes gefährdet. Unsere Parteien benötigen eine enge Anbindung an den neuen Mittelstand, nur dann sind sie gesellschaftstragend. Wir brauchen in Zukunft geordnete Machtwechsel."

Iwanow ist, neben Außenminister Sergei Lawrow, der Politiker mit der größten Auslandserfahrung in Putins Mannschaft. Er scheint den Westen sehr gut zu kennen. Er will nicht verraten, wo er überall in Geheimmission auf Posten war. In 75 Jahren würden die Archive, was seine Person angeht, den Historikern geöffnet werden, erst dann könne man erfahren, was er im Geheimdienst getrieben habe. Er ist über die Lage im Land und in der Weltpolitik bestens informiert. Viele heikle Missionen hat er hinter sich. Seitdem er Erster Stellvertretender Regierungschef ist, kümmert er sich ausschließlich um die Innenpolitik. Was wäre seine größte Machtressource? Die Antwort kann nur lauten: Eine 30-jährige Freundschaft mit Putin.

Iwanow lächelt: „Es wird immer wieder behauptet, Russland würde ausschließlich von Petersburgern regiert. Nun, ich bin zwar ursprünglich aus Sankt Petersburg, doch seit 17 Jahren lebe ich in Moskau. Ich habe also zwei Herzen in meiner Brust. Im Kreml witzeln einige Kollegen, ich sei damals 1990 als Putins Agent schon als Vorhut nach Moskau eingeschleust worden…" Iwanow zündet sich eine Zigarette an.

Die Bitte, zwei Takte zur Außenpolitik zu sagen, kann Iwanow nicht ausschlagen. Gegenüber den ehemaligen Sowjetrepubliken werde Moskau, so sagt er wörtlich, eine Politik von „Wärme und Licht" durchführen. Diese Länder werden, wenn sie marktgerechte Preise bezahlen, mit allen notwendigen Energieressourcen versorgt. Gegenüber der EU möchte Russland die begonnene Energiealliance fortsetzen, die Partnerschaft auf den abgeschlossenen Langzeitlieferverträgen aufbauen. Die nächsten 7 bis 10 Jahre wird die EU Russlands größter Kunde bleiben. Das Pipelinenetz Richtung Asien wird erst in einem Jahrzehnt ähnlich funktionsfähig sein wie das europäische. Moskau hat Milliarden in die Transportinfrastruktur Richtung Westen investiert, wieso sollte diese jetzt aufgegeben werden?

Iwanow schimpft auf die restriktiven westlichen Visumpraktiken. In den europäischen Generalkonsulaten müssten Russen persönliche Details preisgeben, die in den westlichen Gesellschaften unter den Begriff Datenschutz fallen würden. Sogar das stalinistische Russland war offener im Umgang mit westlichen Ausländern als die EU mit dem heutigen Russland, so Iwanow. Russland müsse sich überlegen, ob es gegenüber der EU eine Art Retourkutsche fahren solle. Noch würde sich Moskau in dieser Hinsicht zurückhalten.

Und was bringt die Zukunft? Iwanow ist, wie Putin, ein überzeugter Europäer. Die Zukunft Russlands sieht er in Europa. Nur welchem Europa? Die russische Führung ist skeptisch, ob die EU sich zu einem starken politischen Akteur auf der Weltbühne entwickeln kann. Innerhalb der einzelnen Mitgliedsstaaten gebe es zu viele unüberbrückbare Gegensätze. Ein zerrüttetes EU-Europa wie heute biete für Moskau keinen Stabilitätsanker, meint Iwanow und streicht mit seiner Hand durch die blonden Haare. Woher stamme die europäische Angst vor Russland? Sein Land habe niemals Angriffskriege gegen Europa geführt.

Wie sieht er die USA? Mit Washington kann man sich einigen. Der hochgewachsene General ist stolz auf seine ausgezeichneten Kontakte zur amerikanischen Administration. Er empfinde angesichts des amerikanischen Scheiterns im Großen Mittleren Osten keine Schadenfreude. Washington solle aber mit Russland darüber reden, wie die Region dauerhaft befriedet werden könne. Die russische Erfahrung aus dem Afghanistankrieg könnte den Amerikanern noch nützlich werden.

Die islamische Welt? Dort würde Russland als globaler Akteur wieder viel ernster genommen als in den 90er Jahren. Pakistans Raketentechnologie, nicht Irans Atomprogramm sei das größte Bedrohungspotenzial der Region, so Iwanow.

Das Gespräch verlässt das internationale Parkett. Gibt es so etwas wie eine russische Idee? In der Sowjetunion gab es – wenn auch nur im Untergrund und in der politischen Emigration – eine Identitätssuche für die Zeit nach dem Kommunismus. Sie produzierte zwei gegensätzliche Strömungen, die nach der Wende das neue russische Denken zu prägen begannen. Die Gegensätze basierten auf der historischen Bipolarität der russischen Gesellschaft – der Auseinandersetzung zwischen den liberalen Westlern und den slawophilen Eurasiern. Die Ersteren wollten Russland im modernen Westeuropa verankern, die Letzteren forderten einen eigenständigen Sonderweg zwischen Europa und Asien. In der Sowjetära galten die Nobelpreisträger Andrei Sacharow und Alexander Solschenizyn als die Hauptvertreter der ersten und der zweiten Geisteshaltung. Sacharow kämpfte bis ans Ende seines Lebens für die Ideale der Freiheit. Für die von ihm begründete liberale Dissidentenbewegung standen universale Menschenrechte über den Interessen des Staates.

Anders Solschenizyn. Dieser hatte in einem „Brief an die sowjetischen Führer" vorgeschlagen, den Kommunismus abzuschaffen, aber einen starken russischen Staat zu erhalten. Der

80-jährige Solschenizyn gilt heute als Vertrauensmann Putins. Auch Iwanow sympathisiert mit dem Russlandbild Solschenizyns.

Iwanow dürfte auch nach 2008 weiter eine gewichtige Rolle im Kreml spielen. „Der Westen wird über mich schreiben, ich sei ein Hardliner. Dem sollte man nicht glauben. Ich bin Demokrat", verabschiedet er mit einem Lächeln seinen Gast aus Deutschland. Letzterer wird von zwei freundlichen Assistenten nach unten eskortiert. Draußen ist es dunkel. Ein riesiger Verkehrsstau hat sich um das Weiße Haus gebildet.

Ein eiskalter Wind weht von der Moskwa den Passanten ins Gesicht. Der Herbst verabschiedet sich endgültig für dieses Jahr. Mit dem kleinen Volkswagen geht es, durch die Innenstadt hindurch, Richtung Flughafen Scheremetewo II. Im Radio spricht ein russischer Kommentator ausgiebig von einem bevorstehenden Ende der Pax Americana. Bush kämpfe noch um seinen Platz in den Geschichtsbüchern. Der 11. September sei nicht gerächt, Bin Laden in Freiheit, der Irak stünde vor einer Zersplitterung. Die Türkei plane, sich in den Irakkrieg gegen die Kurden einzumischen. Die USA seien überfordert, die Weltordnung im Alleingang zu gestalten.

Pawel, der Fahrer, schüttelt den Kopf und schaltet um auf den populären Sender Echo Moskaus. Dieser wird von Gasprom bezahlt, ist dennoch äußerst regierungskritisch. Ein bekannter Dissident beschwört dort die Gefahr eines Faschismus in Russland. Er vergleicht das gegenwärtige Russland mit Deutschland in den 30er Jahren des vergangenen Jahrhunderts. Schlimme Dinge würden sich demnächst in Russland ereignen. Rechtsradikale verzeichneten einen dramatischen Zulauf.

Pawel drückt wieder auf den Radioknopf. Im Äther ertönt die Stimme der Deutschen Welle aus Bonn. In der Sendung werden neue Meinungsumfragen von Forsa in Bezug auf Russland vorgestellt. Danach glaubten nur 36 Prozent der Deutschen ihren einheimischen Medien die Berichterstattung über Russland. Die Mehrheit der Befragten sei überzeugt, dass die deutschen Medien in ihrer Berichterstattung über Russland zu viele Stereotype verbreiten würden. Sogar eine Umfrage unter deutschen Journalisten ergab, dass 45 Prozent der Befragten angaben, das Russlandbild im Westen werde künstlich schlecht gemacht. 60 Prozent der Deutschen äußerten die Überzeugung, dass die enge Energiepartnerschaft zwischen Deutschland und Russland den nationalen Interessen beider Länder diene.

Der riesige Stau löst sich plötzlich auf. Die Menschen haben es eilig, nach Hause zu kommen. Pawel gibt Gas – freie Fahrt zum Flughafen. Doch er muss sich nicht beeilen. Die Nachtmaschine nach Berlin hat eine Stunde Verspätung. Am Himmel ziehen Wolken auf, in der Dunkelheit der pechschwarzen Nacht ist zu erahnen, dass das Wetter umschlägt.

Zar Dimitri

Am 10. Dezember, eine Woche nach dem Erdrutschsieg der Partei Einheitliches Russland bei den Dumawahlen, verkündete Putin, nachdem er die Nerven seiner Administration bis zum Äußersten strapaziert hatte, endlich den Namen des Politikers, den er als seinen Nachfolger im Kreml wünschte. Den großen Preis erhielt der 42-jährige Dimitri Medwedew, nicht der erfahrenere Iwanow oder der neue Premier Subkow. Einen Tag später erklärte Medwedew seine Bereitschaft, auf dem Parteiticket von Einheitliches Russland und dreier weiterer kremlnaher Parteien für das oberste Staatsamt zu kandidieren. Gleichzeitig bat er seinen Ziehvater Putin, nach dem Verlassen des Präsidentenamtes sofort die nächste Regierung zu übernehmen – in der Eigenschaft eines unumschränkten „nationalen Führers". Vor gut einem Jahr hatte der Kronprinz Medwedew noch angeregt, dass Putin künftig den Posten des Außenministers unter einem neuen Präsidenten übernehmen könnte.

Hatte Putin mit Medwedew die Variante „technischer Präsident" gewählt? Es schien so. Doch Beobachter wiesen sogleich darauf hin, dass sogar ein solch treuer Putin-Ziehsohn wie Medwedew, nachdem er im Kreml Platz genommen hatte, persönliche Ambitionen entwickeln und sich relativ zügig aus Putins Schatten lösen könnte. Putin wäre als Premierminister für alle Missstände im Land verantwortlich, protokollarisch würde nicht er, sondern Medwedew an den prestigevollen G8-Gipfeln und anderen internationalen Konferenzen teilnehmen. Nein, die Idee vom starken Regierungschef und schwachen Präsidenten funktionierte wirklich nur dann, wenn sich Putin dazu entschließen würde, die Verfassung zu verändern. Eine konstitutionelle

Mehrheit für eine Verfassungsänderung hatte Putin nach den Parlamentswahlen, durch das Verknüpfen seines politischen Schicksals mit Einheitliches Russland, in der Tasche. Die politische Logik des Machterhalts erforderte vom proklamierten „nationalen Führer" Putin die schrittweise Umwandlung des Amtes des Staatspräsidenten in ein dekoratives und die Aufwertung des Postens des Regierungschefs, der dann von der Parlamentsmehrheit getragen würde. Denn trotz aller Bemühungen, die Schaltstellen der Macht künftig beim Regierungschef anzusiedeln, würde laut gültiger Verfassung Medwedew der Oberbefehlshaber der Streitkräfte und „Herrscher" über den ominösen Atomkoffer mit den geheimen Codes für den Abschuss der russischen Atomwaffen bleiben, ihm unterstünden die Gewaltministerien und er ernannte und entließ den Regierungschef.

Doch Putin musste gar nicht Premier werden, um das Land weiter im Griff zu halten. Er konnte beispielsweise Parteichef von Einheitliches Russland werden, Medwedew in die Parteistrukturen einbinden und somit abhängig machen. Putin und Medwedew würden praktisch im Tandem regieren. Der Vorsitzende des Auswärtigen Ausschusses im Föderationsrat, Michail Margelow, erinnerte sich plötzlich an eine gemeinsame Reise mit Putin nach Indien, im deren Verlauf der Kremlchef mit der indischen politischen Grande Dame, Sonia Gandhi, zusammenkam. Danach soll Putin geschwärmt haben: Frau Gandhi bekleide offiziell kein Staatsamt, sie sei nur Chefin der Kongresspartei. Trotzdem kontrolliere sie im riesigen Indien alles.

Durch die ausgesprochene Einladung an Putin, seiner Regierung beizutreten, deutete Medwedew zwar von vornherein an, dass er sich möglicherweise außerstande sah, Russland alleine ohne Putin zu regieren. Damit verwandelte sich der Präsidentschaftsanwärter sofort in eine „lahme Ente". Und Putin, der gerade verhindern wollte, dass er frühzeitig durch Nennung des Namens seines Favoriten ins politische Abseits geriet, wurde von der eigenen Bevölkerung und der internationalen Öffentlichkeit weiterhin als der eigentliche starke Mann in Russland betrachtet.

Die Beförderung Medwedews zum Nachfolger Putins wurde von Beobachtern sofort als eine herbe Niederlage für die Silowiki angesehen. Bis zuletzt hatte Setschin offensichtlich mit allen Tricks versucht, Medwedews Kreise zu stören und Putin stattdessen den 24 Jahre älteren Subkow anzudienen. Durch die von Medwedew vorzeitig ausgesprochene Bereitschaft, das Land mit Putin im Tandem zu regieren, wollte der Kronprinz aber auch die gegnerische Geheimdienstlobby beruhigen. Solange Putin weiter an der Macht blieb, konnten alle Mitglieder der gegenwärtigen Administration ihre Posten behalten. Medwedews stilles Bekenntnis, dass er ohne Putin die übermächtigen Silowiki nicht unter Kontrolle zu halten vermochte, legte den Schluss nahe, dass er sich mit der Setschin-Gruppe einigen musste.

Der liberale Kremlbär

Medwedew leitet sich vom russischen Tiernamen „Bär" (Medwed) ab. Für russische Ohren ein sehr angenehm klingender Familienname. Bis auf die Präsidialadministration hatte Medwedew niemals eine Organisation, eine Provinz, ein Ministerium oder eine Firma direkt als Hauptverantwortlicher geleitet. Den Großteil seiner politischen Karriere verbrachte er als eine Art Schatten Putins. Seine menschliche Verbundenheit mit seinem Gönner sowie seine bedingungslose Loyalität dem Kremlchef gegenüber, prädestinierten Medwedew offenkundig in den Augen Putins für die Thronnachfolge.

Ein gut informierter Dumaabgeordneter glaubt, dass Putin Medwedew schon von Anfang an zu seinem Nachfolger erkoren hatte. Von 2005 bis 2007 schien Medwedew in der hervorgehobenen Position des Ersten Vizepremiers auch tatsächlich Putins einziger Auserwählter zu sein. Doch Putin soll 2007 entschieden haben, Medwedew auf Standhaftigkeit, Durchsetzungskraft und Nervenstärke zu testen. Ohne Medwedew zu informieren, beförderte er Sergei Iwanow zum parallelen Kronprinzen. Ein halbes Jahr später unterzog Putin seinen Günstling einem zweiten Härtetest, als er mit Subkow einen dritten Bewerber für das Präsidentenamt aus dem Hut zauberte. Während Medwedew die Kapriolen seines Chefs eher gelassen akzeptierte, reagierte Iwanow darauf mit einigem Unmut. Möglicherweise beeinflusste Medwedews zurückhaltendes Benehmen Putins endgültige Wahl. Es ist aber auch durchaus vorstellbar, dass Putin beiden – Medwedew und Iwanow – die Variante „technischer

Präsident" unter seiner fortgesetzten Führung vorgeschlagen hatte und Iwanow es in seinem Stolz ablehnte, zu einer möglichen Marionnette abgestempelt zu werden.

Für liberal gesinnte Bevölkerungsteile in Russland war die Auswahl Medwedews eine freudige Überraschung. Der für marktwirtschaftliche Reformen stehende Medwedew könnte durchaus die demokratischen Institutionen und die Zivilgesellschaft in Russland wieder stärken.

Sogar aus den Reihen der ärgsten Kremlkritiker kam Unterstützung für Medwedew auf. Schon früher gab es Gerüchte, dass Medwedew enge Beziehungen zu einigen führenden Köpfen der ehemaligen „Jelzin-Familie" unterhalte sowie zu dem Oligarchen Abramowitsch und den beiden ehemaligen Leitern der Kremladministration Anatoli Tschubajs und Alexander Woloschin. Vor allem die liberale Intelligenzia von Sankt Petersburg betrachtete den Professorensohn Medwedew als einen natürlichen Verbündeten. Von allen damaligen Mitarbeitern Putins aus dem Sankt Petersburger Oberbürgermeisteramt war Medwedew der professionellste und vertrauenswürdigste gewesen, so die Erinnerungen der Zeitzeugen. Medwedew, so die liberalen russischen Medien, könnte sogar versuchen, Teile der liberalen Opposition wieder in die Politik zu integrieren. Gerne wurde daran erinnert, dass Medwedew vor nicht allzu langer Zeit die in der Kremladministration ausgeheckte Idee der „souveränen Demokratie" verwarf und öffentlich erklärte, dass Russland keine künstliche, sondern nur eine echte Demokratie anstreben sollte.

Positive Blicke wurden aus der Ukraine auf Medwedews Aufstieg geworfen. Vor ebenfalls nicht allzu langer Zeit hatte Medwedew in einem Interview mit deutschen Medien dem Nachbarland Ukraine faire und transparente Verhandlungen über Fragen der Gasversorgung angeboten. Weiter wurde spekuliert, dass ein liberaler Präsident Medwedew möglicherweise den im sibirischen Arbeitslager einsitzenden Oligarchen Chodorkowski amnestieren könnte.

Die russischen Massenmedien feierten den Auserwählten fast schon zu überschwänglich. Dutzende von Petersburgern meldeten sich mit Zeitzeugenberichten über den „netten Jungen von nebenan", der jahrelang in seinen Lehrbüchern versunken schien, bis man ihn plötzlich in der Dämmerung auf dem

Hof vor seinem Wohnhaus eng verschlungen mit einer Petersburger Schönheit beobachten konnte. Das Mädchen, Swetlana,
war in der Schule heiß begehrt, aber Dimitri machte ihr so erfolgreich den Hof, dass beide schließlich heirateten. Die Ehe
wurde 1996 durch Sohn Ilja vollkommen. Medwedews Vater
Anatoli, ein Universitätsprofessor, verstarb 2004, als sein Sohn
schon Chef der Administration des Präsidenten war. Die Familie Medwedew führte seit ihrem Umzug aus Sankt Petersburg
nach Moskau kein Prominentenleben in der russischen Hauptstadt. Von seinem Charakter her ist Medwedew eher ein schüch-
tern wirkender und zurückhaltender Mensch. Böse Zungen behaupten, dass Putin Medwedew von Anfang an sympathisch
fand, weil dieser vom Wuchs her noch kleiner als der 1,72 Meter große Putin war. Noch in Sankt Petersburg konnte sich
Putin immer auf den strebsamen Juristen verlassen, der ihm
auch bei schwierigen Rechtsfällen in der Regierungszeit Sobtschaks beistand. Von Medwedew heißt es, dass er der erste
Rechtspolitiker in Russland war, der herausfand, wie sich der
Staat auf legale Art und Weise als Mehrheitseigentümer in zuvor
in Aktiengesellschaften umgewandelte, privatisierte Betriebe
einkaufen konnte.

Die russische Börse reagierte äußerst positiv auf Medwe-
dews Ernennung zum Kronprinzen. Vor allem der wachsende
Mittelstand sah in ihm seinen Verbündeten. Mit der Präsidentschaft Medwedews wurde die Hoffnung verbunden, dass die
zentralistischen Tendenzen in der Wirtschaft abgebaut und die
Privatwirtschaft neuen Auftrieb erfahren würde. Von seinen
politischen Ansichten her war Medwedew jedenfalls liberaler als
Putin. Noch kurz vor den Parlamentswahlen hatte Putin liberale
Oppositionspolitiker mit „Schakalen" verglichen und in einer
Wahlrede dazu aufgerufen, eine Rückkehr derjenigen politischen Kräfte, die Russland in den 90er-Jahre heruntergewirt-
schaftet hatten, nicht zuzulassen. Warum folgte mit Medwedew
dieser offensichtliche Meinungsumschwung?

Im Westen wurde die Entscheidung für Medwedew ambi-
valent betrachtet. Die Boulevardpresse sah sofort das Gespenst
eines neuen Energieimperialismus unter Medwedew, dem Aufsichtsratsvorsitzenden von Gasprom, aufsteigen. Ihre Analyse:
Medwedew hätte als oberster Chef von Gasprom die aggressive Expansionsstrategie gegenüber den GUS-Staaten und dem

Westen ersonnen und wäre nicht abgeneigt, Energie künftig noch gezielter als Waffe einzusetzen. „Der Kreml nun endgültig in der Hand von Gasprom" oder „Der Energiezar an der Spitze der Energiesupermacht" – so lauteten einige böswillige Schlagzeilen.

Andere moderate Stimmen im Westen waren dagegen voll des Lobes an die Adresse Putins, dass dieser der Versuchung widerstanden hätte, wieder einen Geheimdienstmann an die Spitze des Kremls zu stellen. Nachdem das Ansehen Russlands unter der Herrschaft der Silowiki Schaden genommen hätte, würde der junge Medwedew, der einer völlig neuen, vom Kommunismus unbeschädigten Generation von Russen angehörte, das Land endlich wieder gegenüber dem Westen und der internationalen Wirtschaftsgemeinschaft öffnen. Die deutsche Bundeskanzlerin beeilte sich vor allen anderen ausländischen Staatschefs an die Adresse Putins zu versichern, dass sie mit Medwedew, den sie im Mai 2006 auf der Hannover Messe kurz gesprochen hatte, gut zusammenarbeiten könnte. Jemand erinnerte daran, dass auch John F. Kennedy im jungen Alter von 42 Jahren Präsident der Supermacht USA geworden war. Viele Politiker konnten der Idee des Tandems Medwedew/Putin – welches einige Journalisten schon als neues „Traumpaar" titulierten, viel Positives abgewinnen. Vor allem die internationale Geschäftswelt begrüßte, dass Putin als Stabilitätsfaktor dem Land weiter erhalten bliebe.

Medwedew selbst sprach bei seiner Kandidatenkür von der Notwendigkeit, die sozialen Reformen in Russland fortzusetzen. Auch für diese Aussage gab es vonseiten westlicher Politiker lauten Applaus. Endlich schien Russland erkannt zu haben, dass die Diskrepanz zwischen Reich und Arm im gegenwärtigen Zustand großes Destabilisierungspotenzial und sozialen Zündstoff beinhaltete.

Positive Erwartungen

Zum Zeitpunkt der Aufstellung Medwedews zu Putins Favoriten für die Präsidentschaftswahlen konnten auf der internationalen Bühne plötzlich unerwartete neue politische Tendenzen beobachtet werden. Der unter innenpolitischen Druck geratene US-Präsident Bush schien von seinen ambitionierten Plänen

einer Raketenabwehr in Mittelosteuropa Abstand nehmen zu
wollen und eine Kooperation mit Russland in dieser Frage ins
Auge zu fassen. Die Ausrufung der Unabhängigkeit der Repu-
blik Kosovo verzögerte sich und die in den Konflikt involvierten
Parteien erhielten eine letzte Chance zum Kompromiss. Ein
veröffentlichter CIA-Bericht über einen im Jahre 2003 vom
Mullah-Regime verfügten Stop des Atomwaffenprogramms im
Iran durchkreuzte jegliche Pläne einer US-Militärinterven-
tion gegen Teheran. Die sich verschärfenden Staatskrisen in der
Ukraine und Georgien – den beiden Ländern, die als Folge der
bunten Revolutionen 2003 bis 2004 raschen Anschluss an den
Westen suchten – machten eine NATO-Osterweiterung auf die
beiden pro-westlichen postsowjetischen Staaten immer unrea-
listischer. In Polen war eine neue liberale Regierung gewählt
worden, die wieder an pragmatischen Beziehungen mit Moskau
Interesse zeigte.

Ein günstigeres außenpolitisches Umfeld hätte sich Medwedew eigentlich kaum wünschen können. Und auch der Westen
erhielt angesichts der sich zum Positiven ändernden Gesamt-
lage die Chance, die Idee einer intensiven strategischen Partnerschaft mit Russland wiederaufzunehmen. Nur musste der
Westen akzeptieren, dass Medwedews Russland doch nicht Jelzins Russland werden würde. Eine devote Juniorpartnerrolle im
Verhältnis zu den USA und EU würde Medwedew nicht spielen. Russland und der Westen benötigten – nach einer zweijäh-
rigen Phase heftigen Streits – eine neue, ebenbürtige Plattform,
auf der die gegenseitigen Beziehungen schnell wieder verbessert
werden konnten. Das „window of opportunity" musste genutzt
werden, bevor – durch beiderseitige Fehler – ein Mann wie
Medwedew, der seine Außenpolitik mit Putin abstimmen
müsste, wieder ins nationalistische Lager zurückgedrängt werden könnte.

Dass Putin in der Außenpolitik weiter die Zügel in der Hand
halten wollte, zeigte sich bei Putins Besuch in Belarus gleich
nach der Kür Medwedews zum Nachfolgefavoriten. Keineswegs
wollte sich Putin von der zu Beginn seiner Amtszeit ausgespro-
chenen Idee einer Wiedervereinigung der beiden ostslawischen
Staaten verabschieden. Das große Reintegrationsprojekt im
postsowjetischen Raum war auch 16 Jahre nach dem Zerfall der
Sowjetunion nicht tot. Auch unter einem Präsidenten Medwe-

dew würde es weiterverfolgt werden. Noch in den letzten Wochen seiner Präsidentschaft versuchte Putin die Prioritäten und die Rahmenbedingungen für die künftige russische Außenpolitik so zu bestimmen, dass sie auch nach seinem Wechsel in ein anderes Führungsamt befolgt werden müssten.

Es war nicht so sehr der Putin-Code, sondern ein regelrechtes russisches Shakespeare-Drama, das uns im Westen und viele Russen in den letzten Monaten in Atem hielt und noch nicht zu Ende ist. Er hatte sich selbst eine Art Ehrenwort gegeben, dass er die Verfassung während seiner Amtszeit nicht brechen würde. Gemäß dem sich selbst auferlegten Gelübde musste er vom Präsidentenamt zurücktreten. Gleichzeitig wurde ihm gegen Ende seiner Präsidentschaft zunehmend bewusst, dass sein Weggang Russland destabilisieren würde. Er betrachtete sich als „Institution" mit einer historischen und nicht verfassungsmäßigen Legitimität, als Zar mit einer messianischen Verantwortung für das Schicksal Russlands. Er wurde zum Mythos! Die Mehrheit der Russen mochte ihn durchaus gerne auf Lebenszeit im Kreml inthronisieren und mit absolutistischen Machtbefugnissen ausstatten. Er hörte die Stimmen seiner Landsleute, die ihn Bleiben sehen wollten, die nicht verstanden, warum der Zar ging. Russland schien in seiner autoritären Geschichte gefangen. Dem westlichen Beobachter war das russische Dilemma völlig unverständlich und egal. Egal was aus ihm wird – lange Zeit wird kein anderer russischer Politiker in der Geschichte seines Volkes einen solch bedeutenden Platz einnehmen wie Wladimir Putin.

Weiterführende Literatur

Monografien

Erler, Gernot: Russland kommt. Putins Staat – Der Kampf um Macht und Modernisierung. Freiburg: Herder 2005.

Garnett, Sherman W./Rahr, Alexander/Watanabe, Koji: Der Kaspische Raum vor den Herausforderungen der Globalisierung. Die Verantwortung der Trilateralen Staaten für die Stabilität der Region. Opladen: Leske & Budrich 2001.

Jack, Andrew: Inside Putin's Russia. London: Granta Books 2004.

Kraus, Herwig: Die Sowjetunion und ihre Nachfolgestaaten. Verzeichnis der Staaten, Regionen, Gebiete, Kreise und Hauptstädte. München: Saur 2007.

Shevtsova, Lilia: Putin's Russia. Washington: Carnegie Endowment for International Peace 2005.

Stern, Jonathan P.: The Future of Russian Gas and Gazprom. Oxford: Oxford University Press 2005.

Sutela, Pekka: The Russian market economy. Helsinki: Aleksanteri Inst. 2004.

Sammelbände

Follath, Erich/Jung, Alexander (Hg.), Der neue Kalte Krieg. Kampf um Rohstoffe, München: DVA 2006.

Fritz, Erich G. (Hrsg.): Russland unter Putin: Weg ohne Demokratie oder russischer Weg zur Demokratie? Oberhausen: Athena 2005.

Kortunow, Sergei/Guseinow, Wagif (pod redakziei): Irakskij krisis i stanowlenie nowogo mirowogo porjadka (sbornik materialow). Moskwa: Orbita-M 2004.

Lorenz, Oliver (Hrsg.): Business Guide Deutschland Russland. Das Jahrbuch für die deutsch-russischen Wirtschaftsbeziehungen. Berlin: Wegweiser 2006.

Meier-Walser, Reinhard C./Rill, Bernd (Hrsg.): Russland. Kontinuität, Konflikt und Wandel. Sonderausgabe Politische Studien. München: Hanns-Seidel-Stiftung 2002.

Petermann, Jürgen (Hrsg.): Sichere Energie im 21. Jahrhundert. Hamburg: Hoffmann und Campe 2006.

Pleines, Heiko/Schröder, Hans-Henning (Hrsg.): Wirtschafts- und sozialpolitische Herausforderungen für Russland. Arbeitspapiere und Materialien (Nr. 62). Bremen: Forschungsstelle Osteuropa 2004.

Aufsätze in Zeitschriften

Bajkow, M.: Aktualnye problemy ekonomitscheskich otnoschenij Rossij – ES: *Mirowaja ekonomika i meshdunarodnye otnoschenija*, (ijun 2007), S. 29–36.

Hanson, Philip: The Russian economic puzzle: going forwards, backwards or sideways? In: *International Affairs*, Vol. 83 (September 2007) No. 5, S. 869–889.

Petro, Nicolai N./Rahr, Alexander: Our Man in Moscow. In: *The Fletcher Forum of World Affairs*, Vol. 29 (Summer 2005) No. 2, S. 5–12.

Rahr, Alexander: Allemagne-Russie. Un partenariat priviligié. In: *Le courier des pays de l'Est*, (mai-juin 2005) n° 1049, S. 15–29.

Shleifer, Andrei/Treisman, Daniel: A normal country. In: *Foreign Affairs*, Vol. 83 (March/April 2004) No. 2, S. 20–38.

Treisman, Daniel: Putin's Silovarchs. In: *Orbis*, Vol. 51 (Winter 2007) No. 1, S. 141–153.

Internationale Politik, Jg. 61 (Juli 2006) Nr. 7.

Vierteljahreshefte zur Wirtschaftsforschung, Jg. 76 (Januar 2007) Nr. 1.

Washington Quarterly, Vol. 30 (Spring 2007) No. 2.

Reden

Putin, Vladimir: 50 Years of the European Integration and Russia. http://www.kremlin.ru/eng/text/speeches/2007/03/25/1133_type104017_120738.shtml – valid: 07.11.2007.

Steinmeier, Frank-Walter: Deutschland, die Europäische Union und Russland – Partnerschaft für die Zukunft: Rede vor dem Deutsch-Russischen Forum am 21. März 2006 in Berlin. http://www.europa-web.de/europa/03euinf/04AUS_BU/derussforum.htm – valid: 19.09.2007.

Papers

Rahr, Alexander: How can the EU's policy objectives in relation to its Eastern neighbourhood be translated into more effective EU action. *Policy Paper für das EU-Parlament*, April 2005.

Ost-Ausschuss der Deutschen Wirtschaft: Deutschland und Russland: Strategische Partner mit Zukunft. *Positionspapier zu den deutsch-russischen Wirtschaftsbeziehungen*, September 2007.

Register